PNR(Puritans and Reformed Publishing Company)
개혁주의신학사는 청도교 신학과 개혁 신학에 관한 기독교 서적을 출판하는 출판사이며, 자유주의 신학과 다원주의 신학을 배척하며 순수한 기독교 신앙을 보수하기 위하여 설립된 문서선교 기관이다. PNR KOREA(개혁주의신학사)는 CLC가 공동으로 운영하는 출판사이다.

추천사

김요섭 교수
총신대학교 신학대학원 역사신학, 한국칼빈학회 회장

  홍인택 박사의 『웨스트민스터 총회의 율법과 성화』는 총신대학교 일반 대학원에서 수년간 심혈을 기울여 연구한 박사 학위 논문을 기초로 한 역작이다. 연구자는 이 책에서 그동안 상대적으로 많은 심층 연구가 이루어지지 않았던 웨스트민스터 '소교리문답'의 구조와 내용 그리고 그 역사적 의의를 재조명했다. 신앙고백서나 '대교리문답'과 비교할 때 '소교리문답'은 17세기 이래 실제 개혁 교회에서 더 널리 활용되어 왔던 신앙 교육의 교재였다. 중요한 문서에 대한 집중 연구가 이제야 한국 교회에 소개된 것을 환영한다.

  이 책은 특히 '소교리문답'의 구조가 하나님과 신자들 사이에 맺어진 언약을 중심으로 일관되게 이루어져 있음을 성공적으로 증명한다. 이는 '소교리문답'이 개별적인 질문을 나열한 것이 아니라 분명한 신학적, 실천적 목적을 향해 체계적으로 작성되었음을 증명한 것이며, '소교리문답'을 사용한 교리 교육 역시 바로 이 점을 직시하고 이루어야 함을 주장하는 것이다. 더불어 이 책은 제4계명과 제5계명에 대한 웨스트민스터 '소교리문답'의 문답 내용을 해석함으로써 실천적으로도 매우 유익한 안목을 제공한다. 각 계명에 대한 해석은 오늘날에도 여전히 바른 정립이 요구되는 주일성수의 문제와 가정을 비롯한 신앙 공동체 내의 올바른 관계 정립 문제에 대해 유용한 역사적 신학적 근거를 제공해 준다.

이 점에서 이 책을 통해 확인할 수 있는 '소교리문답'의 구조적, 내용적 일관성과 그 구체적인 적용 사례는 학문적 가치뿐 아니라 실천적 가치까지 함께 지니고 있다. 오늘날 한국 교회가 직면하고 있는 여러 가지 문제를 해석하고 그 해결방안을 찾는 태도 속에는 지나치게 효율과 편의를 추구하는 경향이 나타나고 있다. 그러나 효율과 편의에 앞서 하나님의 말씀인 성경이 가르치는 바른 길을 추구하는 태도와 방향성이 선행되어야 할 것이다. 홍인택 박사의 이 역작은 개혁 교회의 역사 가운데 가장 성경에 충실한 대응 사례라고 평가받는 웨스트민스터 '소교리문답'을 본격적으로 연구해 분석함으로써 방향 설정과 관련해 한국 교회를 위한 귀한 공헌을 하고 있다.

이 책을 통해 웨스트민스터 표준 문서들에 대한 연구와 논의가 더 활발해질 것이라고 기대하며 이 책이 다루고 있는 주제에 대한 역사적, 신학적 관심을 가진 독자들뿐 아니라 오늘날 이 땅의 교회 회복과 개혁을 기대하는 모든 독자에게 이 책을 추천한다.

박 영 실 교수
총신대학교 신학대학원 역사신학 학과장

홍인택 목사님이 그동안 연구한 박사 학위 논문을 책으로 출간한다. 지난 수년 동안 그가 어떻게 신학 수업을 해 왔다는 것을 아는 터라 축하하는 의미에서라도 이 추천사를 기꺼이 쓰고자 한다. 필자와 함께 수업을 했고 또 교제를 해 오면서 저자의 치열한 학구열과 더불어 성실함을 익히 알고 있는 바이다.

애굽의 역병과 같은 코로나19 바이러스의 현 상황 속에서 우리의 출구 전략은 무엇이어야 할까? 분명한 것은 지금처럼 어려울 때일수록 우리가 또다시 다져야 할 것은 '정체성의 확립'일 것이다. 17세기 영국의 명성 있는 신학자요, 목회자로서 웨스트민스터 회의에 직접 참여하였던 토마스 왓슨(Thomas Watson)은 신앙과 지식적인 면에서 결코 흔들리지 않도록 하는 것을 바로 그리스도인의 의무로 규정하였다.

홍인택 목사님의 이 책은 다음과 같은 특징을 지닌다고 할 수 있다.

첫째, 이 책은 언약신학의 지평에서 이뤄졌다. 존 칼빈의 『기독교 강요』에서 기독교의 모든 지식을 집대성하고자 설정한 두 축은 바로 하나님에 관한 지식과 인간에 관한 지식이었다. 언약신학이란 하나님과 인간의 관계를 언약이라는 관점에서 바라봄으로 기독교의 모든 지식을 통전적으로 이해하고자 하는 시도이다. 이때 언약(covenant)은 성경의 다양한 주제의 유기적 이해를 가능케 하는 뼈대가 된다. 그러므로 언약신학은 개혁신학의 요체라 할 수 있는 것이다.

둘째, 이 책은 또한 웨스트민스터의 표준 문서들 중 하나인 '소교리문답'에 관한 연구를 담고 있다. 십여 년 전에 칼빈 탄생 500주년에 즈음하여 칼빈주의 연구자들이 모여서 다음과 같은 흥미 있는 조사를 했다.

한국에 장로교 이름을 가진 교단이 약 200개가 있는데, 그 많은 교단을 묶어 주는 공통적인 요소가 무엇일까? 신학자들은 웨스트민스터 신앙고백서가 그것이라는 것에 기꺼이 동의했다. 웨스트민스터 총회(Westminster Assembly of Divines)는 1643-1649년까지, 5년 8개월 동안 잉글랜드의 유서 깊은 웨스트민스터사원에서 신학자들이 모여서 영국 교회를 장로교적으로 재구성하고 했던 역사적인 회의였다. 총회는 성경에 기초한 발언은 무제한적으로 허용했지만, 비성경적인 발언을 하는 경우는 즉시 그 언권이 제한하면서 만장일치제로 운영했던 매우 성경적인 교회 회의였다.

바로 그 교회 회의에서 먼저 신앙고백서를 완성하고 그것을 기준으로 해서 평신도와 어린이 신앙 교육을 위해서 만들었던 교리문답서가 '소교리문답'이었다. 위대한 설교가 찰스 스펄전(Charles Spurgeon)은 이 '소교리문답'을 평하여, "건전한 교리와 심령을 꿰뚫는 경험과 실천적인 지혜가 아름답게 조화를 이루고 있다"라고 하였다. 스펄전이 스승으로 모셨던 토마스 왓슨(Thomas Watson)은 웨스트민스터 회의에 직접 참석하여 '소교리문답'을 만드는 데 일조했으며, 이것이 신앙과 교리의 가장 훌륭한 요약서라고 믿고 43차례나 교회에서 설교했다.

셋째, 이 책은 또한 성화의 문제를 다루고 있다. 성화는 때때로 우리를 당혹하게 하는 주제이다. 웨스트민스터 신앙고백서 13장 2항에서 성화는 "온 인격을 통해 되는 것이지만 금생에서는 불완전하다. 그래서 모든 부분에 얼마간의 부패한 잔재들이 여전히 남아 있으며 그로 인하여 계속적이고 화해될 수 없는 전쟁이 일어나고 육체의 소욕은 성령을 거스르고 성령은 육체를 거슬러 싸운다"라고 설명하고 있다. 하지만 저자는 다측면을 가진 율법의 개념과의 관련성 속에서 이 난해한 성화의 문제에 관한 나름 해법을 제시하고 있다. 성화는 그리스도인이라면 일생을 두고 지속되어야 할 과제이다. 저자는 웨스트민스터 신앙고백서 13장 3항에 다음과 같이 분명하게 명시되어 있는 궁극적 완성에 대해서 확신하고 있다.

> 그 전쟁에서, 그 남아 있는 부패한 부분이 당분간은 상당히 우세할지 모르나 … 성도들은 은혜 안에서 자라나고 하나님을 경외하는 가운데서 거룩함을 온전히 이룬다.

요약한다면 본인은 홍인택 목사님의 이 책에 '교회의 신학'이 담겨 있어 기꺼이 추천코자 한다. 열심으로 연구하는 학자요 목회자인 홍인택 목사님이 교회에 꼭 필요하고 기독교인의 경건에 유익한 교회의 신학 책들을 계속해 내시리라 믿는다. 이 책은 바로 그런 홍인택 목사님의 교회의 신학 시리즈물의 첫 권이다.

이 승 구 교수
합동신학대학원대학교 조직신학

홍인택 목사님의 웨스트민스터 '소교리문답' 연구를 칭송하면서 ….

우리나라에도 점점 목회하면서도 깊이 연구하시는 목사님들이 늘고 있어서 감사하다. 이 책을 쓰신 홍인택 목사님도 그렇게 점증하여 가는 '학자인 목회자'(scholar-pastor) 중 한 분이시다. 사실 목사라는 직분은 처음부터 그렇게 늘 연구하면서 목회하는 직분이다. 한동안 목회자들이 너무 바쁘다는 핑계로 이 전통이 없어져 갔고, 지금도 그런 분위기가 성행하고 있지만, 근자에 다시 '목사님들은 항상 연구하는 분들'이라는 좋은 전통이 살아나고 있는 것은 감사한 일이다.

이전 화란의 신학자 대부분이 그렇게 하였듯이 아브라함 카이퍼(Abraham Kuyper)도 목회하면서 성경과 칼빈과의 더 깊은 대화 속에서 그의 신학이 바뀌고, 후에 철저한 개혁신학자가 되었다. 코넬리우스 반틸(Cornelius Van Til)도 목회자로서 사역을 시작했고, 계속 목회를 하려다가 그레샴 메이천(Gresham Machen)과 초대 웨스트민스터 교수단의 요청으로 그 학교 창립 교수(founding faculty members) 중 한 사람이 되었다.

이같이 목회자들이 연구하는 사람이라는 것은 매우 당연한 일이다. 필자와 비슷한 시기에 박사 학위를 하던 [지금은 고든콘웰신학교의 교수인] 데이비드 커리(David Currie)가 학위를 마칠 무렵에 "왜 좋은 학자는 모두 다 대학과 신학교가 차지해야 하느냐?"라고 하면서 교회 개혁의 포부를 말하던 30년 전의 기억이 새롭다. 이제 우리나라에서도 아주 뛰어난 분들이 계속 연구하시면서 목회하는 일들이 늘어가니, 이는 매우 소중한 일이고 이런 일들이 계속되기를 바란다.

홍인택 목사님도 그런 분들 중 한 분이다. 봉천동교회에서 귀한 목회를 잘하시면서도 계속 연구하시고 총신대학교 일반대학원에서 역사신학 전공의 박사 학위를 하시고, 그 산물을 한국 교회를 위해 이렇게 책으로 내어놓으시니 귀하다.

16-17세기 언약신학의 전개의 과정 속에서 웨스트민스터 신앙고백서와 대소교리문답이 표현하는 언약신학이 어떤 의미를 지니는 것인지를 잘 드러내셨다. 특히 '소교리문답'에서 그리스도인이 어떻게 살아야 하는지를 잘 표현해 낸 것이 오늘의 성도들에게 어떤 의미를 지는 것인지를 잘 살려 낸 이 책은 17세기 맥락에 대한 연구라는 면에서도 의미 있고, 이 문서를 우리의 신앙고백으로 하며 이것에 근거해서 성도들의 신앙을 지도하는 여러 목회자에게도 매우 의미 있는 작업이다.

홍인택 목사님은 17세기 맥락에서 이 고백서와 교리문답이 어떤 의미를 지니는지를 잘 드러내는 역사학도로서의 역할도 잘해 내셨고, 대한예수교장로회 합동 측을 비롯하여 웨스트민스터 표준 문서를 성경의 가르침을 요약한 것으로 알고 받아 신종(信從)하며 성도들을 가르치는 장로교 목사로서의 책무도 훌륭히 하셨다.

오늘날 여러 방면에서 웨스트민스터 표준 문서를 따르지 않으려는 시도들이 많은 중에도 이렇게 장로교 목사의 정체성을 분명히 하면서 웨스트민스터 표준 문서를 그저 역사적 문서로만이 아니라 우리의 중요한 교훈으로 여기며 가르치는 일을 하며, 다른 분들을 이런 방향으로 이끌어 가려고 애쓰시는 홍인택 목사님께 감사드린다. 부디 많은 분이 이 책을 읽고서 우리가 성경에 충실하며, 성경의 가르침을 잘 반영하며 요약하고 있는 웨스트민스터 표준 문서에 충실해 갔으면 하는 바람을 가지고 이 추천사를 쓴다.

박응규 교수
아세아연합신학대학교(ACTS) 역사신학

역사적으로 기독교회의 신앙 교육은 주로 교리문답을 통해 이루어져 왔다. 16세기 독일에서 작성된 하이델베르크 교리문답과 17세기 영국의 웨스트민스터 총회에서 작성된 신앙고백과 함께 '대교리문답'과 '소교리문답'은 개혁신학의 정수를 담고 있는 귀중한 문서들로 평가된다.

이 책은 웨스트민스터 '소교리문답'이 언약신학에 기초해 있으며 하나님의 은혜언약 안에 있는 신자들이 성화의 삶을 살아가기 위한 지도서였음을 잘 드러내고 있다. 이러한 과정에서 저자는 국내외 학자들의 최근 연구 저작물들을 철저하게 고찰하면서도, 목회 현장에서 경험한 교리문답의 적실성을 반영하여 이 저서를 저술하였다. 그 어느 때보다도 어린이들과 청소년들의 신앙 교육과 기독교 세계관을 심화시켜 나가야 할 이 시점에서 이 책은 목회에서의 실제적 필요에도 많은 유익을 줄 수 있는 내용이 풍부하다.

무엇보다도 이 책은 '소교리문답'이 언약신학의 틀 속에서 작성되었음을 논증하면서 한국장로교회의 신학적인 정체성을 분명히 인식하고, 그 토대 위에서 교리적 해설과 교육과 함께 신앙의 생명력을 회복할 수 있는 제안들과 성화의 삶을 살아갈 수 있는 실제적인 교훈들도 제공한다.

또한, 이 책은 교리 교육의 대상이 일반 성도들에게까지 적용되어야 할 당위성도 강조하고 있다. 그런 까닭에, 이 책의 내용을 잘 인식하고 우리 신앙의 바탕으로 삼는다면 바른 교리 위에 세워진 바른 교회, 바른 성도의 모습이 훨씬 가깝게 보일 것이다.

양현표 교수
총신대학교 신학대학원 실천신학

이 책은 성도의 성화에 관해 새로운 지평을 열어주는 안내서라 하겠다. 비록 이 땅에서 완성되지 않는 성화이지만, 오늘날 성도들이 어떻게 성화의 과정을 거쳐야 하는지를 웨스트민스터 '소교리문답' 연구를 통해서 구체적으로 제시한다.

이 책은 17세기에 범람한 아르미니우스주의 그리고 이와 대척점에 있었던 율법폐기론, 이 두 사조의 위험성을 언약 신약의 관점으로 통찰하고, 성화가 율법에 대한 순종과 밀접하게 연결되어 있음을 강조하고 있다. 이러한 논증을 위해 저자는 웨스트민스터 '소교리문답'을 사용하고 있는데, 특별히 '소교리문답'에 포함된 십계명의 제4계명과 제5계명에 대한 설명을 통해 율법 준수가 어떻게 영적인 성화와 실제 삶의 성화를 이루게 하는지를 보여 준다.

저자는 '소교리문답'이 '단순한 기독교 신앙의 교리를 요약해서 설명하는 것으로 그치는 것이 아니라 실제적인 성화의 삶을 촉진하기 위한 성화를 위한 지도서'라고 그 가치를 말한다. 풍성한 역사적 자료의 사용과 그에 대한 개혁신학적 접근과 해석을 보여 주는 근자에 보기 드문 역작이라고 판단된다. 신학을 공부하는 학생을 비롯하여 오늘도 목회 현장에서 성도들의 성화를 위해 고군분투하는 목회자들이 정독할 필요성이 있다고 믿고 추천하는 바이다.

박 순 용 목사
하늘영광교회 담임

최근 교회들이 웨스트민스터 '소교리문답'에 관심을 갖고 강론하고 가르치는 것은 고무적인 일이다. 그러나 그것이 어떤 목적으로 작성되었는지 알고 그에 상응해서 가르치는지는 의문스럽다. 이단들의 득세와 거기에 미혹되는 교인, 신앙적으로 쉽게 흔들리는 교인들을 붙잡기 위해 믿을 만한 도구 정도로 여겨 사용하는 것은 아닌지 의문이다.

그러나 웨스트민스터 '소교리문답'은 이 책의 저자가 말하는 바대로, 신자들로 하여금 그 제1문 1답, 즉 '하나님을 영화롭게 하고 그를 영원토록 즐거워하는 삶'을 살게 하려는 목적으로 작성되었다. 그리고 어떻게 그러한 삶을 가질 수 있는지를 곧바로 3문으로부터 시작한다. 저자는 바로 '소교리문답'이 그런 목적을 위하여 작성된 것에 주목한다. 그리고 '소교리문답'에서 비중 있게 강조하는 것이 성화임을 말한다. 물론 그런 목적과 강조의 필요는 당시 교회 문제들을 반영한 것이기도 하다. 즉, 아르미니우스 주의와 율법주의와 율법폐기론 등이 있었기 때문이다. 이런 작성 배경과 목적을 고려하면 오늘날 우리의 교회 현실에서도 웨스트민스터 '소교리문답'은 적실하다.

어떤 교회 현실인가? 이단과 '이 세대'의 정신의 공격을 받고 있음에도, 그런 현실 속에서 어떤 대안을 갖지 못한 듯이 무기력한 현실이다. 인정하고 싶지 않지만, 확고한 진리 위에 선 분별 능력도 없고 삶 또한 무너져 있어, 세상의 지탄을 받고 있는 것이 지금의 현실이다.

그런 현실 속에서 웨스트민스터 표준 문서, 특히 그것을 최적화한 '소교리문답'의 이해와 적용은 너무 적실하며 최상의 대안이라고 생각한다.

그런데 그것을 막연하게 읽고 가르치기보다 이 책의 저자가 체계적으로 설명한 바대로, 그 배경과 목적을 파악하여 사용한다면 훨씬 유익할 것이다. 웨스트민스터 '소교리문답'을 공부하는 모든 독자, 특히 그것을 가르치는 사역자들이 꼭 읽기를 권하고 싶다.

웨스트민스터 총회의 율법과 성화

A Study of the Relationship between the Law and Sanctification
in the Westminster Shorter Catechism

A Study of the Relationship between the Law and Sanctification in the Westminster Shorter Catechism
Written by Intaek Hong
All rights reserved.
Korean Edition Copyright ⓒ 2021 by Presbyterian and Reformed Publishing Company, Seoul, Korea.

웨스트민스터 총회의 율법과 성화
소교리문답: 성화를 위한 지도서

2021년 8월 30일 초판 발행

지 은 이 | 홍인택

편　　 집 | 황평화
디 자 인 | 이지언
펴 낸 곳 | 개혁주의신학사
등　　 록 | 제21-173호(1990. 7. 2.)
주　　 소 | 서울특별시 서초구 방배로 68
전　　 화 | 02-586-8761~3(본사) 031-942-8761(영업부)
팩　　 스 | 02-523-0131(본사) 031-942-8763(영업부)
이 메 일 | clckor@gmail.com
홈페이지 | www.clcbook.com
송금계좌 | 기업은행 073-085852-01-016 예금주: 개혁주의신학사
일련번호 | 2021-85

ISBN 978-89-7138-076-5 (94230)
ISBN 978-89-7138-044-4 (세트)

이 책의 저작권은 저자와 개혁주의신학사가 소유합니다. 신저작권법에 의하여 한국 내에서 보호받는 저작물이므로 무단 전재와 무단 복제를 금합니다.

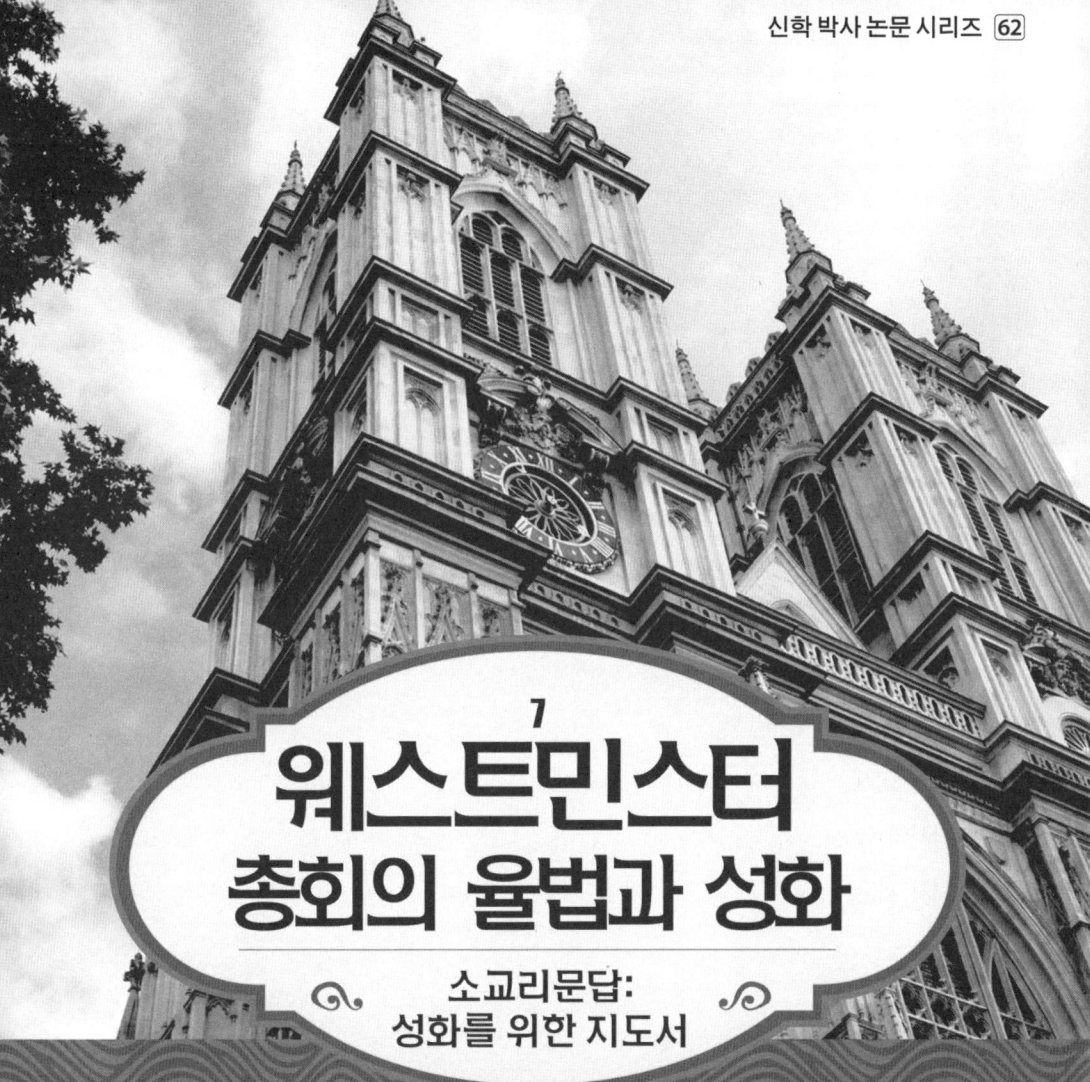

♠ Westminster Assembly and the Reformed Faith Series 7 ♠
-A Study of the Relationship between the Law and Sanctification in the Westminster Shorter Catechism-

신학 박사 논문 시리즈 62

웨스트민스터 총회의 율법과 성화

소교리문답:
성화를 위한 지도서

홍인택 지음

PnR

목차

추천사   1

   김요섭 교수 | 총신대학교 신학대학원 역사신학

   박영실 교수 | 총신대학교 신학대학원 역사신학 학과장

   이승구 교수 | 합동신학원대학교 조직신학

   박응규 교수 | 아세아연합신학대학교(ACTS) 역사신학

   양현표 교수 | 총신대학교 신학대학원 실천신학

   박순용 목사 | 하늘영광교회 담임

약어 표기   20
감사의 글   22
저자 서문   24

제1장 서론   27
   1. 연구의 목적과 배경   27
   2. '소교리문답' 연구의 필요성   41
   3. 연구의 범위와 방법   45

제2장 개혁신학 안의 언약신학 전개   50

1. 최근의 언약신학에 대한 논의들   51
2. 언약신학에 대한 개괄적인 이해   54
   1) 삼중언약   54
   2) 은혜언약의 양상들   59
3. 16, 17세기 언약신학의 이해   66
   1) 16세기 개혁자들의 언약신학   66
     (1) 하인리히 불링거(heinlich Bullinger, 1504-1575)   67
     (2) 존 칼빈(John Calvin, 1509-1564)   72
     (3) 자카리우스 우르시누스(Zacharius Ursinus, 1534-1583)   82
   2) 17세기 개혁신학자들의 언약신학   90
     (1) 윌리엄 퍼킨스(William Perkins, 1558-1602)   90
     (2) 요한네스 콕케이우스(Johannes Cocceius, 1603-1669)   95
     (3) 프랜시스 튜레틴(Francis Turretin, 1623-1687)   103

제3장 웨스트민스터 표준 문서의 언약신학   116

1. 17세기 전반기의 영국 교회가 직면한 도전들   117
   1) 아르미니안주의(Arminianism)   117
   2) 율법폐기론(Antinomianism)   125
2. 웨스트민스터 신학자들의 대응   136
   1) 안토니 버지스(Anthony Burges, 1600-1664)   136
   2) 사무엘 러더퍼드(Samuel Rutherford, 1600-1661)   145
   3) 윌리엄 스트롱(William Strong, ?-1654)   149

3. 웨스트민스터 표준 문서의 언약신학 — 155
  1) 웨스트민스터 총회에서의 율법폐기론에 대한 논의 — 155
  2) 웨스트민스터 표준 문서의 언약신학 — 159
    (1) 행위언약과 은혜언약 — 162
    (2) 도덕법 — 164
    (3) 율법의 제3용도 — 170

제4장 웨스트민스터 '소교리문답'의 성화와 율법의 순종 — 176

1. '소교리문답'의 중요성 — 178
2. '소교리문답'의 성화에 대한 설명 — 190
  1) '소교리문답'에서의 죄와 구속 — 190
  2) 성화에 대한 '소교리문답'의 핵심적 진술 — 193
3. '소교리문답'의 율법에 대한 순종 — 198
  1) 성화와 율법 순종의 관계 — 198
  2) 성화에서의 성령의 사역과 신자의 책임 — 204

제5장 웨스트민스터 '소교리문답'의 십계명 제4계명 해설 — 217

1. 16-17세기의 영국에서의 안식일-주일 논쟁 — 220
  1) 16세기의 논쟁 — 221
  2) 17세기 전반(웨스트민스터 총회 이전까지)의 논쟁 — 237
2. 웨스트민스터 '소교리문답'의 십계명 제4계명 해설 — 256
3. 성화와 안식일 준수 — 268
  1) '소교리문답'에서 은혜의 수단들 — 268
  2) 청교도에서 은혜의 수단들과 주일 성수 — 271

제6장 웨스트민스터 '소교리문답'의 십계명 제5계명 해설　　　　279
　1. 17세기 영국의 사회적 상황　　　　282
　2. 스코틀랜드 언약신학의 영향　　　　290
　3. 종교개혁 이후의 교리문답들의 영향　　　　298
　4. 웨스트민스터 '소교리문답'의 십계명 제5계명 해설　　　　302

제7장 결론　　　　314

참고 문헌　　　　324

약어 표기

WCF: Westminster Confession of Faith.

WLC: Westminster Larger Catechism.

WSC: Westminster Shorter Catechism.

DPW: A Directory for The Publique Worship.

MPWA: The Minutes and Papers of The Westminster Assembly 1643-1652.

De Testamento: A Brief Exposition of the One and Eternal Testament or Covenant of God(1534).

Honey-Comb: John Eaton, The Honey-Comb of Free Justification by Christ Alone.

Vindiciae Legis: or, A Vindication of the Moral Law and the Covenants, from the Errours of Papists, Arminians, Socinians and More Especially, Antinomianisms.

A Discourse of The Two Covenant: Where in the nature, difference, and effects of the covenant of works and of grace are distinctly, rationally, spiritually and practically discussed; together with a considerable quantity of practical cases dependent therin.

The True Doctrine of the Sabbath: SABBATHUM VETIRIS ET NOVI TESTAMENTI: or The True Doctrine of the Sabbath.

The Spiritual Antichrist: A Survey of the Spiritual Antichrist.

Institutes: Institutes of the Christian Religion.

Larger Catechism: Zacharius Ursinus's Larger Catechism.

Golden Chain: A Golden Chain or The Description of Theology.

The Federal Theology: The Federal Theology of Johannes Cocceius.

Elenctic Theology: Institutes of Elenctic Theology vol. 1.

감사의 글

나는 주의 화원에 어린 백합꽃이니
은혜 비를 머금고 고이 자라납니다
주의 은혜 감사해 나는 무엇 드리리
사랑하는 예수님 나의 향기 받으소서.

오래전에 어린 들풀 하나가 주의 정원 모퉁이에 심겼습니다. 때론 웃자라고 때론 시들기도 하면서 더디 자랐지만, 주의 은혜는 한결같아서 뒤늦게 작은 꽃 하나를 피워내게 되었습니다. 어릴 적 주일학교 시절에 부르던 찬송처럼 작고 미미할지라도, 사랑하는 예수님 나의 향기 받으소서!

이 논문이 책으로 출간되어 나오는 데 가장 먼저 감사의 마음을 전해야 할 분은 김요섭 교수님입니다. 교수님은 늦깎이 학생을 기꺼이 받아 주셨고 논문을 준비하는 단계에서부터 마무리하는 단계까지 섬세하게 이끌어 주셨습니다. 꼼꼼하게 살펴 주시는 한편 지속해서 독창적인 사고와 관점을 강조하셔서 저의 생각과 논점을 가다듬게 하셨습니다. 힘에 부친다는 생각이 들 때도 있었지만 교수님의 친절한 지도와 따뜻한 격려로 끝까지 달려올 수 있었고 이제 하나의 완성된 논문으로 결실을 보게 되었으니 다시 한번 마음 깊이 감사드립니다.

논문 심사위원장을 맡으셔서 심사에 관한 모든 일정을 주관해 주신 박영실 교수님을 비롯하여 여러모로 미흡한 졸고에 대해 평가해 주시고 격려의 말씀을 해 주신 네 분의 심사위원, 박응규, 정원래, 김효남 교수님께도 마음 깊은 감사의 말씀을 드립니다. 심사 당석에서 해 주신 말씀들을 기억하면서 향후의 연구와 사역에 더욱 매진하겠습니다.

주께서 제게 맡기신 목장이며 양 떼인 봉천동교회와 전영진 장로님을 비롯한 성도님들의 사랑 또한 크고 깊었습니다. 목회자의 학업을 지지해 주시고 응원해 주신 성도님들의 기도가 아니었다면 지난 4년간의 학업을 잘 감당할 수 없었을 것입니다. 그간의 연구를 통해 체득한 지식과 지혜를 사랑하는 교우들과 함께 나누며 은혜 안에 더불어 살아가기로 다짐합니다.

어느 때인가 문득 알게 되었습니다. 제가 아주 완벽히 넘어지지 않고 다시 일어나 한걸음 내디디며 나아가는 데에는 자식을 향한 지극한 부모님의 기도 힘이 아주 컸음을. 어머니 이해순 권사님과 빙부 하도식 장로님, 빙모 이종세 권사님의 간절하고도 오랜 기도가 지금의 저를 있게 하였음을 고백하지 않을 수 없습니다. 또한, 뒤늦은 아비의 도전에 대해 유쾌하게 지지해 주고 응원해 준 세 딸 정현(사위 범석), 지현 그리고 서현에게도 감사의 말을 전합니다. 무엇보다도, 결정적인 순간마다 저를 신뢰하고 지지해줄 뿐 아니라 어떠한 상황에서도 즐겁게 현재를 살아가는 것이 믿음의 삶임을 깨우쳐 준 사랑하는 아내 하혜진에게 제 마음에 일어나는 모든 감정과 의지를 전합니다.

4년 전에 하늘의 부름을 받으셔서 지금은 성부 하나님의 품에 계시는 저의 아버지 홍석호 장로님께 이 논문을 바칩니다.

저자 서문

홍 인 택 목사
서울 봉천동교회 담임

　기독교를 믿는 사람들은 자신의 신앙의 도리에 대해 얼마나 이해하고 설명할 수 있을까요? 이 질문은 28년 전 교회의 청년 사역을 하던 때 제 마음에서 일어난 의문입니다. 많은 사람이 예수 그리스도를 믿고 구원받았음을 알지만 그것의 전체적인 윤곽과 과정을 이해하지 못하고 있으며, 그런 까닭에 자신의 믿음의 도리를 설명하는 것에 어려움을 겪는 것을 자주 보았습니다.

　그리하여 어떻게 하면 성도들에게 우리가 가진 믿음의 도리를 분명하게 설명할 수 있을 것인지를 생각하다가 교리문답에 관심을 갖게 되었습니다. 교리문답을 보다 깊이 있게 살펴보기 원하는 마음은 몇 년 후 제가 영국으로 유학하게 된 동기 중의 하나가 되었고, 그때 "영국 청교도들의 교리문답과 교리문답 교육"(Catechizms and Catechizing of the English Puritans)이란 제목으로 석사 논문을 쓰면서 교리문답에 대해 조금 더 깊이 들여다보게 되었습니다.

　귀국 후 20여 년간의 목회 사역에서 성도들에게 교리문답을 강조하였고 실제로 여러 각도로 활용하고자 하였습니다. 그러던 중 개혁신학의 총체라고 평가되는 웨스트민스터 표준 문서 가운데 하나인 '소교리문답'에 대해 새로운 각도로 바라보고 접근할 가능성을 모색하게 되었습니다. 그러나 그러한 일은 견고한 신학적인 토대 위에서 진행되고 검증되어야 할 일이라는 것을 깨닫게 되어 2017년에 뒤늦게 총신대학교 일반대학원 박사과정에 입학하였습니다. 2년의 수업 과정을 거치는 동안 16세기와 17세기의 개혁신학에 집중하여 공부하면서 웨스트민스터 '소교리문답'을 새로운 시각으로 접근할 가능성을 확인하였고 2년간의 논문 작성 과정을 통해 그 탐색의 결실을 보게 되었습니다.

웨스트민스터 '소교리문답'은 웨스트민스터 표준 문서들 가운데 가장 나중에 작성되었는데, 그 사실이야말로 '소교리문답'의 중요성을 증명하는 것이라고 할 수 있습니다. 그 이유는 '소교리문답'은 '신앙고백'과 '예배모범' 그리고 '대교리문답'을 토대로 하여 그 핵심적인 내용을 압축하여 즉각 교회의 성도들에게 가르치고자 하는 실제적인 목적으로 작성되었기 때문입니다. 또한, 내용에 있어서도 '소교리문답'은 개혁신학의 특징인 언약신학을 토대로 하여 신자들로 하여금 하나님을 영화롭게 하고 즐거워하는 삶을 살아가는 방편들을 제시하고 실천하게 하는 매우 실제적인 면모를 보이고 있습니다. 저는 '소교리문답'이 신자의 삶에서 성화는 핵심적으로 중요함을 강조하고 있으며, 성화는 언약 백성으로서의 신자들이 하나님의 율법을 순종하는 것을 통해 이루어지고 있음을 분명하게 제시하였음을 논증하고자 했습니다.

'소교리문답'에 대한 이러한 관점의 이해는 현대의 개혁신앙인들에게 있어서 동일하게 유효하고 또한 유익합니다. 따라서 웨스트민스터 '소교리문답'은 신자의 거룩한 삶을 매우 강조하고 그 방편을 제시할 뿐 아니라 신자들로 하여금 거룩한 삶을 지속적으로 살아갈 것을 격려하는 매우 실제적인 문서로 이해되고 활용되어야 함을 주장했습니다.

따라서 이 책은 이러한 내용으로 2020년 12월에 총신대학교 일반대학원의 철학박사(Ph. D.) 학위 청구 논문으로 제출되었던 "웨스트민스터 '소교리문답'의 율법과 성화의 관계 연구"(A Study of the Relationship Between the Law and Sanctification in the Westminster Shorter Catechism)라는 제목의 논문을 출판하는 것입니다. 이런 이유로 이 책은 논문의 형태를 그대로 유지하였으며 내용도 몇 군데의 표현을 바꾼 것 외에는 동일합니다. 이것이 읽는 분들에게는 조금 딱딱하게 느껴질 수도 있겠지만 '소교리문답'의 견고한 신학적 토대를 이해하는 것으로부터 성화의 삶을 실천하고자 하는 힘이 생겨나는 것임을 고려할 때 충분히 이해될 수 있으리라고 생각합니다.

  이 책이 빛을 보기까지 논문의 처음부터 마지막까지 친절하게 지도해 주시고 출판을 격려해 주신 지도교수이신 김요섭 교수님께 특별한 감사의 마음을 전해드립니다. 또한, 논문 심사위원장으로 수고해 주신 박영실 교수님을 비롯해서 심사위원으로 평가해 주신 아세아연합신학대학교의 박응규 교수님, 바쁘신 가운데도 이 책을 꼼꼼히 읽으시고 추천사를 써 주신 합동신학대학원의 이승규 교수님과 총신대학교 대학원의 양현표 교수님 그리고 하늘영광교회의 박순용 목사님께도 깊은 감사의 말씀을 드립니다.

  졸고를 웨스트민스터 총회의 유산을 이어가는 신학적 작업의 일환으로 평가하시고 출판을 맡아 주신 기독교문서선교회(CLC) 대표 박영호 목사님과 직원들께도 감사의 인사를 전합니다.

  졸저가 개혁 교회의 신앙의 내용을 보다 깊고 풍성하게 이해하고 실천하는 데 일익을 담당하게 된다면 더할 나위 없는 영광일 것입니다. 모쪼록 개혁신앙인들이 자신의 신앙의 내용을 보다 분명하게 이해하고 실천하는 데 도움이 되기를 소망합니다.

  거룩한 삶으로 하나님께 영광을!

2021. 4. 6.
봉천동교회 목회실에서

제1장

서론

1. 연구의 목적과 배경

이 책의 연구 목적은 웨스트민스터 '소교리문답'이 언약신학에 기초해 있으며 그 핵심 주제는 은혜언약 안에 있는 신자들이 성령의 내주하시는 은혜를 힘입어 십계명으로 표현된 하나님의 법에 순종하는 거룩한 삶을 살아감으로써 성화를 이루어가야 함을 강조하고 있음을 밝히는 것이다. 본 연구는 이를 위해서 '소교리문답'의 구조에 대한 새로운 관점을 제시할 것이다.

즉, 웨스트민스터 '소교리문답'을 전통적이고 일반적인 방식인 이중구조로 이해할 것이 아니라 그 전체가 하나의 주제로 관통되는 통전적인 구조로 이해해야 함을 주장할 것이다. 그럼으로써 '소교리문답'이 웨스트민스터 표준 문서들 가운데 가장 중요하고도 핵심적인 문서이며, '신자의 성화를 위한 지도서'(A directory for sanctification of the believers)로 간주하여야 함을 논증할 것이다.

최근까지 이루어진 웨스트민스터 표준 문서와 '소교리문답'에 대한 연구들을 검토하면, 본 연구의 필요성과 새로운 관점의 해석이 갖는 의의가 분명히 드러난다.

전통적으로 기독교회의 신앙 교육은 교리문답을 통해 이루어졌다. 이것은 초대 교회에서 시작되었지만, 중세 로마 가톨릭교회의 시대에는 거의 무시되다시피 하다가 종교개혁 시기에 이르러 그 필요성과 유익이 새롭게 강조되었다. 이는 마르틴 루터(Martin Luther, 1483-1546)와 존 칼빈(John Calvin, 1509-1564) 또한 교리문답서를 저술하고 자주 강조한 것을 통해 확인된다.

16세기 독일에서 작성된 『하이델베르크 교리문답』(Heidelberg Catechism, 1563)과 17세기 웨스트민스터 총회에서 작성된 '대교리문답'(Westminster Larger Catechism, 이하 '대교리문답')과 '소교리문답'(Westminster Shorter Catechism, 이하 '소교리문답'으로 칭함)은 개혁신학의 정수를 담고 있는 문서들로 평가되고 있다.

특별히 웨스트민스터 총회의 표준 문서로 작성된 '대교리문답'과 '소교리문답'은 '신앙고백'과 '예배모범'과 함께 역사적으로 장로교회에서 신앙의 표준으로 승인하고 가르쳐졌다.

웨스트민스터 표준 문서들 가운데 주로 학문적 연구 대상이 된 것은 주로 '신앙고백'이었고 '대교리문답'과 '소교리문답'은 상대적으로 학문적 관심이나 심도 있는 연구가 미진하였다. 20세기 중반까지 '소교리문답'과 관련하여 출판된 책들은 대부분 그에 대한 해설서였다. 그나마 그 기간에 주목할 만한 '소교리문답'에 대한 체계적인 연구로 평가되는 것은 1897년 웨스트민스터 총회 250주년을 기념하여 미국 뉴욕에서 개최된 장로교회 총회에서의 강연들을 출판한 책이다. 그러나 이 책에서도 '소교리문답'에 대한 논문은 기븐스 B. 스트리클러(Givens B. Strikler) 교수의 "교리문답서들의 본질, 가치 그리고 특별한 유용성"(The nature, value, and special utility of the Catechisms)이라는 제목으로 된 것 하나뿐인데, 그 내용도 교리문답의 역사와 웨스트민스터 교

리문답서들의 특징 그리고 유용성을 설명하는 데 그치고 있다.[1]

그 이후에도 신학자들 사이에서 웨스트민스터 교리문답서들에 대한 연구가 이루어졌지만, 그 또한 '대교리문답'과 '소교리문답'의 특징과 시의성에 대해 언급하는 것이 대부분이고 그 내용 자체를 분석하거나 평가하지는 않았다.

조셉 홀(Joseph Hall)은 1978년에 "개혁파 종교개혁의 교리문답서들"(Catechisms of the Reformed Reformation)이라는 논문을 발표했다. 홀은 이 논문에서 17세기의 영국이 교리문답의 융성기임을 지적하면서 웨스트민스터 총회에 참석한 신학자 중 최소한 12명이 자신의 교리문답을 가지고 있거나 그러한 교육적 수단들을 하고 있었음을 지적했다.

그는 또한 '소교리문답'은 언약적 믿음의 이해를 토대로 하여 내용을 전개한 까닭에 사도신경을 포함하지 않았음과 율법의 제3용도를 강조한 것이 특별한 점이라고 평가했다. 또한, 『하이델베르크 교리문답』은 따뜻한 구원론적 면모가 특징인 반면에 웨스트민스터 '소교리문답'은 엄밀하고도 개관적이며 신학적인 접근을 시도하는 것이 특징이라고 하면서 양자의 종합이 필요하다고 제안했다.[2]

1994년 웨스트민스터 총회 350주년을 기념하여 존 L. 카슨(John L. Carson)과 데이비드 W. 홀(David W. Hall)이 공동으로 편집한 논문집 『하나님을 영화롭게 하고 즐겁게 하다』(To Glorify and Enjoy God)에서 더글러스 켈리(Douglas Kelly)는 "웨스트민스터 소교리문답"(The Westminster Shorter Cate-

---

1 *Memorial Volume of The Westminster Assembly. 1647-1897*, eds,. Francis R. Beattie (Richmond: The Presbyterian Committee of Publication, 1897, reprinted by Bibliolife). 115-138.
2 Joseph H. Hall, "Catechisms of the Reformed Reformation", *Presbyterian* 5/2 (1978): 87-98.

chism)이라는 제목의 논문을 발표했다. 이 논문에서 켈리는 '소교리문답' 의 특징이 간결함과 명료함에 있다고 하였으며 그 전체 내용이 하나님 중심적이면서 동시에 인간의 특성에 대한 따뜻한 관점을 보여 주고 있다고 강조했다. 또한, 구원론을 신자의 삶에 적용하는 것이 매우 인상적이라고 했다. 하지만 신자의 삶에 대한 실제적인 적용의 실례로 그가 제시하는 것은 구원하는 믿음(saving faith)에 초점이 맞춰져 있었다.[3]

채드 반 딕스혼(Chad Van Dixhoorn)은 "웨스트민스터 대교리문답의 작성"(The Making of the Westminster Larger Catechism)이란 제목으로 2001년에 「개혁과 부흥」(*Reformation & Revival*) 지(誌)에 발표한 논문에서 '대교리문답'이 작성된 역사적, 신학적 배경을 설명하면서 '대교리문답'과 그 이전의 교리문답서들을 비교했다. 그리고 '대교리문답'이 '신앙고백'과 '소교리문답' 사이에 어떤 차이점들을 보이는지도 설명했다.

그는 웨스트민스터 총회가 교리문답서를 작성하게 된 첫 번째 이유는 17세기 영국과 스코틀랜드 사이의 종교적 단일성을 위함이었다고 말했다. 또한, 두 개의 교리문답서를 작성한 이유는 '우유와 고기를 한 접시에 담을 수'(dress up milk and meat both in one dish) 없었기 때문이라는 스코틀랜드 대표단의 말을 인용하여 설명했다. 그는 또한 필립 샤프(Philip Schaff, 1819-1893)가 말한, '대교리문답'은 교리적 설교를 돕기 위한 것'이라는 주장은 증거가 없다고 반박했다.[4]

---

3   Douglas F. Kelly, "The Westminster Shorter Catechism", in *To Glorify and Enjoy God*, eds,. John L. Carson and David W, Hall (Edinburgh: The Banner of Truth Trust, 1994), 101-126.

4   Philip Schaff, *The Creeds of Christendom* (Harper and Row, 1931; reprint, Grand Rapids: Baker Books, 1983), 784.

그는 또한 웨스트민스터 '대교리문답'과 '소교리문답'의 중요한 특징으로서 독특한 구조를 언급했다. 그것은 바로 '대교리문답'과 '소교리문답'이 하나의 질문에 대해 그 자체로 완전한 문장으로 구성되어 있음을 의미하는데 이는 하나의 격언과 같이 구성하여 암송하기 편리하도록 하기 위함이라고 말했다.

또한, 그는 그리스도의 생애에 대한 부분을 내용에 포함한 것도 중요한 특징이라고 주장했다. 이어서 그는 '소교리문답'은 신자 개인의 신앙에 초점이 맞춰졌지만 '대교리문답'은 단체적이고 공적으로 모이는 하나님의 백성인 교회와 그 사역들에 초점이 맞춰져 있다고 했다. 결론적으로 그는 '대교리문답'이 하나님의 말씀의 '고기'(meat)를 신자들에게 효과적으로 주기 위하여 작성되었다고 주장했다.[5]

데이비드 B. 칼훈(David B. Calhoun)은 2006년 「장로교」(Presbyterian)에 발표한 "웨스트민스터 신앙고백과 교리문답들을 사랑하기"(Loving The Westminster Confession and Catechisms)라는 논문에서 웨스트민스터 '소교리문답'이 '더 이상 작동하지 않는 할아버지의 괘종시계'와 같은 취급을 받고 있다고 현 상황을 진단했다. 그러나 그 문서들은 지금이 어떤 시대인지를 알려주고 있다고 말하면서 웨스트민스터 '소교리문답'의 현대적 효용성을 두 가지로 제시했다.

첫째, 그 문서들이 하나님과 모든 것에 대해 믿어야 할 것들을 가르침으로 기독교 신앙의 형성을 돕는데 이것은 우리의 신앙의 지성을 고양하고 삶을 형성하는 데 도움이 된다는 것이다.

---

[5] Chad Van Dixhoorn, "The Making of the Westminster Larger Catechism", *Reformation & Revival* 10 (2001): 97-113.

둘째, 그 문서들은 하나님이 우리에게 요구하시는 것이 무엇인지를 가르침으로써 우리의 기독교적 성품을 형성하는 데 도움이 된다고 말했다.[6]

2004년에 반 블리트(Van Vliet)는 "우리의 유일한 위로를 경험하기: 하이델베르크 교리문답에 대한 후기 종교개혁의 재조명"(Experiencing Our Only Comfort: A Post-Reformation Refocus in the Heidelberg Catechism)이라는 논문을 발표했다. 여기서 그는 청교도 운동의 아버지라 불리는 윌리엄 퍼킨스(William Perkins, 1558-1602)의 제자인 윌리엄 에임스(William Ames, 1576-1633)의 『하이델베르크 교리문답』에 대한 주석을 다루면서 에임스의 『하이델베르크 교리문답』에 대한 교훈적이고 실천적인 면모들이 웨스트민스터 '대교리문답'과 '소교리문답'에 전달되었을 것이라고 추론했다.

그는 웨스트민스터 교리문답은 에임스의 주석과 교훈의 방법과 밀접하게 관련이 있는데 특별히 '소교리문답'이 교리(1-38번)와 실천(39-107번)으로 구분된 것이 바로 그 증거라고 주장했다. 또한, 인간의 목표와 최고의 목적에 대한 '소교리문답'의 1번은 칼빈으로부터 영향을 받은 것임과 동시에 에임스의 강조에서 전용한 것이 분명하다고 주장했다.[7] 하지만 이 논문 또한 '소교리문답'에 대한 전통적인 이중 구조적 이해를 넘어서지는 못했다.

2014년 알렌 스탠튼(Allen Stanton)은 "기억의 밭에 심어진 진리의 씨앗들: '소교리문답'을 어떻게 활용할 것인가?"(Seeds of truth planted on the field

---

6 David B. Calhoun, "Loving The Westminster Confession and Catechisms", *Presbyterian* 32 (2006): 65-72.

7 Van Vliet, "Experiencing Our Only Comfort: A Post-Reformation Refocus in the Heidelberg Catechism", *Puritan Reformed Journal* (2014): 149-170.

of memory: How to Utilize the Shorter Catechism)라는 논문에서 웨스트민스터 총회가 작성한 두 개의 교리문답('대교리문답'과 '소교리문답')은 바로 앞에 작성한 '신앙고백'을 대략 따랐지만, 훨씬 더 간결하다고 평가했다.

그는 제리 브릿지스(Jerry Bridges)가 "교리문답은 성경의 영원한 진리를 가르쳐주기 위한 것으로 결코 구시대적이지 않으며 성경에 덧붙여진 인위적인 것이 아니고, 그 누구도 성경의 다양한 진리를 충분히 캐낼 만큼 똑똑하지도 영적이지도 않다"라는 말을 인용함으로 교리문답의 가치를 천명했다.

그는 교리문답은 구원하는 신앙에 대한 본질적인 것과 기본적인 질문들을 성경으로 대답하게 함으로써 기초적인 신학의 이해를 얻게 한다고 주장했다. 그는 또 '소교리문답'의 신학을 암기하고 체득하고 이해하면서 그것을 지지하는 성경 구절을 배우는 것은 큰 유익이 있다고 주장했다.[8] 하지만 이 논문 역시 일반적인 교리문답의 유익을 강조하였을 뿐 웨스트민스터 '소교리문답'의 내용을 집중적으로 연구한 것은 아니었다.

반 블라스투인(Van Vlastuin)은 "하이델베르크와 웨스트민스터에서의 인격 갱신"(Personal Renewal between Heidelberg and Westminster)이라는 논문에서 인격갱신을 주제로 하여 『하이델베르크 교리문답』과 웨스트민스터 표준문서들을 비교했다. 그는 『하이델베르크 교리문답』은 칭의와 성화를 그리스도와의 신비한 연합의 맥락에서 다루었는데 강조점은 성화보다는 칭의에 있지만, 웨스트민스터 문서들에서 강조되는 것은 기독교적 자유라고 평가했다.

또한, 그는 웨스트민스터 '신앙고백'에서는 칭의보다는 성화가 우위에 있음을 허용한다고 분석, 평가했다. 그에 따르면, 웨스트민스터 '신앙고

---

[8] Allen Stanton, "Seeds of truth on the field of memory: How to Utilize the Shorter Catechism", *Puritan Reformed Journal* (2014): 270-283.

백'에서 성화는 불완전하다. 죄와의 싸움은 불가피하며 그 양상은 유격전과 같다. 하지만 중생 된 부분이 중생 되지 않은 부분을 정복하며 은혜와 성화에서 자라간다고 함으로 성화를 매우 강조한다는 것이다. 그리하여 블라스투인은 『하이델베르크 교리문답』에서의 우리의 정체성의 중심이 그리스도에 있는 반면에 웨스트민스터 문서들에서는 언약의 파트너로서의 거듭난 인간이 중심이라고 결론지었다. 따라서 후자에서는 그리스도인의 책임으로서의 선행을 더 많이 강조한다고 분석하면서 이는 성령론과도 밀접한 관련이 있다고 했다. 결론적으로 전자에서는 죄 죽임(mortification)이 강조되고 후자에서는 살림(vivification)이 그 핵심이라고 평가했다.[9] 하지만 그가 논문에서 웨스트민스터 표준 문서들 가운데 중점적으로 다룬 것은 '신앙고백'이었고, 또한 성화의 실제 혹은 성화의 방편에 대해 구체적으로 연구한 것은 아니었다.

레인 G. 팁튼(Lane G. Tipton)은 2012년 11월 웨스트민스터 신학교의 조직신학 교수로의 취임을 바탕으로 발표한 "재고된 성경신학과 웨스트민스터 표준 문서: 신앙에 의한 그리스도와의 연합과 칭의"(Biblical Theology and the Westminster Standards Revisited: Union with Christ and Justification Sola Fide)라는 논문에서 '성취된 구속'(redemption accomplished, historia salutis)과 '적용된 구속'(redemption applied, ordo salutis)에 대해 설명했다.

그는 여기서 주로 '소교리문답'과 '대교리문답'을 중점적으로 다루었는데 웨스트민스터 표준 문서들은 신자들의 칭의를 영원한 작정이나 예수 그리스도의 과거의 역사적 대속이나 부활에서가 아니라 그리스도와 믿

---

9   Van Vlastuin, "Personal Renewal Between Heidelberg and Westminster", *Journal of Reformed Theology* (2011): 49-67.

음-연합의 맥락에서 일어나는 것으로 진술한다고 주장했다.[10]

그러나 그 또한 적용된 구속의 실제적이고도 중요한 내용이라고 할 수 있는 성화에 대해 언급하지는 않았다.

2004년 차드 반 딕스혼(Chad Van Dixhoorn)이 자신의 박사 학위 논문에서 웨스트민스터 표준 문서의 칭의론에 대해 연구한 이후 웨스트민스터 표준 문서들의 구원론에 관한 연구도 학자들 사이에서 꾸준히 진행되어 왔다.[11] 그 가운데 본 연구와 관련하여 주목할 만한 논문이 2010년에 존 V. 페스코(John V. Fesko)에 의하여 저술되었다. 그는 "성화와 그리스도와의 연합: 개혁주의적 전망"(Sanctification and union with Christ: a Reformed perspective)이라는 논문을 발표했는데, 거기서 존 머레이(John Murray)의 '결정적 성화론'(definitive sanctification)을 비판했다. 그는 결정적 성화론이 성경과 칼빈의 가르침과 다를 뿐 아니라 개혁주의 고백적 문서들과도 다른 것이라고 하면서 웨스트민스터 '대교리문답'과 '소교리문답'을 인용했다. 그는 '대교리문답'(70번)과 '소교리문답'(33번)에서 칭의는 하나님의 은혜의 '행위'(an act of God's free grace)라고 설명했지만 '대교리문답'(75번)과 '소교리문답'(35번)에서 성화는 하나님의 은혜로운 '사역'(the work of God's free grace)으로 설명되었다고 주장했다.

그리고 칭의는 한 번에 일어나는 것인 반면 성화는 일련의 과정을 통해 일어나는 것이라고 주장했다. 그는 웨스트민스터 표준 문서들에서는 성

---

10 Lane G. Tipton, "Inaugural Lecture, Biblical Theology and the Westminster Standards Revisited: Union with Christ and Justification *Sola Fide*", *The Westminster Theological Journal* 75 (2013): 1-12.

11 Chad B. Van Dixhoorn, "Reforming the Reformation: Theological Debate at the Westminster Assembly 1643-1652" vol. I. (Ph. D. Dissertation, Cambridge University, 2004), 270-344. 딕스혼은 이 논문의 제5장에서 웨스민스터 표준 문서의 칭의론을 다루었다.

화에 대해 한 번도 '행위'(an act)라는 단어를 사용하지 않았다고 하면서 웨스트민스터 표준 문서의 성화론은 점진적 성화론을 견지하고 있다고 주장했다.¹²

하지만 2년 뒤인 2012년 랄프 커닝햄(Ralph Cunningham)이 동일한 학술지에 페스코의 주장을 반박하고 비판하는 논문, "결정적 성화론: 존 페스코에 답함"(definitive sanctification: a response to John Fesko)을 게재했다. 여기에서 커닝햄은 페스코의 주장 순서에 따라 결정적 성화론은 성경과 개혁자들의 주장과 신앙고백서들에서도 확인되는 바라고 주장하면서 페스코는 웨스트민스터 '대교리문답'과 '소교리문답'에서 표현된 '행위'(act)와 '사역'(work)을 지나치게 예리하게 구분한다고 비판했다.

그러면서 그는 '신앙고백' 13장 1항은 성화의 결정적 측면과 점진적 측면을 동시에 설명하고 있다고 했다. 즉, 성화에서 '죄의 몸 전체가 파멸되고'(the whole body of sin is destroyed)는 결정적 성화를 의미하고, '여러 정욕이 점점 더 약화된다'(the several lusts thereof are more and more weakened)라는 표현은 점진적 성화를 의미한다는 것이다. 그러면서 그에 대한 증명 성구로 인용된 로마서 6:6, 14은 그리스도의 죽으심과 부활 안에서 그리스도와의 연합의 결과로 신자들에게 이미 일어난 것임을 설명한다고 부연했다.¹³

이 두 학자의 논문은 결정적 성화론과 점진적 성화론을 중심으로 다루면서 웨스트민스터 표준 문서의 성화에 대한 부분을 다루었지만, 그 내용 자체를 구체적으로 주제로 삼은 것은 아니었다.

---

12 John V. Fesko, "Sanctification and union with Christ: a Reformed perspective" in *Evangelical Quarterly* (2010): 209.

13 Ralph Cunningham, "Definitive sanctification: a response the John Fesko" in *Evangelical Quarterly* (2012): 244-245.

존 페스코는 2014년 『웨스트민스터 표준 신학』(*The Theology of Westminster Standards*)이라는 제목의 책을 저술하면서 웨스트민스터 표준 문서의 성화론에 대해 더욱 포괄적이며 중요한 주제에 대한 분석을 시도했다.[14] 그 책 제8장에서 그는 웨스트민스터 표준 문서의 성화론은 황금 사슬로 불리는 구원의 서정의 관점에서 서술된 것이지만 그리스도와의 연합의 교리를 그 토대로 하고 있다고 했다.

또한, 표준 문서들에서의 성화에 대해 더욱 세밀하게 검토하면서 '대교리문답' 77번에서 표현된 은혜의 '주입'(infusion)의 용어에 대한 신학자들 사이의 토론을 자세하게 설명했다. 즉, 칭의에서가 아니라 성화에서의 은혜의 주입에 대해서는 개혁신학자들 사이에 인정되고 있었다는 것이다.

그는 웨스트민스터 표준 문서의 성화론은 성령에 의한 실질적이고 인격적인 변화이며 현세에서 완전히 성화되지는 않지만 거룩함을 완성해가는 것으로 요약했다. 표준 문서의 성화에 대한 이러한 진술에 대해 페스코는 웨스트민스터 신학자들이 율법폐기론자들과 신율법주의자들의 도전에 대응하는 방식으로 진술하였기 때문이라고 긍정적으로 평가했다.

그는 이어지는 제9장에서 그리스도인의 삶과 하나님의 율법에 대해서도 다루었다. 하지만 그는 표준 문서 전체를 통해 분석한 까닭에 '소교리문답'에서 분명하게 보이는 하나님의 율법과 성화와의 직접적인 연관성을 보지 못했다. 그런 까닭에 그의 연구는 신자의 구체적인 삶에서 하나님의 율법의 역할과 은혜의 수단들에 관한 내용을 성화의 맥락으로 보지는 못했다.[15]

---

14 국내에는 신윤수에 의해 『역사적, 신학적 맥락으로 읽는 웨스트민스터 신앙고백서』라는 이름으로 번역되었다.
15 John V. Fesko, *The Theology of Westminster Standards*, 신윤수 역, 『역사적, 신학적 맥락으로 읽는 웨스트민스터 신앙고백서』 (서울: 부흥과개혁사, 2018), 303-380.

국내 학자들 사이에서도 웨스트민스터 표문문서에 나타난 성화론에 관한 연구가 최근에 활발하게 개진되었다. 김홍만은 "하이델베르크 요리문답서와 웨스트민스터 소요리문답서의 비교: 회심과 성화 용어를 중심으로"에서 두 교리문답에 나타난 성화를 비교했다. 그는 『하이델베르크 교리문답』과 웨스트민스터 '소교리문답'이 동일하게 성화를 다루고 있지만, 그 용어가 다르다고 했다.

전자에서는 그에 대해 회심이라는 용어를 사용한 반면, 후자에서는 성화를 말한다고 했다. 그런 한편 그는 칼빈이나 『하이델베르크 교리문답』에서는 회개와 회심 그리고 성화라는 용어가 정확하게 구별되어 사용되지는 않았던 반면에 웨스트민스터 '소교리문답'에서는 성화라는 용어가 의미와 범위에 대해 구체적으로 설명된 이유를 설명했다. 그는 양자 모두 구원의 서정을 설명하고 있지만, 양자 간의 차이는 웨스트민스터 신학자들이 구원의 원인에 대해 아르미니안주의(Arminianism)와 율법폐기론(Antinomianism)의 오류를 드러내기 위하여 그것을 체계적으로 서술하기를 시도한 것에서 기인한다고 주장했다.[16]

하지만 그의 논문은 『하이델베르크 교리문답』과 웨스트민스터 '소교리문답' 사이의 구원 서정에서 용어의 차이를 분석하는 것에 집중된 것으로 성화의 구체적인 내용과 방식들은 다루지는 않았다.

이은선은 "신앙고백서의 구원론 – 구원의 서정을 중심으로"라는 논문에서 웨스트민스터 표준 문서들의 구원 서정을 분석, 평가했다. 그는 '신앙고백'이 구원의 서정을 설명하는 데 있어서 논리적인 순서를 따르기보다 유효한 부르심, 칭의, 양자를 먼저 설명하고 성화, 구원하는 믿음, 생명

---

[16] 김홍만, "하이델베르크 요리문답서와 웨스트민스터 소요리문답서의 비교: 회심과 성화 용어를 중심으로", 「한국 개혁신학」 40 (2013), 26-27.

을 얻게 하는 회개, 선행, 성도의 견인, 구원의 확신 등을 뒤에서 설명하는 방식을 채택한 것은 하나님께서 단독적으로 행하시는 것들을 먼저 설명한 후에 하나님의 주도적인 사역에 신자들의 순종이 필요한 부분을 구분하여 설명한 것으로 보인다고 분석했다.

반면에 '대교리문답'과 '소교리문답'은 그리스도와의 연합이라는 주제 아래서 구원의 서정을 다루고 있다고 주장했다. 그러면서 그는 세 표준 문서에서의 구원의 서정은 성경을 주석하여 얻은 성경적인 순서라고 분석하면서 이 세 문서에서의 구원의 서정은 그리스도와의 연합의 교리와 절묘한 균형을 유지하고 있다고 주장했다.[17] 그의 논문이 '소교리문답'이 믿음을 강조하고 있음을 파악한 것은 적절했다. 그러나 그것이 실제로 펼쳐지는 신자의 삶에서의 면모들을 설명하는 것으로서의 '소교리문답'을 보지는 못했다.

이러한 국내외 학자들의 웨스트민스터 표준 문서들의 성화에 대한 분석은 적절한 것이지만 포괄적으로 접근하는 한계에서 벗어나지 못하고 있다. 그리고 근래의 웨스트민스터 표준 문서에 관한 연구는 주로 '신앙고백'을 중심으로 하여 진행되었고 '소교리문답'에 대한 연구는 '신앙고백'의 진술에 대한 보충설명을 위하여 '대교리문답'과 함께 언급되는 정도였다.

또한, '소교리문답'을 중심 주제로 한 연구들 또한 교리적인 주제에 따른 '소교리문답'의 진술을 신학적으로 설명하거나 '소교리문답'의 현대적인 유용성에 대한 제안들로써, 전체적인 내용에 대한 거시적인 분석과 각 부분에 대한 미세한 분석은 미흡한 편이었다.

---

17 이은선, "신앙고백서의 구원론-구원의 서정을 중심으로",「한국 개혁신학」40 (2013), 120-126.

앞에서 언급한 딕스혼(Dixhoorn)은 2004년 자신의 박사 학위 논문에서 웨스트민스터 총회에서의 신학적 토론의 주제들과 그것들의 결정 과정을 전체적인 조망과 함께 자세하게 검토했다.[18] 또한, 그 무렵에 웨스트민스터 총회에 관한 연구들이 활발하게 이어졌는데 리건 던컨(Ligon Duncan)의 편집으로 2003년부터 2009년까지 3권으로 출판된 논문집 「21세기까지의 웨스트민스터 신앙고백」(The Westminster Confession into the 21st Century)이 대표적이다.[19]

그리고 웨스트민스터 표준 문서들에 진술된 내용이 결정된 총회의 회의의 과정에 대해 역사적이고 문헌적 연구를 통해 논증하는 연구 방법이 자주 전개되고 있는데 이는 근래에 출판한 연구 서적들을 통해 확인할 수 있다.[20]

18　Chad B. Van Dixhoorn, "Reforming the Reformation: Theological Debate at the Westminster Assembly 1643-1652", 12-210. 딕스혼의 학위 논문은 모두 1권의 논문과 6권의 부록으로 되어 있는데 부록의 첫 번째 책은 존 라이트풋(John Lightfoot)의 일지(Journal)를 다루고 있고, 나머지 5권은 웨스트민스터 총회의 의사록으로 되어 있다. 이 5권의 부록은 2012년 11월, 영국 옥스퍼드대학교출판사에서 5권의 책으로 출판되었다.

19　이 논문집들은 각권에 14편, 전체로 42편의 웨스트민스터 총회와 그 표준 문서들에 대한 논문이 수록되어 있다. Ligon Duncan(ed.), *The Westminster Confession into the 21st Century* I-III (Ross-shire: Mentor, 2003-2009).

20　이에 관한 대표적인 사례는 미국 웨스트민스터신학교가 웨스트민스터 표준 문서에 관한 연구의 일환으로 출판한 Westminster Assembly and the Reformed Faith Series로, 현재 4권까지 출간되었는데 각권의 저자와 제목을 다음과 같다. Robert Letham, *The Westminster Assembly*, 권태경, 채천석 역, 『웨스트민스터 총회의 역사』 (서울: P&R, 2014). Anthony T Selvagio, *The Faith Once Delivered*, 김은득 역, 『웨스트민스터 총회의 유산』 (서울: P&R, 2014). Richard A. Muller, *Scripture and Worship*, 곽계일 역, 『웨스트민스터 총회의 실천』 (서울: P&R, 2014). Stephen J. Casselli, *Divine Rule Maintained*, 황의무 역, 『웨스트민스터 총회의 율법과 복음』 (서울: CLC, 2018). 또한, John R. Bower와 Chad Van Dixhoorn이 공동으로 편집 발간하는 *Principal Documents of the Westminster Assembly Series*도 중요한 자료들인데 현재 John R. Bower가 그 내용에 대한 비평과 서론을 쓴 *The Larger Catechism* (Grands Rapids: Reformation Heritage Books, 2010)이 출판되어 있다. 또한, 동일한 두 사람은 Studies on the Westminster Assembly라는 시리즈도 발간하고 있는데 현재 다음과 같은 다섯 권이 출판되었다. Wayne R. Spear, *Covenanted Uniformity in Religion: The Influence of the Scottish Commissioners on the Ecclesiology of the Westminster Assembly* (Grand Rapids: Reformation Heritage Books, 2013). Stephen J.

그러나 이 연구들 또한 주로 '신앙고백'을 중심으로 이루어지고 있음이 사실이었다.

2. '소교리문답' 연구의 필요성

웨스트민스터 표준 문서들 가운데 교리문답서들에 대한 연구는 '신앙고백'에 대한 연구에 비해 상대적으로 적었다. 그것은 일반적으로 그 교리문답들이 '신앙고백'의 단순한 요약이며 어린이들을 위한 교육적 용도로 작성된 것으로 간주되어 왔기 때문이다. 그러나 내용에서는 같을지라도 그 표현에서는 교리문답서들이 '신앙고백'보다 더욱 분명하고 정교하게 된 부분들이 많으며 각 진술 내용에 대한 증명 성구들도 교리문답들에 제시된 것이 훨씬 많다.

일반적으로 '소교리문답'은 '대교리문답'을 축소 요약한 것으로 어린이들을 위한 교육지침으로 작성된 것으로 알려졌기에 그 중요성에 그다지 주목하지 않았다. 하지만 웨스트민스터 총회의 신학자들은 교리문답을 작성하는 과업을 착수하였을 때, 곧바로 두 개의 교리문답서가 필요함을 인

Casseli, *Divine Rule Maintained: Anthony Burgess, Covenant Theology, and the Place of the Law in Reformed Scholasticism* (Grand Rapids: Reformation Heritage Books, 2016). Van Dixhoorn, *God's Ambassadors: The Westminster Assembly and the Reformation of the English Pulpit, 1643-1653* (Grand Rapids: Reformation Heritage Books, 2017). Youngcheon. Cho, *Anthony Tuckney(1599-1670) Theologian of the Westminster Assembly* (Grand Rapids: Reformation Heritage Books, 2017). 그리고 Whitney G. Gamble, *Christ and The Law: Antinomianism at the Westminster Assembly* (Grand Rapids: Reformation Heritage Books, 2018) 등이다. 또한, John Fesko, *The Theology of the Westminster Standards*, 신윤수 역, 『역사적, 신학적 맥락으로 읽는 웨스트민스터 신앙고백서』 (서울: 부흥과개혁사, 2018)도 동일한 관점의 연구를 보여 준다.

식하였고 이를 작성하기 위한 위원회가 두 개의 교리문답을 작성하도록 했다. 더욱이 '소교리문답'은 즉각적이고도 실질적으로 교회에서 사용되어야 할 것이기 때문에 그 중요성이 더욱 클 것을 그들은 알고 있었다. 그리하여 '소교리문답'은 웨스트민스터 총회에서 작성한 마지막 문서였지만 처음부터 독립적인 과정을 거쳐서 작성되었다.

실제로 웨스트민스터 총회에 참가한 신학자들은 '소교리문답'이 '신앙고백'을 향한 시각을 갖기 위한 목적으로 작성되어야 함을 분명히 했다.[21] 그렇기에 웨스트민스터 신학자들이 '신앙고백'과 '대교리문답'에서 진술된 내용들의 핵심적인 부분들을 간결하게 '소교리문답'에 담기도록 하였음을 이해하는 것은 '소교리문답'의 중요성을 이해함에서 매우 중요하다고 할 수 있다.

'소교리문답'은 두 부분으로 되어 있다는 것이 일반적으로 인정되어 왔다. 즉, 사람이 하나님에 대해 믿을 것과 하나님이 사람에게 요구하시는 의무에 대한 것으로, 이는 '대교리문답'과 '소교리문답'의 동일한 구조로 되어 있다는 것이다. 이것은 웨스트민스터 신학자들이 교리문답서들의 형식을 구성할 때 의도적으로 신앙의 내용을 앞부분에서 다루고 그것이 신앙인의 삶에서 어떻게 드러나게 되는지를 뒷부분에서 설명한 것으로 효과적인 결정이라고 할 수 있다. 신앙의 원리를 먼저 설명하고 그 후에 원리에 따른 적용과 실천을 담는 것이 자연스러운 일이기 때문이다. 하지만 이러한 이중 구조적인 이해는 '소교리문답'이 하나의 단일한 체계로 되어

---

21 Van Dixhoorn ed., *The Minutes and Papers of the Westminster Assembly 1643-1653 IV* (Oxford: Oxford University Press), 399. 1646년 1월 14일 회의(제774차 회의)에서는 '소교리문답'을 작성하는 위원회로 하여금 '신앙고백을 향한 시각으로'(having an eye to the confession of faith) 두 개의 문답서를 작성할 것을 명령하였다.

있음을 간과하고 있다. 더욱이 '소교리문답' 전체가 하나님이 인간에게 요구하시는 의무들에 대한 주제로 전개되고 있음을 놓치지 말아야 하는데 이에 대해서는 제4장에서 자세하게 다룰 것이다.

'소교리문답'의 첫 번째 부분(4-38번)이 하나님께서 전적으로 행하시는 구원 사역과 그에 대해 사람이 믿어야 할 내용에 대한 설명이라면, 그 두 번째 부분(39-107번)은 그 믿음의 내용을 토대로 하여, 하나님의 주도적인 사역에 대한 설명과 더불어 그에 대해 사람에게 요구하시는 것에 대해 사람이 순종하여야 할 책임에 대해 강조하고 있다.

이렇게 볼 때 '소교리문답'은 전체가 언약의 틀 안에서 하나님에 대한 믿음과 하나님의 법에 대한 요구와 그에 대한 신자의 순종 의무를 행함으로 첫 번째 질문에 대한 구체적인 실천의 방법으로 일관되게 제시하고 있음이 분명하다.[22]

이렇게 '소교리문답'은 하나님이 성경에 주신 믿음의 원리를 토대로 하고 그 위에 믿음의 실제적인 면들을 설명하고 있다. 그리고 그 핵심은 바로 하나님의 요구인 율법에 순종하며, 그것을 지속해서 가능하게 하는 방편으로서의 외적인 은혜의 수단 활용을 통해 이루어지는 성화의 삶에 있다. 이것은 '소교리문답'의 107개의 질문과 대답 중에 43개가 율법에 대한 부분으로 되어 있음을 통해 확인되는데, 이는 전체의 40퍼센트에 해당한다.[23] 더욱이 웨스트민스터 신학자들은 단순히 십계명을 주석적, 신학

---

[22] 토마스 빈센트는 '소교리문답' 3번을 해설하면서 성경에서 가르치는 하나님의 요구가 하나님의 율법들과 계명들이라고 설명한다. Thomas Vincent, *The Shorter Catechism Explained from Scripture*, 25. G. I. Williamson은 조금 다르게 설명하지만 '소교리문답' 3번과 관련해서 하나님의 율법을 언급한다. G. I. Williamson, *The Shorter Catechism for Study classes vol.1* (Phillipsburg: Presbyterian and Reformed Publishing Co, 1970), 13.

[23] 요한네스 G. 보스(Johannes G. Vos)는 칼빈의 교리문답과 하이델베르크 교리문답 그리고 웨스트민스터 '대교리문답'과 '소교리문답'의 다양한 주제에 대한 질문의 개수

적으로 해설하는 것을 넘어서 17세기 영국 교회가 직면한 신학적 난맥의 상황, 즉 율법폐기론과 율법주의의 도전과 느슨해진 경건의 열망 등과 관련하여 실제로 순종하여 실천하여야 할 것으로 말한다. 즉, 성령의 내주하시는 은혜로 전인적으로 새로워진 신자는 실제로 율법을 순종함으로써 거룩한 삶을 살게 되는 것을 강조한다는 것이다. 이렇게 볼 때 웨스트민스터 '소교리문답'의 두 번째 부분(39-107번)의 주된 토대는 율법에 대한 순종과 그에 대한 지속적 은혜를 얻기 위한 은혜의 방편에 대한 설명이라고 할 수 있다. 하지만 이제까지의 연구는 이러한 통전적인 이해에 따른 연결성에 주목하지 못했다.

따라서 '소교리문답'은 전체적으로 신자의 거룩한 생활, 즉 성화에 초점을 맞추고 있으며, 그것을 바르게 파악하기 위해서는 '소교리문답'에서 설명하는 하나님의 법, 율법에 대한 이해와 더불어 그에 대한 자세한 설명인 십계명 해설을 살펴보아야 한다.

이것은 '소교리문답'을 포함한 웨스트민스터 표준 문서들의 신학적 토대가 되는 언약신학을 주의 깊게 연구하여야 하는 것을 의미하며 그렇게 할 때 비로소 '소교리문답'의 그 신학적 특성이 분명하게 드러난다는 뜻이고, 그러한 맥락으로 보아야 '소교리문답'의 각 부분이 전체적으로 유기적인 관계 속에서 구성되어 있음을 확인하게 된다는 의미이다.

와 비율을 제시하였는데, 율법에 대한 부분은 칼빈의 교리문답이 374개의 질문 중 102개로 27.1퍼센트이고 하이델베르크 교리문답은 129개의 질문 중 24개, 18.6퍼센트이며, 웨스트민스터 '대교리문답'은 196개의 질문 중 59개로 30퍼센트이고, 웨스트민스터 '소교리문답'은 107개의 질문 중 43개로 40퍼센트에 해당한다고 분석하였다. Johannes G. Vos, *The Westminster Larger Catechism; A Commentary* (New Jersey: P&R Publishing, 2002), xviii.

따라서 본 연구는 웨스트민스터 '소교리문답'이 신자의 성화에 초점이 맞추어져 있으며 이에 대한 일관된 관심으로 여러 주제를 통전적으로 펼쳐가고 있다는 논지를 증명하는 방식으로 전개될 것이다.

3. 연구의 범위와 방법

위의 연구를 진행하면서 본 연구에서는 웨스트민스터 표준 문서들로 간주하는 '예배모범', '신앙고백', '대교리문답', '소교리문답' 중에서 '소교리문답'을 주 텍스트로 삼는다. 특히 '소교리문답'의 두 번째 부분(39-107번)에 관한 연구를 그 중심 범위로 한다.

일반적으로 '소교리문답'의 내용은 '신앙고백'과 '대교리문답'과 동일하며 그것들을 교육적 목적으로 요약한 것으로 간주하지만, '소교리문답'은 웨스트민스터 표준 문서들의 핵심 문서이며, 그 전체를 이해하는 길잡이가 된다고 할 수 있다. 하지만 '소교리문답'은 그 길이의 한정성 때문에 압축적으로 설명된 부분이 많다. 따라서 '소교리문답'의 내용을 보다 선명하고 포괄적인 의미를 파악하기 위하여 다른 표준 문서들도 자주 인용되고 활용될 것이다.

이와 같은 연구를 실행하면서 이 책에서 주로 사용될 용어들은 다음과 같으며 그에 대한 의미는 다음과 같다.

(1) **교리문답**(catechism): 일반적으로 웨스트민스터 총회에서 작성된 두 개의 교리문답에 대해 '대요리문답'과 '소요리문답'으로 지칭되기도 하나 영어 단어 'Catechism'에 대한 의미를 분명히 나타내기 위하여

이 책에서는 '대교리문답'과 '소교리문답'으로 사용될 것이다.

(2) **청교도(Puritans)**: 청교도는 16, 17세기의 영국의 종교개혁 면면들이 지나치게 느슨하고 형식에 치우쳤다고 보면서, 더욱 철저하고 본질적인 면에서의 개혁을 추구했던 목회자, 신학자들을 일컫는 통칭이다.

(3) **언약신학(the covenant theology)**: 다양한 성경 교훈의 관계를 언약의 구조로 파악하고 설명하는 개혁신학의 특징을 일컫는 용어로서 하나님이 역사 속에서 인간을 다루시는 내용을 언약의 관계로 이해한다.[24]

(4) **행위언약(the covenant of works)과 은혜언약(the covenant of grace)**: 언약신학의 두 중심 주제로서 행위언약은 하나님께서 아담과 맺으신 언약을 일컬으며 은혜언약은 타락 이후 하나님께 죄인의 구속을 위하여 맺으신 언약을 일컫는다.[25]

(5) **도덕법(moral law)**: 행위언약에서 하나님께서 아담의 마음에 주신 본성의 빛을 일컫는 용어로 자연법으로 지칭하기도 하나 이 책에서는 도덕법이라는 용어로 사용하기로 한다.[26]

(6) **그리스도인의 안식일(christian sabbath)**: 한 주의 첫날(일요일)을 안식과 예배를 위한 날로 제시하고 정규적인 오락을 중지하고 하루의 모든 시간을 예배, 교제, 선행을 자유롭게 행하는 날로 지키도록 16, 17세기 영국 청교도들에 의하여 강조되고 사용된 표현이다.[27]

24　Micheal Horton, *God of Promise*, 백금산 역, 『언약신학』 (서울: 부흥과개혁사, 2006), 22.
25　John Fesko, 『역사적, 신학적 맥락으로 읽는 웨스트민스터 신앙고백서』, 172, 198.
26　John Fesko, 『역사적, 신학적 맥락으로 읽는 웨스트민스터 신앙고백서』, 180.
27　Joel R. Beeke and Mark Jones, *A Puritan theology*, 김귀탁 역, 『청교도 신학의 모든 것』 (서울: 부흥과개혁사, 2015), 746-747.

(7) **구원의 서정**(order of salvation): 예수 그리스도께서 성취하신 구속 사역(accomplished Redemption)이 택하신 사람에게 적용되는 과정을 순서로 설명하는 것을 의미한다.

(8) **율법폐기론 또는 반율법주의**(antinomianism): 신자는 율법의 모든 의무에서 해방되었으므로 어떤 식으로든 율법적 의무를 용인하는 것은 값없는 은혜를 위반 하는 것으로 가르치는 주장을 일컫는다.[28]

(9) **율법주의**(legalism): 그리스도인은 율법을 준수함으로 의롭게 된다는 주장으로 주로 로마 가톨릭에서 주장하는 것을 일컫는다.[29]

이 책 제2장에서는 언약신학에 대한 개괄적인 이해를 위하여 현대 개혁신학계에서 일반적으로 받아들여진 언약신학에 대한 논의를 가장 먼저 다룰 것이다. 이어서 개혁신학에서의 언약신학의 태동이 이루어진 16세기 종교개혁자들의 언약신학을 하인리히 불링거(Heinlich Bullinger, 1504-1575)와 존 칼빈(John Calvin, 1509-1564) 그리고 자카리우스 우르시누스(Zacharius Ursinus, 1534-1583)를 중심으로 살펴볼 것이다. 그 후에, 언약신학을 한 걸음 더 발전시킨 17세기의 개혁신학자들의 언약신학을 윌리엄 퍼킨스(William Perkins, 1558-1602), 요한 콕케이우스(Johannes Cocceius, 1603-1669) 그리고 프랜시스 투레틴(Francis Turetin, 1623-1687)을 중심으로 논의할 것이다.

제3장에서는 웨스트민스터 표준 문서에 나타난 언약신학을 다룰 것이다. 이를 위해 먼저 웨스트민스터 총회가 열린 17세기 중엽에 영국 교회의 심각한 신학적 도전이 되었던 아르미니안주의와 율법폐기론을 먼저 살

---

28 Joel R. Beeke and Mark Jones, 『청교도 신학의 모든 것』, 642.
29 G. Alberigo eds. *Conciliorum oecumenicorum Decrata III*, 김영국 외 역, 『보편공의회 문헌집 제3권』(서울: 가톨릭출판사, 2013), 675.

펴볼 것이다. 그리고 그에 대한 웨스트민스터 총회에 참석한 신학자들의 대응을 중심으로 그들의 언약신학을 살펴볼 것이다. 그 이후에 웨스트민스터 표준 문서에 나타난 언약신학을 분석할 것이다.

제4장에서는 '소교리문답'에서의 성화론을 다룰 것인데 신자의 성화가 율법의 순종과 밀접하게 관련이 있음을 논증할 것이다. 여기서는 또한 성화에 있어서 성령 사역의 주도성과 그에 반응하는 신자의 책임으로서의 순종에 대한 부분도 다룰 것이다.

이후의 두 장에서는 도덕법의 실체로서의 율법과 그 핵심 내용인 십계명의 실천적인 이해를 살펴보기 위하여 '소교리문답'의 십계명 해설 중에서 대표적인 두 계명을 다룰 것이다.

제5장에서는 제4계명을 다룰 것이다. 제4계명은 16, 17세기 영국 교회에서 가장 집요하고 격렬하게 논쟁한 계명이었으므로 그 논쟁의 역사를 간략하게 다룬다. 그리고 '소교리문답'에서의 제4계명 해설을 성화의 관점에서 논의하면서 은혜의 수단들에 대해서도 논의한다.

제6장에서는 '소교리문답'의 제5계명 해설을 다룬다. 웨스트민스터 신학자들은 제5계명의 순종의 대상을 폭넓게 이해하고, 또한 실제적인 삶의 상황 속에서 실천해야 할 것으로 설명한다. 그렇게 함으로써 성화의 실제적인 면모가 어떠해야 하는지를 제5계명의 해설에서 다룬다. 이와 관련하여 17세기 영국의 사회적 상황과 스코틀랜드의 언약신학과 제5계명에 대한 종교개혁 이후의 교리문답 설명을 다룬다. 그리고 나서 '소교리문답'의 제5계명의 해설과 그 특성을 분석 평가한다.

제7장 결론에서는 본론에서의 논증들이 본 연구의 논지를 분명히 입증하는 것이었음을 확인한다. 즉, 웨스트민스터 '소교리문답'은 단순한 기독교 신앙의 교리를 요약해서 설명하는 것으로 그치는 것이 아니고 실제

적인 성화의 삶을 촉진하기 위한 '신자들의 성화를 위한 지도서'(A directory for sanctification of the believers)로 작성되었음을 확증한다. 그리고 본 연구 결과에 따른 '소교리문답'의 교육적 활용에 대한 제안을 제시함으로 마무리하게 될 것이다.

제2장

개혁신학 안의 언약신학 전개

　웨스트민스터 표준 문서들에 나타난 신학의 골격은 언약신학이다.[1] 언약신학은 웨스트민스터 총회에 소집된 목사들과 신학자들에게 익히 알려진 바였다. 그들은 16세기 종교개혁자들의 언약신학뿐만 아니라 17세기 당대의 언약신학의 주요 주제들을 충분히 이해하고 있었다. 그들은 언약신학의 몇몇 부분에서 논쟁이 진행되고 있는 것을 알고 있었지만, 언약신학이 성경 전체의 가르침을 이해하는 핵심이라는 것에는 전체적으로 동의하고 있었다. 그러므로 그들은 표준 문서들을 작성할 때 언약신학적인 토대 또는 체계에 따라 논의하고 설명했다.[2]

　비록 '소교리문답'에서 언약에 대해 간결하게 진술되었을지라도 '소교리문답'의 전체적인 구조와 체계는 전적으로 언약신학에 따른 것이다. 특별히 언약의 이중 구조, 행위언약(13번)과 은혜언약(20번) 그리고 각각의 언약 안에서의 도덕법(40번)과 율법의 성격(41번)에 대한 언약신학적 맥락

---

[1]　이와 유사하게 벤자민 워필드는 웨스트민스터 신앙고백의 건축학적인 원리는 언약신학이라고 언급하였는데 이는 '대교리문답'과 '소교리문답'에도 동일하게 적용되는 표현이라 할 수 있다. B. B. Warfield, "the Westminster Assembly and its work", in *The Works of Benjamin B. Warfield*, 56.

[2]　John V. Fesko, 『역사적, 신학적 맥락으로 읽는 웨스트민스터 신앙고백서』, 155-209. 페스코는 여기서 웨스트민스터 총회의 신학자들이 언약신학에 대해 해박한 지식을 가지고 있었으며 당대의 논쟁 주제들이 무엇인지도 분명하게 인지하고 있었음을 밝혔다.

을 파악해야 '소교리문답'에서 진술된 내용을 바르게 이해할 수 있다.

그러므로 본 장에서는 '소교리문답'을 비롯한 웨스트민스터 표준 문서에 나타난 언약신학을 이해하기 위한 예비 단계로 16세기 개혁자들과 17세기 개혁신학자들 사이에서 논의된 언약신학의 강조점들을 고찰하도록 한다. 하지만 이에 대한 논의로 들어가기 전에, 우선 웨스트민스터 표준 문서들에 나타난 언약신학이 16세기 개혁자들의 신학과 다르다는 비판들을 검토, 평가할 것이다.

그리고는 현대 개혁신학 안에서 일반적으로 인정되고 있는 언약신학에 대한 개괄적인 이해를 살펴본 후에 본격적으로 16세기와 17세기의 개혁주의 신학자들의 언약신학을 탐색할 것이다. 여기서는 도덕법과 율법의 성격과 기능 혹은 역할에 대한 관점 등을 중점적으로 살필 것이다. 그렇게 함으로써 웨스트민스터 '소교리문답'을 비롯한 표준 문서에 진술된 17세기의 언약신학의 토대가 매우 견고한 것이었음을 확인하게 될 것이다

1. 최근의 언약신학에 대한 논의들

리건 던컨(Ligon Duncan)은 "언약신학에 대한 최근의 반대들: 설명, 평가와 응답"(Recent Objections to Covenant Theology: A Description, Evaluation and Response)이라는 논문에서 근래 제기된 언약신학에 대한 반대들을 자세하게 다루었다.

그는 언약신학에 대한 반대가 20세기 초의 페리 밀러(Perry Miller)와 칼 바르트(Karl Barth)뿐만 아니라 개혁신학자인 존 머리(John Murry)에 의해서도 제기되었다고 하면서 반대 논제들을 15가지로 나열하고 그에 대한 답

변을 제공한다.³ 그러면서 그는 언약신학이 집요한 반대자들의 검증을 훌륭하게 통과하였다고 평가한다.

그는 언약신학을 성경의 가르침을 체계적으로 잘 설명하는 '성경적인 성경신학'(biblical, biblical theology)이라고 표현하면서 언약신학은 '대속'(그리스도의 죽음의 의미)과 '신앙의 확신'과 '성례'와 '구속사의 연속성'을 이해하고 잘 설명하는 방편이라고 했다.⁴

페스코 또한 최근의 웨스트민스터 표준 문서들에 나타난 언약신학의 반대들을 언급한다. 그는, 칼빈은 행위언약과 은혜언약이라는 이중 구조에 대해 아는 바가 없었으며 그것은 칼빈의 후계자들이 만든 신학적 혁신이라고 꼬집으면서 그러한 신학은 하나님과 인간의 관계를 은혜보다는 율법에 둔 것이라는 홈즈 롤스톤 3세(Holmes Rolston III)와 T. F. 토렌스(T. F.

---

3   Duncan이 제시한 반대들은 다음과 같다.
    1. 언약신학은 언약을 계약으로 취급한다.
    2. 언약신학은 자연/은혜의 이분법을 창안해 냈다.
    3. 언약신학은 강조점을 그리스도로부터 우리 자신에게로 옮겼다.
    4. 언약신학은 정의(justice)를 하나님의 중심 속성으로 (그리고 자비를 조건으로) 만든다.
    5. 언약신학은 대속(atonement)을 하나님의 사랑에 선행하는 것으로 만든다.
    6. 언약신학의 이중언약 구조는 성경적 토대가 결여되었다.
    7. 언약신학은 하나님이 사람을 두 개의 다른 방법으로 대하신다고 가르친다.
    8. 언약신학의 삼위일체 상호언약(inter-trinitarian covenant)은 하나님에 대한 이원론의 문을 연다.
    9. 행위언약은 아담의 경륜에서 은혜의 요소를 고려하지 않는다.
    10. 성경은 하나님의 아담에 대한 관계에서 타락 전 언약을 제공하지 않는다.
    11. 성경에서 언약이라는 용어는 구속의 경륜으로만 제한된다.
    12. 언약은 아담의 경륜에서 존재하지 않는 보장을 강제한다. 왜냐하면, 아담이 실패했고 타락했기 때문이다.
    13. 사람은 하나님 앞에 어떠한 공로도 없다.
    14. 언약은 동의(agreement)가 아니다. 그것은 관계 혹은 우정(relation or friendship)이다.
    15. 아담이 금지 명령을 순종했더라면 영원한 생명을 얻었으리라는 이론은 성경의 다른 곳들과 맞지 않는다. Ligion Duncan(ed.), *The Westminster Confession into the 21ˢᵗ Century*, Vol. 3 (Ross-shire: Mentor, 2005), 467-498.
4   Ligion Duncan(ed.), *The Westminster Confession into the 21ˢᵗ Century*, Vol. 3, 498.

Torrence)의 비판을 언급한다.

그러나 그는 그러한 비판은 언약신학이 칼빈을 왜곡한 것이라는 칼 바르트의 주장과 동일 선상에 있을 뿐이라고 일축한다. 또한, 그는 언약신학에 대한 평가를 오로지 칼빈을 기준으로 하는 것은 교부시대로부터 발전되어온 언약신학의 다양한 면면을 외면하는 것이라고 비판한다.[5]

그리하여 그는 히에로니무스(Hieronymus, 347-420)로부터 아우구스티누스(Augustinus, 354-430)까지의 신학자들에게서 언약사상이 나타남을 소개하며 또한 츠빙글리(Huldrych Zwingli, 1484-1531)와 윌리엄 틴데일(William Tyndale, 1494-1536) 등의 초기 개혁자들을 비롯한 다른 개혁자들이 언약사상을 언급한 것을 제시하면서 이러한 사실은 언약에 대한 교리가 단지 몇몇 신학자들의 머리에서 나온 것이 아니라 성경으로부터 기원한 것임을 입증하는 것이라고 주장한다.

그리고 만일 언약을 다루지 않는 신학자가 있다면 그것이 오히려 이상한 일이라고 함으로써 언약신학의 타당성을 주장했다. 국내에서는 최근에 김재성이 "하이델베르크 요리문답과 웨스트민스터 고백서의 언약사상"이라는 논문을 통해 언약신학이 개혁주의 신학의 핵심 교리로 인정되고 있음을 논증했다.

그는 위의 두 문서가 언약의 연속성과 통일성의 강조가 돋보인다고 하면서, 특히 웨스트민스터 신앙고백서에서의 구속언약에 대한 설명이 언약신학의 진일보한 면모를 나타낸다고 해설했다.[6]

---

[5] John V. Fesko, 『역사적, 신학적 맥락으로 읽는 웨스트민스터 신앙고백서』, 157.
[6] 김재성, "하이델베르크 요리문답과 웨스트민스터 고백서의 언약사상", 「한국개혁신학」 40 (2013), 40-82.

2. 언약신학에 대한 개괄적인 이해

언약신학에 대한 비판이 꾸준히 제기되었음에도 언약신학이 그 생명력을 잃지 않은 것은 언약신학이 성경을 전체적이고 통합적으로 보는 데 매우 유용할 뿐만 아니라 적합하기 때문이다. 이러한 이해에 기초하여 이제 종교개혁 시대 이후 개혁신학자들에 의하여 수립된 언약신학의 큰 틀을 살펴보고자 한다.

이러한 이해가 있어야 종교개혁과 후속 시대 개혁신학자들의 언약신학과 웨스트민스터 신학에서 나타난 언약신학의 강조점들과 차이점들을 비교하며 다룰 수 있을 것이기 때문이다.

1) 삼중언약

마이클 호튼(Michael Horton)은 하나님의 실존 자체가 언약적이며 인간 또한 언약적 피조물로 창조되었기에 하나님과 인간은 본성상 언약적 관계에 있다고 단언한다.[7] 그러므로 언약신학은 성경적 신앙과 실천을 결합하는 구조로써, 특별히 구약과 신약을 통일성 있게 보게 하는 성경 자체의 문맥이라고 할 수 있다. 그러므로 언약신학은 기본적으로 구약과 신약의 연속성을 강조한다.[8]

---

[7] Michael Horton, *God of Promise*, 백금산 역, 『언약신학』 (서울: 부흥과개혁사, 2009), 18.
[8] 언약신학과 비슷한 관점으로 성경을 보지만 구약과 신약의 연속성보다는 불연속성을 강조하는 면에서 세대주의 신학은 언약신학과 그 궤를 달리한다. 최근에 피터 J. 젠트리(Peter J. Gentry)와 스티븐 J. 웰럼(Stephen J. Wellum)은 공동으로 저술한 *Kingdom Through Covenant* (『언약과 하나님 나라』)에서 언약신학과 세대주의 신학을 조화시키려는 시도를 하였다. 하지만 그 책의 가치는 그러한 시도의 성공에 있다기보다는 두 신학의 차이를 명료하게 드러낸 것에 있다고 하겠다. Peter J. Gentry & Stephen J.

언약이란 말은 구약에서는 베리트(berith)인데 이 단어는 '자르다'(to cut)를 뜻하는 바라(barah)에서 파생된 말로써 창세기 15:17에서 언급된 할례 의식에 대한 기념을 의미한다. 그러나 다른 한 편에서는 언약을 '묶다'(to bind)를 뜻하는 앗시리아어 'beritu'에서 나온 것으로 이해하는 견해들도 있다. 또한, 'betith'는 언약 한 편에 종속적으로 부과되는 의무로서의 명령과 규례를 의미하는 'choq'의 동의어로 사용되기도 하는데 이것은 하나님과 인간의 언약이 동등한 위치에서 체결되는 것이 아니며 언약의 편무적(片務的), 또는 일방적 성격을 강하게 드러낸다.[9]

성경에는 세 종류의 언약이 있음을 대부분 개혁신학자가 동의하는데 이는 곧 구속언약(pactum salutis, covenant of salvation)과 행위언약(foederus nature, covenant of work)과 은혜언약(foederus gratias, covenant of grace)이다.[10]

구속언약은 역사 속에서 사람들과 맺으신 언약이 아니라 삼위 하나님 사이에서 맺은 영원한 언약이다. 즉, 성부 하나님이 성자 하나님 안에서 한 백성을 선택하여 성령 하나님을 통해 구원하는 믿음을 주시고자 하시는 삼위 하나님 사이의 언약을 뜻한다.

Wellum, *Kingdom Through Covenant*, 김귀탁 역, 『언약과 하나님 나라』(서울: 새물결플러스, 2017), 54-114.

[9] Louis Berkhof, *Systematic Theology* (Edinburgh: The Banner of Truth Trust, 1968, reprinted 1998), 262. Herman Bavinck, *Gereformeerde Dogmatick*, 박태현 역, 『개혁교의학 3』(서울: 부흥과개혁사, 2011), 246-248. 하지만 앞으로 살펴보겠지만 언약의 당사자로서의 인간의 책임을 강조하는, 언약의 쌍무성(雙務性)을 주장하는 언약신학자들도 있다.

[10] 세 종류의 언약을 주장하는 대표적인 개혁신학자들은 다음과 같다. Charles Hodge, *Systematic Theology*, ed. Edward N. Gross (Phillipsburg, New Jersey: P&R Publishing, 1992), 265-270, 340-348. Herman Bavinck, 『개혁교의학 3』, 259. Geerhardus Vos, *Reformed Dogmatics* vol. 2 (Bellingham, WA: Lexham Press, 2014), 85-94. Louis Berkhof, *Systematic Theology*, 265-283.

비록 성경에는 이러한 구속언약에 대한 명시적 표현이 나타나지 않지만, 언약신학자들은 이에 대한 여러 성경 구절[11]이 이에 대해 분명히 말하고 있다고 보고 이를 '구속언약'이라 칭하고 이 개념을 통해 인간의 구원이 하나님의 주권적인 사역이며 또한 구원 사역에서의 그리스도 중심적 특성을 강조하려 했다. 이러한 사실은 본 연구의 주된 대상인 '소교리문답'에서 분명히 드러난다.[12]

벌코프는 시편 2:7-9; 40:7-9; 요한복음 17:5; 빌립보서 2:9-11 등을 역사적 서문, 언약의 조항, 상벌 규정 등 언약의 형식으로 간주하는 내용으로 제시함으로 구속언약이 언약의 형식적 특징을 지니고 있다고 주장했다.[13]

행위언약은 하나님과 아담 사이에 맺어진 언약이다.[14] 이 언약에서 하나님은 절대적 주권자이며 율법의 수여자로서의 하나님이 아니라 친구로서의 하나님으로서 언약의 한편 당사자가 되시고, 아담은 인류의 머리와 대표로서 그리고 죄성이 없지만, 아직 의롭다고 확정되지 않은 상태에서 언약의 상대편 당사자가 된다. 행위언약에서 하나님은 하나님의 형상으로서의 아담에게 주신 하나님의 도덕적 성품으로서의 율법을 순종하는 것을

---

11 구속언약에 대한 성구는 다음과 같다. 창세전에 이루어진 구원의 예정에 대한 에베소서 1:4-14, 성부께서 성자에게 사람들을 주셨다는 요한복음 6:39; 10:29; 17:2, 6, 9, 11-12 그리고 성자께서 자신의 삶과 죽음을 통해 그 계획을 이루셨다는 요한복음 6:37-40, 10:14-18; 히브리서 10:5-18과 성령께서 믿음으로 그리스도와 연합하도록 사람들을 이끄셨다고 말하는 로마서 8:29-30; 에베소서 1:11-13; 베드로전서 1:5 등이다.
12 WSC. 29, 30, 31, 33, 34, 35.
13 Louis Berkhof, *Systematic Theology*, 266-269.
14 행위언약이라는 표현은 개혁신학자들에 있어서 일반적으로 인정되는 표현이다. 그러나 일부 개혁신학자들은 하나님과 아담 사이뿐 아니라 하나님과 인류 전체의 관계에서 은혜가 근본적이라는 사실을 강조하기 위하여 행위언약보다는 '창조언약', 또는 '자연언약'이라는 표현을 선호하는데 특별히 마이클 호튼이 대표적이다. Michael Horton, 『언약신학』, 118.

조건으로 영생을 약속하셨다.[15]

행위언약의 언약 체결의 요소는 창세기 1-3장에서 볼 수 있다. 즉, 1-2장은 역사적 서문이고, 2:16-17은 언약의 규정이며, 2:17 이하는 상벌 규정이다. 그리고 상벌 규정에 관한 토론은 3:1-5이고 그에 대한 심판의 시행은 3:8-19로 이해된다.[16] 그러나 아담은 그 법에 불순종하여 전체 인류와 함께 죄와 죽음과 정죄에 이르게 되었다. 이로서 행위언약은 깨어졌고 은혜로우신 하나님은 그 백성을 구원하시기 위한 다른 언약을 체결하기를 원하셨다.

행위언약을 논함에 있어서 시내산(모세) 언약의 성격과 관련하여 개혁교회의 신학자들 안에서 적지 않은 논란이 있었다. 이는 시내산언약이 행위, 즉 '이를 행하라 그리하면 살리라'(레 18:5)를 강조하기 때문이다.

16세기의 더들리 페너(Dudley Fenner, 1558-1587)와 윌리엄 퍼킨스와 로버트 롤록(Robert Rollock, 1555-1599) 등은 시내산언약을 행위언약에 포함했다. 그리고 17세기의 영국에서는 이에 대해 여러 가지 다양한 입장이 있었지만 시내산언약을 은혜언약의 범주로 보는 것이 일반적이었다.[17]

---

15 Michael Horton, 『언약신학』, 118-120. 행위언약에서의 조건과 영생의 약속은 '선악을 알게 하는 나무의 열매를 먹는 날에는 정녕 죽으리라'는 창세기 2:17의 금지 명령이다. 그러나 그 명령에서 영생의 약속이 구체적으로 제시되지 않았음으로 행위언약을 부인하는 사람들을 향하여 벌코프는 금지 명령 안에 속에 영생의 약속이 암시적으로 제시되었다고 설명한다. Louis Berkhof, *Systematic Theology*, 216.
16 Michael Horton, 『언약신학』, 126.
17 존 페스코는 웨스트민스터 총회에 참석한 두 사람, 사무엘 볼튼(Samuel Bolton, 1606-1654)과 에드먼드 칼라미(Edmund Calamy, 1600-1666)의 분류에 따른 이에 대한 학자들 간의 견해를 다음과 같이 자세하게 설명한다. 볼튼은 언약을 삼중언약으로 보면서 시내산언약을 행위언약과 은혜언약의 혼합이나 부차적인 언약으로 보았다고 설명하고, 칼라미는 시내산언약을 아담과 맺은 행위언약과 그리스도 안에서의 새 언약 외에 아브라함과 맺은 은혜언약과는 다른 별개의 행위언약으로 보는 사중언약으로 본 사람(아마도 시드락 심슨(Sydrach Simpson, 1600-1655)과, 시내산언약을 아담과의 행위언약과 그리스도 안에서의 새 언약 사이의 이스라엘과 맺은 별개의 행위언약으로 보아 전

현대에 와서 호튼은 시내산언약을 율법언약이라 부르며 이를 행위언약에 포함하는 반면에 헤르만 바빙크(Herman Bavinck, 1854-1921)와 벌코프는 시내산언약을 은혜언약에 포함하는데 이러한 견해가 개혁주의 신학자들 사이에 공감대가 이루어진 것으로 보인다.[18] 따라서 본 연구는 시내산언약을 은혜언약의 범주에서 다룰 것이다.

은혜언약은 창조 시의 아담과 맺은 첫 번째 언약이 아담의 불순종으로 파기 된 후에 하나님께서 죄인인 아담과 그 후손들을 구원하시기 위하여 맺으신 언약으로, 창세기 3:15의 약속을 그 시작으로 한다. 이 언약의 인간 편의 파트너는 타락한 아담과 아브라함과 이스라엘과 다윗이지만 그들에게 주어진 언약은 약속이었고 그리스도가 그 약속들을 온전히 성취하셨을 때 은혜언약은 온전히 맺어졌다.[19]

그러므로 은혜언약은 역사적으로 점진적인 성격을 갖지만, 그 성질에서는 본질에서 동일하다. 즉, 역사적으로 다양한 언약이 있을지라도 그것은 하나님의 은혜로 말미암아 맺어진 언약이기에 이 언약은 모두 은혜언약으로 일컬어진다는 것이다.

그래서 그리스도 이전의 은혜언약들은 그리스도의 오심을 예표하고 예시하는 다양한 약속과 예언들과 제사와 의식들 그리고 규례들을 통해 시행되었다. 그러므로 그리스도의 언약에 이르기까지의 각 시대의 은혜언약

체적으로 삼중언약으로 보는 예레미야 버로우즈(Jeremiah Burroughs, 1600-1646)와 안토니 버지스(Anthony Burgess, 1600-1664) 등이 있었다고 설명한다. 그러나 가장 일반적인 입장은 행위언약과 은혜언약의 이중구조로 보는 것으로 시내산언약을 포괄적인 의미에서 은혜언약으로 보는 것이었다고 페스코는 평가한다. John Fesko, 『역사적, 신학적 맥락으로 읽는 웨스트민스터 신앙고백서』, 184-191.

[18] Michael Horton, 『언약신학』, 139. Louis Berkhof, *Systematic Theology*, 297. Herman Bavinck, 『개혁교의학 3』, 269.
[19] Michael Horton, 『언약신학』, 144. Peter Golding *Covenant Theology*, (Ross-shire: mentor, 2008), 126.

은 그 형태가 다를지라도 모두 동일한 하나의 은혜언약으로써 전자는 후자들의 약속에 대한 성취의 의미가 있다. 그러므로 각 은혜언약의 발전에 있어서 나타난 변화들은 하나님의 동일한 구원 계획에 따른 것으로서 본질적으로 연속성이 있다.[20]

은혜언약은 언약의 조건에 반응하거나 성취할 죄인들의 자연적 능력을 고려하지 않고 하나님께서 단독적으로 맺으신, 은혜로 맺어진 언약이므로 일방언약(foedus monopleuron/unilateral covenant)이라고 불리는 한편, 사람에게 그리스도를 믿는 믿음을 요구한다는 점에서는 조건적이고, 따라서 쌍방언약(foedus dipleuron/ bilateral covenant)이라고 불린다.[21]

2) 은혜언약의 양상들

하나님의 구원 계획과 그에 따른 계시의 발전에 따라 은혜언약은 여러 개의 언약으로 제시되었다. 그 종류에 대해서는 언약신학자들 사이에 일치가 완전히 이루어지지는 않았지만, 일반적으로 옛 언약과 새 언약으로 구분되는데 옛 언약은 타락 후 아담에게 주신 언약을 필두로 노아언약과 아브라함언약과 모세언약 그리고 다윗언약을 일컫고 새 언약은 예레미야의 언약과 그리스도의 언약을 일컫는다.[22]

---

20 Peter J. Jentry & Stephen J. Wellum, 『언약과 하나님 나라』, 87-88.
21 은혜언약의 성격에 대해 언약신학자들 사이에 종종 논쟁이 되었으나 리처드 멀러(Richard Muller)는 이 논쟁을 언약의 수여자로서의 하나님의 입장과 언약의 수혜자로서의 입장에 따른 것으로 동일한 은혜언약에 대한 다른 관점에서의 표현이라고 설명했다. Richard A. Muller, *Dictionary of Latin and Greek Theological Terms* (Grand Rapids: Baker Academic, 2017), 127.
22 여기서의 옛 언약이란 17세기 언약신학에서 옛 언약으로 지칭되는 모세언약을 가리키는 것이 아니고 선지서와 신약에 주어진 새 언약에 대조되는 언약으로서 구약 시대에 주어진 언약을 가리킨다. 또한, 은혜언약의 양상에 대해 개혁신학자들 사이에 견해가

노아와 맺은 언약은 보존언약 또는 일반은혜의 언약으로 불린다. 그리고 이 언약은 일차적으로 영적인 측면보다는 현세적인 측면, 즉 은혜보다는 자연의 영역에 관련된다.[23] 하지만 이 언약은 명백하게 하나님의 은혜로운 호의의 결과이기 때문에 당연히 은혜언약으로 간주하고 이후의 은혜언약이 작동하는 틀을 제공한다. 이 언약에서 하나님은 이 세상을 보존하시겠다는 언약의 맹세에 스스로 자신을 묶으신다. 이 언약에서는 세 가지가 강조된다.

(1) 이 언약에서 하나님의 약속은 무조건적이기에 하나님의 주권이 강조된다.
(2) 이 언약은 인간에게만이 아니라 모든 창조세계에 적용되므로 우주적 보편성이 강조된다.
(3) 하나님의 약속은 세상의 끝날까지 이어질 것으로 지속성이 강조된다.

다른 부분은 다윗언약을 은혜언약에 포함하느냐의 여부에 있다. 20세기 전반까지 전통적인 개혁신학자들인 게할더스 보스(Geerhardus Vos)와 루이스 벌코프(Louis Berkhof)는 은혜언약에 다윗의 언약을 다루지 않았다. 그러나 20세기 후반의 개혁신학자들 대부분, 즉 O. 팔머 로버트슨(O. Palmer Robertson)과 R. C. 스프룰(R. C. Sproul)과 존 프레임(John Frame) 등은 다윗언약을 은혜언약에 포함하였다. 따라서 본 연구에는 다윗언약을 은혜언약에 포함하여 설명한다. Geerhardus Vos, *Reformed Dogmatics* vol. 2 124-134. Louis Berkhof, *Systematic Theology*, 293-299. O. Palmer Robertson, *The Christ of the Covenant*, 김의원 역, 『계약신학과 그리스도』 (서울: CLC, 1999), 233-275. R. C. Sproul, *The Promises of God*, 김태곤 역, 『철회할 수 없는 하나님의 은혜 언약』 (서울: 생명의말씀사, 2013), 178-187. John M. Frame, *Systematic Theology*, 김진운 역, 『존 프레임의 조직신학』 (서울: 부흥과개혁사, 2017), 106-109.

23 구약성경에서 '언약'(berith)이라는 말이 가장 처음 언급되는 것이 바로 노아에게 언약을 맺으시는 창세기 6:18이다.

노아와 그 가족이 경험한 홍수로부터의 신체적인 구원은 하나님의 약속 안에 있는 믿음으로 말미암은 심판으로부터의 영적인 구속에 대한 모형이며 상징이다.[24]

아브라함언약은 창세기에 세 번 언급되었는데 이 언약은 일차적으로 노아언약과 달리 영적인 약속에 관한 언약이다. 아브라함에게 명령받은 첫 약속(창 12:1-3)은 형식적인 언약의 형태를 띤 것은 아니지만 언약의 본질을 명백히 드러내고 있다. 그리고 그 언약은 두 번째 약속(창 15:1-17)에서 희생제물과 자기 저주 맹세로 인준되었고, 몇 년 뒤 세 번째 약속(창 17:1-14)에서 할례의 표시 때문에 확정되고 인증되었다.[25]

신약에서 새 언약을 아브라함언약의 확장과 성취로 설명하는 것을 볼 때(갈 3:8-9, 29) 아브라함언약은 진정한 은혜언약의 토대로 간주하고 있다. 또한, 이전까지의 언약은 인간을 전체로서 대하시지만, 아브라함언약에서 하나님은 인간을 개인으로서 대하신다. 이로써 하나님의 구원 계획은 셈과 데라와 아브라함으로 이어지는 계통으로 구체화하였다. 아브라함언약의 가장 큰 목적은 여인의 씨가 오는 혈통을 계시하신 데 있으므로 이 언약은 진정으로 구원하는 복음의 첫 번째 계시이며 그 언약의 길을 예비하는 것이었다.[26]

---

24 Peter Golding, *Covenant Theology*, 149-151.
25 K. M. 캠벨(K. M. Campbell)은 창세기 15장은 시여자 형식의 언약 형식이라고 주장하면서 다음과 같이 세분하여 분석한다. 창세기 15장: (a) 서언(15:1) (b) 서문(15:7) (c) 언약 조건들(15:4-7, 18-21) (d) 상벌 조항들(15:9-17) (e) 의식적 맹세(15:9-17) 그리고 창세기 17장은 종주언약의 형식이라고 하면서 다음과 같이 분석한다. (a) 서문(17:1) (b) 약속과 의무로 나누어지는 언약 조건들(17:1-15) (c) 미래의 제공(17:10-14) (d) 상벌 조항들(17:13-14) (e) 의식적 맹세(17:10-14) Peter Golding, *Covenant Theology*, 152-153.
26 Peter Golding, *Covenant Theology*, 151-154.

모세언약(시내산언약)은 하나님께서 이스라엘을 이집트의 속박에서 해방한 뒤에 인간 중보자로서의 모세를 통해 이스라엘 백성과 맺으신 언약으로 구속 역사의 진전에 있어서 중요한 단계를 이룬 언약으로 출애굽기 19:5-6에서 발견된다. 하지만 하나님은 모세에게 언약의 하나님으로서 아브라함의 하나님으로 나타나신 가시덤불의 사건을 되돌아보게 하시는데 그것으로 볼 때 모세언약은 아브라함언약과 유기적인 관계를 맺고 있다.

하나님은 호렙에서 이스라엘 백성들에게 아브라함언약을 상기하도록 하셨으며(신 1:8) 금송아지 사건으로 멸망할 상황에서 모세는 하나님께 아브라함언약을 기억하시기를 간구했다(출 32:13).

또한, 그들이 죄에서 회개할 때마다 하나님은 아브라함과 맺은 언약을 기억하실 것이라고 하셨다(레 26:42; 신 4:31). 더구나 시편 105:8-10은 두 언약의 단일성을 명백하게 보여 주고 있다. 갈라디아서 3:15-22에서 바울은 율법은 아브라함언약을 대체하기 위한 것이 아니라 약속의 은혜로운 목적을 이루기 위한 것이라고 말한다. 만일 모세언약이 행위언약이고 따라서 율법적 순종이 구원의 길이라면 그것은 이스라엘의 저주일 뿐이다. 왜냐하면, 백성들에게 부과된 율법은 지킬 수 없기 때문이다. 그러나 이 언약은 이스라엘에게 수여된 복으로 성경에서 제시된다(출 19:5; 레 26:44-45; 신 4:8; 시 148:20). 따라서 대부분 개혁신학자는 어떤 면에서 다른 면모들이 있을지라도 모세언약을 본질에서 아브라함언약과 동일한 언약으로 이해하고 있다.

물론 모세언약은 외적인 형식으로서 성문화된 율법을 강조하는 특이점이 있다. 그러나 그것은 그 언약이 이제 한 가족 단위에서 민족 단위로 확장되었기 때문에 그렇게 주어진 것이지 율법의 행위로 말미암아 의롭게 됨을 설명하는 것은 아니다. 또한, 현세적 축복에 대한 모세언약의 강조는 후견인에 맡겨진 어린아이와 같은 옛 언약의 백성들에게 적합하도록 제시된 것으로 모세언약의 모형론적인 본성을 보여 주는 것이다.

그러므로 모세언약에서 작동하는 율법적 원리는 그보다 넓은 구속사적 맥락으로부터 고립된 것이 아니고 이스라엘이 율법, 즉 도덕법의 완전한 요약으로 주어진 십계명을 지킬 수 없음을 깨닫게 하려는 교육적 목적으로 주어진 것이다. 사람이 율법을 지킴으로써 의를 이룩하려는 것이 부적당함을 완전하게 드러냄으로써 율법은 아브라함언약에 긴요하게 봉사한다. 그런 의미에서 모세언약은 그리스도의 은혜를 준비하게 하는 성격이 강하다.[27]

웨스트민스터 신학자들은 모세언약과 관련하여 십계명을 도덕법의 요약으로 이해했다. 그들은 그러한 자신들의 이해를 '대교리문답'과 '소교리문답'에서 신자의 삶의 규칙으로 자세하게 설명했다.

다윗언약은 사무엘하 7장과 이와 병행을 이루고 있는 역대상 17장 및 시편 89편에서 언급된다. 사무엘하 7장에서는 언약이라는 단어가 분명하게 사용되지는 않지만, 시편 89편에서 언급된 것을 볼 때 다윗에게 주신 약속들이 분명한 언약 안에서 주어졌음이 확인된다. 솔로몬은 이 언약의 의무와 책임에 대해 바르게 이해하고 있음을 보여 준다(대하 6:14; 시 89:30-32).

다윗언약은 시혜언약의 형태로 구성되어 있는데 그 약속의 요소에 있어서 아브라함언약과 매우 잘 결합한다.[28] 아브라함언약은 이스라엘의 인구

27　Peter Golding, *Covenant Theology*, 155-158.
28　K. M. 캠벨(K. M. Campbell)은 다윗언약의 구성요소를 다음과 같이 설명한다. (a) 서문(삼하 7:8상) (b) 서언(7:8하) (c) 언약 조항들(7:9하-14) (d) 상벌 조항들(7:14) Peter Golding, *Covenant Theology*, 159.

증가와 가나안 땅을 기업으로 받음으로 성취되었으나 언약의 핵심으로서 메시아적 약속과 소망은 아직 남아 있는데 다윗언약에서 그 절정에 이르렀다. 즉, 다윗언약에서 아브라함언약은 명료하게 되었고 심화 되었으며 다윗의 후손으로 오는 이에게 초점이 맞추어졌다. 그러므로 다윗에게 주어진 약속들은 그 특성에 있어서 직접적으로 메시아적이다. 다시 말하면, 다윗의 씨가 한 나라를 세울 것이고 그의 보좌가 모든 세대에까지 이를 것이라는 약속은 바로 예수 그리스도를 가리키고 있다는 의미이다.[29]

예레미야 31:23-28에서 예레미야에게 주어진 새 언약(The new covenant)의 약속은 포로로부터의 귀환 때에 성취되었지만 그 예언에 내재 되어 있는 새 언약은 신약이 그것을 명료하게 하기까지 포로 후 시대를 넘어선다. 이 새 언약은 아브라함언약을 염두에 둔 것이 아니고 모세언약과 대조되어 새 언약으로 불린다. 비록 모세언약이 은혜에 관한 관심을 촉진하기 위하여 주어졌을지라도 그것은 두 돌 판에 새겨진 십계명이라는 외적인 형식으로 주어졌다. 그리고 이 사실이 율법에 대한 참된 순종을 일으키는 데 있어서 옛 언약(The old covenant)은 부적합하다는 잘 나타내 준다.

그러므로 사람 안에 있는 살아 있는 중요한 원리로서의 새 언약의 필요성이 대두되었는데 이것은 그리스도 안에 있는 새 언약(The new covenant)으로 향하도록 하는 것으로 그 근본적인 특성은 사람의 마음 안에서 율법을 이행하도록 하는 것이다. 새로운 성령의 시대에 신자는 율법을 지키도록 명령받을 뿐 아니라 그렇게 하도록 능력과 동기부여를 받는다.[30]

그리스도 안의 새 언약은 하나님의 구원 계획 시행의 마지막이며 최종적인 시기의 언약이다. 그러나 새 언약이라고 할 때 그것은 첫 언약에 반대된

---

29   Peter Golding, *Covenant Theology*, 160.
30   Peter Golding, *Covenant Theology*, 161.

다는 의미는 아니며 오히려 아브라함언약에서 계시되고 모세언약에서 확정된 언약의 은혜로운 수용이며 더 명료하고 완전한 표명이라는 뜻이다.

예수 그리스도께서 성만찬을 제정하시면서 포도주에 관한 말씀으로 하신 말씀, 즉 포도주는 새 언약을 승인을 위하여 흘리는 그의 피를 상징한다면서 그것을 마시라고 하신 말씀은 새 언약에 있어서 결정적인 설명이다(마 26:28; 막 14:24; 눅 22:20). 그것은 출애굽기 24:8의 유형의 성취라는 뜻이며 또한 예레미야 31장의 약속의 성취이다.

그 결과로서 히브리서 기자가 유일한 구원의 원천으로서 그리스도의 독특성과 최종성을 설명할 때 그는 새 언약의 중보자로서의 그리스도를 묘사한 것이다(히 8:6). 그렇게 함으로써 그리스도는 죄를 다루고 하나님께 나아가기에 부적합한 옛 언약을 대신하셨다.

또한, 그럼으로써 구약 시대를 통해 계시 되었던 은혜언약의 중심에 놓여 있는 영적 관계가 새 언약에서 그 정점에 이르게 되었다. 그런데도 새 언약의 탁월성은 [도적적] 율법을 폐지하는 것이 아니고 우리와 더욱 친밀한 관계를 맺게 하고 더욱더 효과적으로 성취할 수 있게 하였다.

고린도후서 3장에서 바울은 새 언약을 생명의 영으로서의 성령의 사역으로 말하며(6, 8절), 의(9절)와 자유(17절)의 사역이라고 말한다. 히브리서는 새 언약이 죄 사함을 위한 제정이라고 말한다(히 8:11). 요약하면, 새 언약은 하나님과의 교제의 관계에서의 그 부요하고 완전한 표현으로서 은혜와 약속의 주권적 사역이다. 그리고 그 언약 관계의 중심에는 확신이 있다.

나는 너의 하나님이 되고 너는 나의 백성이 되리라.

새 언약 안에서 이 약속의 온전하고도 완전한 결실이 나타난다. 그리스도는 그 약속의 충만함이다.[31]

웨스트민스터 총회에 참석하도록 소집된 신학자들은 이러한 언약신학의 개괄적인 이해를 하고 있었다. 그들은 언약신학이야말로 성경의 가르침을 바르게 이해하고 설명하는 방식이라고 생각하였기 때문에 그 토대 위에서 표준 문서들을 작성하는 데 동의하였다.

3. 16, 17세기 언약신학의 이해

이제는 종교개혁의 역사 속에서 표명되고 확장된 개혁주의 신학자들의 언약에 대한 이해를 살펴보고자 한다. 이러한 연구를 통해 언약신학의 특징들과 강조점들을 확인할 수 있을 것이다. 또한, 언약의 주체로서의 하나님의 주권과 함께 언약의 상대편 당사자로서의 인간의 역할과 책임 그리고 그들에게 주어진 율법(도덕법)의 기능과 유익들에 대한 이해가 이 시대의 언약신학의 중요한 주제였음을 확인함으로 이 책 연구의 주제에 조금 더 가까이 갈 수 있게 될 것이다.

1) 16세기 개혁자들의 언약신학

성경의 가르침을 새롭게 발견하면서 종교개혁자들은 자연스럽게 언약에 대해 인식하기 시작하였지만, 특별히 츠빙글리에 의하여 언약신학이

---

31 Peter Golding, *Covenant Theology*, 162-163.

두드러지게 표명되기 시작했다. 그는 유아세례에 관한 재세례파와 논쟁에서 유아세례를 하나님과 맺은 언약의 관계로 설명하면서 그 타당성을 주장했다.

그는 신약의 세례가 구약의 할례에 상응하는 언약의 표시라고 논증하면서 신구약의 연속성을 강조했다.[32] 또한, 그는 당시의 인간 중심적 예배의 결과와 하나님께 대한 신실하지 못함에 대해 참되게 하나님을 예배하는 것을 가르치는 하나님의 말씀으로 돌아가는 것이 대안이라고 확신했다. 그는 합당한 예배로 하나님께 신실할 것에 대해 언약을 중심으로 설명했다.[33] 그러나 유럽 대륙에서 언약신학을 본격적으로 발전시킨 사람은 하인리히 불링거(heinlich Bullinger)였으므로 그의 언약사상을 살펴보는 것으로 시작하고자 한다.

(1) 하인리히 불링거(heinlich Bullinger, 1504-1575)

츠빙글리의 후계자인 불링거는 1534년 10월에 출판한 『하나이면서 영원한 하나님의 약속 또는 언약에 대한 간략한 해설』(*A Brief Exposition of the One and Eternal Testament or Covenant of God*)에서 재세례파를 비판하면서 구약과 신약의 통일성을 논증하고 언약에 대해 자세하게 설명했다. 그는 언약과 관련된 히브리어와 헬라어 그리고 라틴어에서의 언약이라는 단어의 의미를 정의하면서 논의를 시작하는데 고대의 언약에는 일정한 의식들과 조건들, 제약들이나 원리들 혹은 주요 사항들이 포함된다고 말한다.[34]

32　원종천, 『청교도 언약사상: 개혁운동의 힘』(서울: 대한기독교서회,1998), 16.
33　Robert J. D. Wainwright, *Early Reformation Covenant Theology: English Reception of Swiss Reformed Thoughts, 1520-1555* (New Jersey: P&R Publishing, 2020), 332.
34　Heinlich Bullinger, *A Brief Exposition of the One and Eternal Testament or Covenant of God*(1534), ed. and Trans. Charles S. McCoy and Wayne Baker, in *Fountainhead of Fed-*

이어서 그는 창세기 17장에서 하나님이 아브라함과 언약을 맺으시는 부분을 자세히 설명한다. 그 본문에서는 하나님이 언약의 형식으로 말씀하시는 것이 확인되는데 언약의 당사자들이 서로를 묶는 것과 언약의 조건들에 관한 내용과 언약의 영속성에 대해 그리고 피의 의식으로 그것을 확정하는 것에서 분명하다고 한다.[35]

또한, 하나님께서 언약을 맺으시는 것은 인간의 공로들 때문이 아니라 하나님의 본성인 순전한 선하심의 발로라고 말한다. 그러므로 우리가 구원받은 것은 전적으로 하나님의 선하심과 긍휼로 인함인데 하나님은 이것을 타락한 아담에게 즉각적으로 보이셨으며 홍수 때의 노아에게도 보이셨고 아브라함에게도 보이셨음을 논증한다.

아브라함을 잇는 언약의 자손이 누구인가에 대해 불링거는 유대인과 이방인 중에서 믿는 사람들이 그들이라고 하면서 여기에는 그들의 자녀들도 포함된다고 주장한다.[36] 불링거는 서로를 묶는 언약에서 그 조건은 분명한 규정들이 있어서 양 당사자는 그 의무를 알고 있어야 하고 서로에 대한 책임을 다해야 한다고 말한다. 그는 언약의 수위권을 가지신 하나님은 인간에게 자신의 신적 본성들을 보이시고 그것을 인간에게 요구하시며 그렇게 하는 것이 인간에게 합당한 것이라고 설명한다.

그리고는 하나님의 전능하심을 설명하면서 샤다이(Shaddai)라는 이름으로 그것을 완전히 드러내셨다고 말한다. 즉, 하나님만이 모든 것을 공급하시는 하나님이시라는 것인데 이에 대한 실례로서 아브라함의 후손에게 가

---

eralism (Louisville: Westminster/John Knox, 1991), 101-103. 이후 *De Testamento*로 표기함.

35 *De Testamento*, 104.
36 *De Testamento*, 106-108.

나안 땅을 영원히 소유로 주시겠다고 하신 것이라고 말한다. 하지만 그는 이 약속이 영원한 기업 즉 하늘에서의 생명을 의미하는 것이라는 히브리서 11:13-16로 그 의미를 설명함으로 언약에서 약속과 조건들을 다만 물질적인 것이 아니라 영적인 것이라고 주장한다.[37] 하나님은 언약의 다른 편 당사자인 인간에게도 의무를 부과하시는데 그것은 '**내 앞에서 행하여 완전하라**'(Walk before me and be upright)는 것이다.

즉, 모든 상황에 필요한 모든 것에 있어서 오직 하나님만을 신뢰하고 온 마음으로 하나님께만 신실해야 한다는 것으로 그에 대한 증명 구절로 신명기 13:4을 제시한다. 불링거는 그 말씀은 하나님의 뜻에 따라 하나님을 기쁘시게 하고자 하는 목적으로 행하라는 것으로, 정직하고 곧은 길로 행하라는 뜻이라고 하면서 다음과 같이 말한다.

> 하나님께서는 한 분이시며 모든 선한 것의 유일한 창시자이시니만큼 한 분 하나님께 믿음으로 말미암아 확고하게 다가가며 그의 기쁨을 위하여 흠 없이 행하는 것이 우리의 의무이다. 만일 누가 이것들을 무시하고 거짓된 신을 추구하거나 부끄럽고 불경건하게 생활한다거나 참으로 거룩한 삶으로써 라기보다 의식들과 외적인 것들로 하나님을 예배하는 자들은 언약에서 배제되고 유업에서 버린 바 되고 거절될 것이다.[38]

그는 이처럼 구원에서의 인간의 책임과 의무를 강조한다. 그는 이러한 책임은 하나님을 사랑하고 이웃을 사랑하라는 율법으로 요약되는데 십계명은 이 율법을 특별한 방식으로 설명한 것이며 예언서들의 내용은 이에

---

37 *De Testamento*, 109-110.
38 *De Testamento*, 111.

대한 재천명이며, 그리스도의 오심은 언약의 인증이며 산 확증이라고 주장한다. 그리스도는 샤다이(Shaddai)이신 하나님이심을 입증하시고 드러내셨으며 언약의 다른 편 당사자인 인간들에게 어떤 종류의 사람이 되어야 하는지에 대한 실례로서 자신을 주셨다고 설명하는데 사도들의 글들 또한 이러한 설명에 부합하다고 말한다.[39]

이후 이어지는 부분에서 불링거는 성경에는 오직 하나의 영원한 언약이 있을 뿐임을 논증한다. 비록 시대는 다를지라도 한 믿음의 길, 그리스도를 통해 구원에 들어간다는 것이다. 즉, 성경에서 옛 언약과 새 언약으로 구분되는 것은 시간과 사람들과 환경에 따라 그렇게 불리는 것일 뿐이라는 것이다. 아브라함에게 주어진 언약은 후 시대 백성들의 부패와 타락으로 인하여 더 정교하고 다양한 방식의 율법으로 주어졌으며 그것은 그리스도의 오실 때까지 유효함으로 옛 언약이라고 불린 것이고, 타락의 치료제로서 주어진 구약의 의식법들은 그리스도 안에서 성취되었으므로 이제 그 안에서 새 언약으로 불린다고 그는 확언한다.[40]

이어서 그는 율법이 폐지된 것으로 읽히는 신약의 본문들(마태복음 5장; 고린도후서 3장)은 전체 율법에 대한 것이 아니라 바리새파에 의한 율법의 이해와 의식법에 대한 것이라고 설명하고 초대 교회의 유대주의적 이단인 에비온파(Ebionite)의 주장에 대해서는 이레나이우스(Irenaeus, d. ca-200)와 테르툴리아누스(Tertullianus, ca. 155-240)와 아우구스티누스(Augustinus, 353-430)의 주장들을 인용함으로 반박한다.

또한, 신명기 5장에서 모세가 언약에 대해 '우리 조상들과 맺은 언약이 아니라'고 말하는 것은 광야에서 죽은 사람들만으로 이해해야 한다는 아

---

[39] *De Testamento*, 113-117.
[40] *De Testamento*, 117-125.

우구스티누스의 해석을 따라야 한다고 주장한다.

그리고 불링거는 구약 시대 유대인의 전쟁과 승리와 영광과 행복이 신약 시대 그리스도인의 고난과 어울리지 않는다는 반대자들에 대해 구약 시대에도 신약처럼 많은 고통이 있었음을 상기시킨다.[41]

논증의 마지막 부분에서 불링거는 언약에 따르는 의식으로서 구약의 할례와 신약의 세례와 성만찬을 다룬다. 그것들은 보이는 상징들로 보이지 않는 은혜를 설명하는 것이며 그것들은 처음에 마음에 새겨진 것을 계명으로 명하시고 후에 그리스도께서 갱신하시고 온전하게 하신 것이며 후일의 참된 신앙에 대한 논쟁의 기준으로 삼기 위하여 성경의 기록으로 남기셨다고 설명한다.

논증의 결론 부분에서 기독교 신앙은 세상의 어떤 종교, 예를 들어 이집트의 종교, 로마의 종교 그리고 교황제의 종교보다도 오래되었으며 그 언약은 세상의 처음으로 돌아가는 신앙이라고 하면서 아담과 아브라함과 그리스도의 믿음은 동일한 신앙이라고 말한다.[42]

위에서 보았듯이 불링거는 언약에 대한 논거로 창세기 17장을 제시한다. 그렇기 때문에 그는 그 이전의 언약, 즉 창세기 1-3장에 있는 행위언약에 대하여는 전혀 언급하지 않는다. 이것은 그가 구약과 신약의 주제가 일관된 은혜언약에 있음을 보여 주고자 한데 기인한 것으로 볼 수 있다.[43]

구약과 신약을 하나의 언약으로 보면서 언약의 조건과 쌍무적 책임과 의무를 강조하는 불링거의 사상은 유럽 전역으로 소개되었으며 영국에는

---

41 *De Testamento*, 125-130.
42 *De Testamento*, 130-138.
43 Peter A. Lillback, *The Binding of God*, 원종천 역, 『칼빈의 언약사상』 (서울: CLC, 2009), 166.

윌리엄 틴데일(William Tyndale, 1494-1536)을 통해 소개되었다. 이러한 불링거의 주장에 대해 페스코는 당시에 논란이 되고 있던 율법폐기론(Antinomianism)의 영향을 염두에 두고 그것을 반대하기 위함이었다고 설명한다.**44**

(2) 존 칼빈(John Calvin, 1509-1564)

칼빈은 성경의 언약신학적 중요성에 대해 신학적으로 체계적으로 논증하지 않았다. 이것은 그에게 있어서 언약을 처음부터 성경 안에서 자명한 것으로 받아들이고 인정하고 있기 때문이다.**45** 실제로 칼빈은 그의 저작들에서 언약이라는 용어를 빈번하게 사용하며 그와 유사한 용어들도 자주 사용한다.**46**

44　John Fesko, 『역사적, 신학적 맥락으로 읽는 웨스트민스터 신앙고백서』, 161.
45　피터 릴백은 칼빈의 신학 체계 안에 언약의 존재에 대해 학자들 사이에 논쟁이 되어 왔던 내용들을 그의 책 『칼빈의 언약사상』 제1장에서 자세하게 다루는데 개괄하면 다음과 같다. **첫째**, 칼빈의 신학에는 언약신학이 존재하지 않는다는 주장으로 페리 밀러(Perry Miller)와 세대주의자인 프레드 링컨(Fred Lincoln), 하인리히 헤페(Heinlich Heppe)와 찰스 맥코이(Charles McCoy) 그리고 제임스 오르(James Orr) 등을 대표적인 학자로 꼽는다. **둘째**, 칼빈은 불완전한 형태의 언약신학을 발전시켰다는 입장으로 게할더스 보스(Geerhardus Vos)와 존 머리(John Murry) 그리고 라일 비에르마(Lyle Bierma)와 칼빈의 『기독교 강요』의 포드 루이스 배틀즈(Fore Lewis Battles)의 편집자들과 데이비드 위어(David Weir) 등을 이 범주의 학자들로 소개한다. **셋째**, 칼빈의 신학 체계 안에는 언약신학이 있을 뿐 아니라 성숙하게 발전되었다고 보는 이들로 가장 대표적인 학자는 리처드 멀러(Richard A. Muller)라고 한다. **넷째**, 비록 완전한 체계를 갖추어 설명하지는 않지만 광범위한 언약신학이 칼빈의 신학체계에 있다고 주장하는 이들로 안토니 후크마(Anthony Hoekma)와 엘톤 에니켄부르그(Elton M. Eenigenburg)와 릴백(lillback) 자신을 여기에 놓는다. 칼빈의 신학에 대한 다양한 평가와 분류는 언약에 대한 정의에 따른 것인데 릴백은 몰트만의 정의-언약신학은 언약의 성경적 주제를 활용하는 신학적 방법으로 하나님과 인간의 관계 표시와 구약과 신약 구속사의 연속성과 불연속성이 중심개념이 되는 신학-에 구원론적 관계와 구약과 신약의 연속성을 수호하는 개념을 포함시킨다. Peter A. Lillback, 『칼빈의 언약사상』, 17-38.
46　릴백은 라틴어 『기독교 강요』의 최종판인 1559년 판에서 칼빈이 언약이라는 의미의 단어들을 얼마나 많이 사용했는지를 제시하였다. '팍툼'(pactum)과 그와 관련된 단어인 '파크스코르'(paciscor)와 '팍티오'(pactio)를 35번 사용했으며 '포에두스'(foedus)와

칼빈은 '포에두스'(foedus)와 '팍툼'(pactum) 그리고 '테스타멘툼'(testamentum)이라는 용어를 언약이라는 의미로 사용했는데 '포에두스'는 언약의 상호성을, '팍툼'은 언약 당사자들 사이의 관계에 초점을 맞추며 '테스타멘툼'은 특정 기간에 존재하는 하나님의 언약을 강조하는 의미가 있다.[47]

또한, 칼빈은 언약의 용어를 체계화하여 설명하지는 않지만, 상당히 다양한 방식으로 언약에 대해 말한다.[48] 그렇기 때문에 칼빈의 신학에서 언약은 빠질 수 없는 특징을 이루고 있다고 말할 수 있다. 그에게 있어서 언약은 하나님께서 그의 선택한 백성과 스스로 '결속하시는 것'(binding)을 의미한다.[49]

이러한 칼빈의 언약에 대한 이해를 『기독교 강요』를 통해 개괄적으로 살펴보고자 한다. 칼빈은 그리스도 안에 계시된 구속자로서의 하나님에 대한 지식을 다루는 제II권의 구약성경과 신약성경의 통일성과 연속성을 설명하는 부분에서 언약에 대해 가장 많이 언급한다.

그는 구약과 신약의 유사성(similarity)에 대해 논증하면서 '구약과 신약의 언약은 실제로 같다'라고 말한다. '창세 이후로 하나님이 택하셔서 자기 백성 중에 가입시키신 사람들은 모두 하나님과 언약을 맺게 되었으며 그 언약의 율법과 교리는 현재 우리 사이에서 인정되는 것과 같은 것이었

그와 관련된 용어를 154번 그리고 '테스타멘툼'(testamentum)이란 단어를 84번 사용하였다고 하면서 칼빈은 적어도 273번 직접적으로 언약을 언급하였으며 언약 개념과 동의어인 용어들을 포함하면 더욱 높은 빈도를 보인다고 한다. Lillback, 『칼빈의 언약사상』, 190.

47 Lillback, 『칼빈의 언약사상』, 193-200.
48 Lillback, 『칼빈의 언약사상』, 201-205.
49 Lillback, 『칼빈의 언약사상』, 207 릴백은 칼빈의 결속의 다면적 의미를 설명한다. 결속은 언약과 동의어적이고 삼위일체적 공통적 결속과 관련이 있으며, 그리스도와의 결속 그리고 신자의 구원에서의 믿음과 관련되어 있다고 한다.

다'라고 말하면서 그는 구약의 족장들도 은총에 의해 같은 기업에 참여하며 같은 구원을 받았다고 천명한다.[50]

칼빈은 그리스도의 오심 이전에 이스라엘 백성과 맺은 언약과 그리스도의 오심 이후에 맺으신 언약은 그 '본체'(substance)와 '실상'(reality)이 같기 때문에 실제로 하나이며 동일한 언약이 있을 뿐이고 차이는 그 '시행방식'(the mode of dispensation)에 있을 뿐이라고 말한다. 그는 다음의 중요한 세 가지 점을 볼 때 구약과 신약의 언약이 동일한 언약이라고 말한다.

첫째, 유대인들에게 제시된 것은 육체적인 번영과 행복이 아니라 그들을 선택하심으로 주어진 불멸의 소망과 이에 대한 보증과 확인이었고
둘째, 언약은 그들 자신의 공로로 말미암은 것이 아니라 하나님의 자비에 의해 유지된다는 것과
셋째, 그들도 중보자이신 그리스도를 알고 있었으며 그를 통해 하나님에게 연결되고 약속에 참여하리라는 것이다.[51]

그뿐만 아니라 두 언약의 표징들도 같으며 그것이 나타내는 실상 또한 '나는 너희의 하나님이 되고 너희는 나의 백성이 되리라'(레 26:12)라는 말씀을 통한 영생이었다고 칼빈은 말한다. 그렇게 구약언약의 약속은 땅에 국한 것이 아니라 영원한 생명의 약속을 포함하였음으로 구약의 언약과 신약의 언약은 동일한 언약이라는 것이다.[52]

---

50 John Calvin, *Institutes of the Christian Religion*, trans, Ford Lewis Battles (Louisville: Westminster John Knox Press, 2011), II.X.1. 이하 *Institutes*로 표기함
51 *Institutes*, II.X.2.
52 *Institutes*, II.X.8,15,22.

하지만 칼빈은 옛 언약(구약)이 새 언약(신약)과 다른 점도 있다고 하면서 다섯 가지를 제시한다. 그러나 이러한 차이를 언급하면서도 칼빈은 그 차이들은 성경에 수립된 단일성을 손상하지 않는 범위 정도라면서 그 차이점들은 '본체'(substance)에 대한 것이라기보다는 그 '시행방식'(the manner of dispensation)에 대한 것임을 다시 한번 확언한다.[53]

첫째, 일시적인 것으로 영적인 축복을 대표한다는 것으로 땅에 대한 약속은 하나님의 사랑하심 상징과 하늘 기업의 예표였다. 이스라엘 백성은 자기들에게 주어진 이 땅의 소유를 거울로 삼아 하늘에 준비된 미래의 기업을 내다보았다.[54]

둘째, 구약성경에서는 진리가 형상들과 의식들에 의하여 전달되었는데 그것들은 그리스도를 예표하는 것이었다. 구약은 '실상'(reality)이 없으므로 '본체'(substance)의 자리에 형상과 그림자를 보였던 것이고 신약은 진리의 본체 그 자체를 현재의 모습으로 계시한다. 모세를 통해 전달된 의식들은 미결 상태의 일시적인 것으로써 그리스도의 피로 성별 되며 확립됨으로써 새롭고 영원한 언약이 되었다.[55]

셋째, 구약은 문자적이고 신약은 영적이다.[56] 신약에서 율법에 대해 부정적으로 말하는 부분은 의식들에 대해 도착된 열심을 보이는 율법에 열

---

53 *Institutes*, II.XI.1.
54 *Institutes*, II.XI.1-3.
55 *Institutes*, II.XI.4-6.
56 율법과 복음의 관계를 이해함에서 칼빈은 루터와 다르다. 루터는 율법과 복음은 서로 구별되고 대조되는 것으로 본다. 즉, 그는 율법은 옛 사람을 위한 것인 반면에 복음은 새 사람을 위한 것으로 봄으로 율법과 복음의 상관관계를 최소화한다. 반면에 칼빈은 율법과 복음이 동일한 교훈으로서 그것이 새겨진 방식에 차이가 있을 뿐이라고 한다. Lillback, 『칼빈의 언약사상』, 98-105.

광하는 사람들이 명료한 복음을 흐릿하게 하는 것을 지적하기 위한 것일 뿐이다. 구약이 문자적이라는 말은 성령의 역사가 없이 발표되었기 때문이고 신약이 영적이라는 것은 주께서 그것을 사람들의 마음에 영적으로 새기셨기 때문이다.[57]

넷째, 구약의 속박과 신약의 자유가 다르다. 구약은 양심에 공포와 전율을 불어넣지만, 신약은 은혜로 양심에 해방과 기쁨을 준다. 구약은 양심을 노예의 멍에로 얽어매지만, 신약은 자유의 영으로 양심을 자유롭게 해방한다.[58]

다섯째, 구약은 한 민족에, 신약은 모든 민족에 관계한다. 구약에서는 그리스도의 강림 시까지 한 민족, 이스라엘을 택하셔서 은총의 언약을 주셨음이 분명하다. 그러나 신약에서는 이방인들도 그 언약 안으로 부르신다. 그 점에서 신약은 구약과 다르며 구약보다 우월하다.[59]

언약에 대한 칼빈의 이러한 진술들은 그가 언약을 은혜언약 안에서 다루고 있으며 비록 약간의 차이를 인정하더라도 구약과 신약의 언약 단일성과 그 연속성을 강조하는 것으로 이해할 수 있다.

그렇다면 언약의 성격에 대한 칼빈의 이해는 어떠한가?

레오날드 J. 트린테루드(Leonard J. Trinterud)와 J. 웨인 베이커(J. Wayne Baker)와 같은 학자들은 주장하기를 칼빈의 언약에서 언약의 쌍방성과 조건성에 대한 이해를 찾는 것은 무리한 일이라고 주장했다. 왜냐하면, 칼빈의 이중 예정 교리가 언약에서의 인간의 반응과 의무에 대한 개념과 상충

---

57 *Institutes*, II.XI.7-8.
58 *Institutes*, II.XI.9-10.
59 *Institutes*, II.XI.11-12.

하고 배제하기 때문이라는 것이다.⁶⁰

그러나 릴백(Lillback)은 창세기 17장의 아브라함언약에 대한 칼빈의 설교와 『기독교 강요』에서의 진술을 분석한 후에 칼빈도 불링거와 같이 언약의 쌍방성과 조건성에 대해 언급하고 있다고 주장했다.⁶¹ 릴백은 하나님이 언약으로 자신을 사람과 묶으신 것처럼 인간도 하나님께 묶여 있음을 칼빈도 주장하였다고 말하면서 다음의 칼빈의 말들을 인용한다.

> 그러나 이 표징들은 … 우리 쪽에서는 고백의 표지로써, 그것으로 우리가 하나님께 대한 충성을 공개적으로 서약하며 하나님께 충성하겠다고 우리 자신을 묶는 것이다. 그러므로 크리소스톰은 이 의식들을 적절하게도 언약들이라고 부르며, 이 언약들에 의하여 하나님께서는 우리와 동맹을 맺으시고 우리는 순결하고 거룩한 생활을 하겠다고 약속하였다. 왜냐하면, 여기에는 하나님과 우리 사이의 상호 동의(mutual agreement)가 놓여 있기 때문이다.⁶²

> 같은 방식으로 우리 또한 세례를 통해 하나님에게 성별 되어 그의 백성으로 인정되며 우리 편에서도 그에 대한 충성의 맹세를 한다.⁶³

---

60 Lillback, 『칼빈의 언약사상』, 26-27.
61 Lillback, 『칼빈의 언약사상』, 243-249. 최근에 로버트 J. D. 웨인라이트(Robert J. D. Wainwright)는 불링거의 언약 개념과 칼빈의 예정론 신학이 서로 상충되지 않으며 두 사람 모두 하나님이 언약의 주창자가 되셨음을 강조하며 그 언약은 하나님과 인간 양자 간의 쌍방적 의무를 일으킨다고 주장하였다. Robert J. D. Wainwright, *Early Reformation Covenant Theology*, 9, 145.
62 *Institutes*, IV.XIV.19.
63 *Institutes*, IV.XVI.4.

같은 맥락으로, 칼빈은 언약의 상대자로서 신자가 하나님 앞에 의무와 책임을 갖고 있음에 대해서도 강조한다.

> 사실 하나님은 그의 모든 자비의 언약에서 그의 종들에게 그 대가로 강직함과 삶의 거룩함을 요구하신다. … 결과적으로 그는 이런 방식으로 언약의 교제 안으로 받아들인 사람들이 자신들의 의무를 지키기를 원하신다.[64]

> 그러므로 하나님께서 당신의 율법을 지키는 자에게 선을 행하시겠다는 말을 우리가 들을 때마다 하나님의 자녀인 우리는 그것들 안에서 영속적이어야 할 의무가 지시되었음을 기억하도록 하자. … 따라서 우리의 양자됨의 권리를 포기하지 않도록 우리는 언제나 우리의 부르심의 방향으로 노력해야 한다.[65]

언약의 조건성에 대해 칼빈은 두 가지를 함께 말한다. 하나님의 관점으로 볼 때 언약은 절대적이며 무조건적이다. 언약이 근본적으로 하나님의 절대적 선하심에 의하여 체결된 것이고 인간의 상황과 조건에 의존하지 않음을 볼 때 언약의 무조건성은 명백하다. 그러나 역사의 시간 안에서 인간의 순종 반응을 통해 시행된다는 인간의 관점으로 볼 때 언약은 또한 조건적으로 이해되는 면이 있다. 이 사실에 대하여도 칼빈은 자주 언급했다.

> 나는 이스마엘과 에서가 양자 됨에서 끊어졌다는 것을 동의한다. 왜냐하면, 충성스럽게 하나님의 언약을 지켜야 하지만 그들이 신실하지 못하게

---

[64] *Institutes*, III.XVII.5.
[65] *Institutes*, III.XVII.6.

범해버린, 조건이 놓여 있기 때문이다.⁶⁶

왜 아브라함의 경우에 성례가 신앙을 따르는 데 반대로 이삭의 경우에는 성례가 모든 이해에 앞서는가? 그것은 장성한 사람으로 그때까지는 이방인이었던 그가 언약의 교제 안으로 받아들여졌음으로 그전에 조건들을 배우는 것이 공정하기 때문이다.⁶⁷

물론 칼빈은 인간이 언약의 조건을 성취하게 되는 방식은 성령의 은혜로 말미암은 것임을 분명히 한다. 언약을 성취함에서 공로가 있을 수 없다. 신자들이 자신들에게 부과된 의무를 잘 감당하도록 노력해야 한다고 강조한 바로 다음 단락에서 칼빈은 그것의 성취가 은혜로 되는 것임을 강조한다.

그러나 다시 우리는 주님의 자비 성취는 신자의 행위에 의한 것이 아니고 의로운 삶으로 응답하는 자들을 위하여 그가 구원의 약속을 성취하신다는 것을 마음에 담아두자. 왜냐하면, 그의 성령에 의하여 선으로 인도받는 자들에게서만 그는 자신의 자녀들의 참된 표지를 인정하시기 때문이다.⁶⁸

그럼에도 칼빈이 언약의 상호성과 조건성에 대해 말할 수 있었던 것은 그가 언약의 실제적인 측면인 역사적 상황 속에서의 인간적인 관점을 실제로 고려하였기 때문이다. 이에 대해 릴백은 칼빈이 1554년에 저술한

---

66 *Institutes*, III.XXI.6.
67 *Institutes*, IV.XVI.24.
68 *Institutes*, III.XVII.6.

『신약 서문』(preface to the New Testament)과 『창세기 주석』의 아브라함언약을 다루는 17장에서 불링거에 대해 아무런 반대 언급을 하지 않은 것은 그가 1534년에 출판된 불링거의 논문, "하나이면서 영원한 하나님의 약속 또는 언약에 대한 간략한 해설"을 알고 동의하고 있었기 때문이라고 추론한다.[69]

이러한 칼빈의 언약에 대한 이해 속에서 율법의 기능과 역할에 대해 그가 어떻게 주장하였는지를 살펴보는 것이 본 연구 목적에 비추어볼 때 중요하다. 칼빈은 율법을 일반적으로 세 가지로 구분하였는데 도덕에 관한 율법과 의식에 관한 율법 그리고 재판에 관한 율법이 그것이다.[70]

이 세 가지 율법 중에서 뒤의 두 율법은 구약의 유대인들을 위하여 주어진 것으로서 그리스도께서 오심으로 성취, 폐지하시면서 자기 죽음으로 그것을 확인하셨다. 그러나 첫 번째 의미의 율법은 하나님의 뜻에 따라 생활을 바르게 하고자 하는 모든 민족, 모든 시대의 사람들을 위하여 정하신 의의 표준, 곧 참되고 영원한 표준이다.[71] 그리고 칼빈은 이 첫 번째 율법에 대해 그 용도 혹은 기능에 대해 세 가지로 말한다.

율법의 첫 번째 기능은 하나님의 의를 밝히는 동시에 사람의 불의를 경고하고 알리며 책망하고 정죄하는 기능이다.[72]

율법의 두 번째 기능은 벌을 받으리라는 공포심을 일으켜서 두려움과 공경을 유지하게 하는, 몽학 선생으로서의 기능이다.[73]

---

69 Lillback, 『칼빈의 언약사상』, 249.
70 *Institutes*, IV.XX.14.
71 *Institutes*, IV.X.15.
72 *Institutes*, II.VII.6.
73 *Institutes*, II.VII.10.

율법의 세 번째 용도는 가장 중요한 것으로 신자들을 가르쳐서 선행을 촉구하는 것으로 그런 의미에서 율법은 신자의 삶을 지도하는 영원불변의 표준이다.[74]

이어서 칼빈은 영원한 도덕법에 대해 자세히 설명한다. 그는 이 법이 사람의 '내면에 새겨진 법'(*Dictat lex illa interior*)으로 '자연법'(lex naturale)이라고도 부르는데 이 법을 사람의 양심에 관련시킨다. 그러나 우둔하고 거만한 사람의 형편으로 인하여 하나님은 그 법을 기록된 법의 형태로 주심으로서 도덕법(자연법)에서 희미해진 것을 더욱 분명하게 증언하시고 우리의 무관심을 일깨우며 우리의 생각과 기억을 자극하며 더욱 활발하게 하셨다고 말한다.[75]

칼빈은 이 도덕법으로서의 율법에는 완전한 의가 내포되어 있으며 이 율법에 의해 사람의 생활이 외면적으로 정직하게 될 뿐 아니라 내면적 정신적으로도 바르게 된다고 하면서 십계명이 그것이라고 말한다.[76] 칼빈은 이 율법을 가장 잘 이해하는 방법은 각 계명을 제유법(提喩法/synecdoches)으로 표현된 것임을 감안하여 포괄적으로 이해하는 것이라고 주장한다.[77]

이후 십계명을 자세하게 해설한 후 칼빈은 결론 부분에서 율법의 전체 목적은 하나님의 순전함을 본받아 인간 생활을 이루어가라는 것이며, 사람이 자기 삶에서 하나님의 형상을 나타내는 것이라고 결론 내린다.[78]

---

74 *Institutes*, II.VII.12-12.
75 *Institutes*, II.VIII.1.
76 *Institutes*, II.VII.6.
77 *Institutes*, II.VII.8.
78 *Institutes*, II.VII.51.

이러한 칼빈의 율법의 이해에 대해 데이비드 클라이드 존스(David Clyde Jones)는 칼빈은 시내산언약을 은혜언약의 틀 안에서 보았으며, 율법은 타락한 세상에서 방부제로서 성화에서의 성령의 도구로 기능하는 것을 설명한 것이었다고 평가하였다.[79]

(3) 자카리우스 우르시누스(Zacharius Ursinus, 1534-1583)

우르시누스는 개혁신학 안에서 언약신학을 본격적으로 체계화하고 발전시킨 사람이다. 그는 독일 팔츠 지역에서 성찬에 임재하시는 그리스도의 살과 피에 대한 논쟁[80]이 심화하고 있던 1562년, 선제후(選帝侯)인 프리드리히 3세(Friedrich the III)로부터 카스퍼 올레비아누스(Caspar Olevianus, 1536-1587)와 함께 교리문답의 작성 임무를 부여받았다. 두 사람은 먼저 각각 별도의 교리문답을 위한 체계나 구성을 입안하였는데 올레비아누스는 은혜언약에 대한 소책자를 작성했다.

우르시누스는 두 개의 교리문답을 작성했는데 하나는 일반 성인들과 어린이들을 위한 『소교리문답』(Catechesis minor 또는 Smaller Catechism)이고 다

---

79 David Clyde Jones, "the Law and the Spirit of Christ", in *A Theological Guide to Calvin's Institutes*, eds. David W. Hall & Peter A. Lillback, 나용화 외 역, 『칼빈의 기독교 강요 신학』 (서울: CLC, 2009), 402-407.

80 존 W. 네빈(John W. Nevin)은 1560년 경 독일에서 야기된 이 신학논쟁의 주요 쟁점이 성찬에 임하시는 그리스도의 몸의 양식에 대한 것이었음을 다음과 같이 설명한다. 루터파는 그리스도의 임재가 장소성을 지니는 것을 강조하면서 주님의 임재를 완전히 표현하기 위하여 "안에, 함께 그리고 아래에"(in, with and under)라는 문구가 반드시 포함되어야 한다고 주장하였고 칼빈의 가르침을 따르는 개혁파에서는 그리스도의 임재가 '떡과 함께'(with)만 있음을 인정하며 그리스도의 임재는 살로 임재하시는 것이 아니라 보다 성령으로 말미암아 임재하시는 것을 주장하였는데 그 논쟁이 팔츠지역으로까지 확산되고 있었다. John W. Nevin, 'Introcuction', in Zacharius Ursinus, *Commentary on the Heidelberg Catechism*, 원광연 역, 『하이델베르크 요리문답 해설』 (파주: CH북스, 2016), 21-22.

른 하나는 더욱 학구적인 성인들과 상급 학생들을 위한 『대교리문답』(Catechesis maior 또는 Larger Catechism)이었다. 『하이델베르크 교리문답』은 아마도 우르시누스에 의하여 작성된 것으로 보이는데 이는 『하이델베르크 교리문답』의 구조가 우르시누스의 『소교리문답』과 같이 3중적 구조로 되어 있으며 그 내용도 매우 유사하기 때문이다.

우르시누스는 자신의 언약신학을 두 권의 저술을 통해서 제시했다. 하나는 앞에서 말한 『대교리문답』이고 다른 하나는 그가 신학 강의로 해설한 『하이델베르크 교리문답 해설』(Commentary on The Heidelberg Catechism)이다. 『대교리문답』은 '숨마 테올로기에'(Summa Theoloiae)라고 불리는데, 언약신학을 중심 주제로 하여 323개의 문답으로 되어 있다. 전체적으로 보면, 창조언약의 요약으로 율법이 제시되었으며(10-29번), 이어서 은혜언약으로서의 복음에 대한 요약이 제시되었다(30-132번).

또한, 이 은혜언약에서 하나님의 상대편으로서의 신자의 생활 전형으로써 사도신경이 설명되었고(148-223번), 이 언약에서의 중요한 예배의 요구로서 주기도문이 해설되었으며(224-263번), 하나님께서 신자들을 그의 은혜의 언약으로 받아들이시고 그 안에 머물게 하시는 방편으로 성례를 포함한 교회의 사역이 제시되었다(264-323번). 이 교리문답에서는 언약이라는 용어가 38개의 문항에서 직접 언급되고 있으며, 언약을 전체 내용의 틀과 토대로 삼고 있음을 그 첫 번째와 두 번째 문답에서부터 확인할 수 있다.

1. **문**: 당신은 삶과 죽음에 있어서 어떤 확고한 위로를 하고 있습니까?

    답: 나는 영원한 생명을 위한 그의 형상으로 하나님에 의하여 창조되었다는 것과 아담 안에서 이것을 자발적으로 잃어버린 후에, 그의 무한하시고 은혜로우신 자비로 말미암아 하나님께서 나를 그의 **은혜언약** 안

으로 받아 주시고, 그리하여 육신으로 보내신 그의 아들의 순종과 죽음 때문에 그가 신자로서 나에게 의와 영생을 주셨 다는 것입니다. 또한, 하나님의 형상으로 나를 새롭게 하시고 '아바 아버지'라고 부르게 하시는 그의 성령과 그의 말씀과 **이 언약**의 가시적 상징으로 말미암아 나의 마음 안에 **그의 언약**을 인치셨다는 사실입니다.

2. 문: 하나님께서 당신과 그러한 **언약**을 맺으셨다는 사실을 당신은 어떻게 압니까?

답: 내가 참으로 그리스도인이기 때문입니다.[81](강조는 필자의 것).

우르시누스는 여기서 언약을 창조언약과 은혜언약으로 구분하는데 이는 불링거와 칼빈같은 이전의 개혁자들이 시도하지 않았던 구분이다. 그는 하나님이 창조 시에 인간과 맺으신 언약을 창조언약 또는 자연언약(36번)이라고 말하면서 십계명으로 요약되는(9번) 신적인 법(divine law)이 그 언약의 성격을 보여 준다고 한다(10번).[82]

---

[81] 1.Q: What Firm comfort do you have in life and in death?
A: That I was created by God in his image for eternal life, and after I willingly lost this in Adam, out of his infinite and gracious mercy God received me into his covenant of grace, so that because of the obedience and death of his Son sent in the flesh, he might give me as a believe righteousness and eternal life. It is also that he sealed his covenant, in my heart by his Spirit, who renews me in the image of God and cries out of me, "Abba Father", by his Word and by the visible signs of this covenant.
2.Q: How do you know that God has established such a covenant with you?
A: Because I am truly a Christian. Zacharius Ursinus, trans, Lyle D. Bierma, *Larger Catechism*, in Lyle D. Bierma, *An Introduction to the Heidelberg Catechism* (Grands Rapids: Baker Academic, 2005), 163. 이하 *Larger Catechism*으로 표기함.

[82] *Larger Catechism*, 164. 우르시누스가 창조언약 혹은 자연언약으로 설명한 내용이 17세기 영국의 언약신학자들에게서는 행위언약으로 설명되었고 웨스트민스터 표준 문서들에서 그 의미가 분명하고도 풍성하게 설명되었다.

그는 은혜언약을 화해(reconciliation)의 개념으로 설명하는데 은혜언약이란 그리스도의 중보로 얻게 된 하나님과의 실제적인 화해라고 말한다(31번).[83] 이러한 표현은 이전의 언약사상을 말했던 신학자들과는 다른 표현이다. 그는 언약이 유언(testament)으로도 불리는 것은 예수 그리스도의 죽음으로 인준되었기 때문이라고 설명한다(32번). 그리고 이어서 할례와 다른 언약의 상징 변화로 인하여 구약과 신약의 다른 점을 네 가지로 설명한다.

첫째, 그리스도의 오심 이전과 이후라는 시간적 차이
둘째, 이스라엘과 모든 민족이라는 그 대상의 차이
셋째, 의식의 준수와 폐지의 차이
넷째, 모호함과 명료함의 정도의 차이[84]

우르시누스는 십계명으로 요약된 율법은 언약 안으로 들어간 그리스도인뿐만 아니라 아직 회심하지 않은 사람에게도 가르쳐져야 한다고 주장하는데(148번), 그것은 회심하지 않는 사람이 그것을 통해 죄의 인식과 하나님의 진노에 대한 인식을 통해 두려워하며 구원을 찾도록 고무되며 복음을 듣고 하나님께로 돌이키게 함이라고 말한다(149번). 그리고 신자들에게는 율법이 하나님이 인정하시는 예배가 무엇인지를 배우게 하며 언약의 파트너로서 요구된다고 설명한다(150번).[85]

83　*Larger Catechism*, 167.
84　*Larger Catechism*, 168.
85　*Larger Catechism*, 190-191.

그러나 그는 율법을 지키는 것은 인간의 능력으로 되는 것이 아니고 성령의 은혜로 되는 것임을 밝히면서 부지런하고 꾸준히 하나님께 구하고 지속해서 하나님의 말씀을 배우며 성례에 참여하고 거룩한 삶에 열심을 내야 한다고 말한다(223번).[86]

그는 언약의 당사자로서의 인간의 책임과 의무에 대하여서도 자주 강조한다. 그는 하나님이 '요구하신다'거나(10번, 150번, 224번, 266번, 272번), '원하신다'거나(135번, 224번), 또는 '우리에게 의무를 지우신다'는(141번, 142번, 277번) 표현들을 사용한다. 이러한 표현들을 통해 볼 때 그가 언약의 조건성이나 쌍방성에 대해 인식하고 있었음이 분명하다고 할 수 있다. 우르시누스의 이러한 표현은 웨스트민스터 '소교리문답'에서도 자주 사용되었는데 이것은 우르시누스의 『대교리문답』이 웨스트민스터 신학자들에게 끼친 영향이라고 할 수 있다.

그의 『대교리문답』이 우르시누스가 언약을 하나의 신학적 체계로서 제시한 것이라면 『하이델베르크 교리문답해설』은 그가 더욱 명료하게 언약신학에 대해 설명한 것이라고 할 수 있다. 거기서 그는 제18번 문답, '참 하나님이시며 참사람이신 중보자이신 그리스도'에 대해 설명하는 부분에서 하나님의 언약을 다루고 있는데 그 내용은 『대교리문답』에서 다룬 것을 일목요연하게 제시한다.

즉, 중보자란 하나님과 사람 사이의 틀어진 형편을 화해시키는 자라고 설명하면서 중보자의 교리는 언약의 교리와 밀접하게 관련되어 있다고 한다. 그는 하나님과 인간 사이의 언약은 '상호 간의 약속과 약정'(mutual promise and agreement)이라고 정의할 수 있다고 주장했다.[87] 이 언약에서 하

---

86 *Larger Catechism*, 204.
87 Zacharius Ursinus, 『하이델베르크 요리문답 해설』, 186.

나님은 사람들에게 자비를 베푸시고 죄를 씻으시며 그의 아들 중보자인 예수 그리스도로 말미암아 그들에게 새로운 의와 성령과 영생을 주실 것이라는 확신을 주신다.

그리고 반대편에서 사람은 이 언약에서 회개와 믿음을 실행하며 하나님이 제공하는 이 큰 유익을 참된 믿음으로 받고, 하나님이 받으실 만한 순종을 약속하는 것으로 자신들을 하나님께 묶는다. 이 언약은 성례라고 부르는 외형적인 상징들을 통해 확증된다.[88] 우르시누스는 이 언약은 사람이 직접 하나님과 맺는 것이 아니고 중보자이신 그리스도가 맺으신 것으로, 신자들은 그리스도의 보상과 죽으심을 통한 화해 안에서 언약 안으로 들어간다고 말한다.[89]

우르시누스에게 있어 언약은 본질상 하나이다. 그러나 그 언약의 형식이나 시행방식을 이루는 정황들에 있어서 차이가 있으므로 두 언약으로 불리는데 곧 옛 언약과 새 언약이 그것이다. 그는 이 두 언약의 일치하는 점들과 다른 점들에 대해 각각 세 가지와 여덟 가지로 설명한다.

일치하는 점들은 하나님이 이 언약들의 창시자(author)이시고 그리스도께서 중보자이시라는 것, 죄 사함과 영원한 생명에 관한 은혜의 약속이 공통적이라는 것 그리고 우리 자신과 관련하여 하나님께서 신앙과 순종을 요구하시는 조건들이 있다는 것 등이다.

다른 점들은 일시적인 축복의 약속들에 관한 것, 은혜의 약속 정황들, 은혜의 약속에 더해진 의식들, 상징들, 그 명료성, 언약들이 제공하는 은사들, 그 지속 기간과 의무들 그리고 그 범위 등에서 차이가 있다는 것이

---

88 Zacharius Ursinus, 『하이델베르크 요리문답 해설』, 186.
89 Zacharius Ursinus, 『하이델베르크 요리문답 해설』, 187.

다.⁹⁰ 결론 부분에서 그는 성경의 제유법적 표현으로 인하여 옛 언약에서는 율법이 더욱 강력하게 제시됐지만 새 언약에서는 복음이 더 선명하게 제시되었음에 대해 주목하여야 한다고 했다.⁹¹

우르시누스의 언약신학에 대해 라일 D. 비에르마(Lyle C. Bierma)는 다음과 같이 다섯 가지를 들어 높이 평가한다.

첫째, 언약신학을 그의 『대교리문답』의 중심 주제로 삼음으로써 그는 처음으로 언약신학의 교리에 대한 새로운 토대를 만들었다.

둘째, 언약을 하나의 약속 또는 상호 약속이라는 의미뿐 아니라, 이 약속들을 통해 성취된 하나님과 인간 사이의 실제적 화해라고 정의함으로써 언약에서의 화해와 그리스도의 사역을 묵상하는 것을 직접 연결했다.

셋째, 그는 처음으로 은혜언약(foedus gratiae)을 자연언약(foedus naturale)과 관련하여 두 번째 언약으로서 설명하였다.

넷째, 우르시누스의 언약에서 성령의 활동이 이전 누구보다도 중요하게 다루어졌다. 성부가 언약의 창시자이고 성자가 중보자라면 성령 자신은 그 언약의 유익(benefit)이었다.

다섯째, 우르시누스의 언약 교리에서 신자의 그리스도와의 연합의 교리가 강조되었다.⁹²

---

90 Zacharius Ursinus, 『하이델베르크 요리문답 해설』, 189-190.
91 Zacharius Ursinus, 『하이델베르크 요리문답 해설』, 191.
92 Lyle D. Bierma, *The Covenant theology of Casper Olevianus* (Grand Rapids: Reformation Heritage Books, 2005), 57-60.

이제까지 살펴본 것처럼 종교개혁 시대의 첫 세대 언약신학자들인 하인리히 불링거와 존 칼빈 그리고 자카리우스 우르시누스 사이에 근본적인 차이점은 없다고 결론 내릴 수 있다. 이들은 언약신학을 설명하면서 구약과 신약의 연속성을 강조했다. 그리하여 그들은 비록 그 시행 시기와 방법에 있어서 차이가 있을지라도 성경에는 단 하나의 언약이 있을 뿐이라고 주장했다. 그리고 언약의 경계 혹은 축복들을 모든 민족의 사람들에게로 확장하는 동시에 선택받은 자들 이상으로 나아가지는 않았다.

또한, 이들 모두 언약에 있어서 사람 편의 믿음과 순종을 강조하면서도 신적인 주권과 주도권에 의하여 선택된 사람들이 그것들을 성취하게 되었음을 강조하였다. 그러나 한편, 이들의 은혜언약에는 일방적(monopleuric) 혹은 쌍방적(dipleuric) 차원이 둘 다 강조되고 있다.

또한, 그들 모두 언약의 당사자로서의 사람 편의 책임에 대해 십계명을 중요하게 생각하고 강조했다. 물론 칼빈과 다른 개혁신학자들이 언약신학의 모든 교리와 실천에서 동의하는 것은 아니라는 것을 부인할 수 없지만 그러한 불일치가 언약에 대한 근본적으로 다른 시각에서 기인한 것이 아님은 분명하다.[93]

웨스트민스터 신학자들은 총회에서 언약신학을 토대로 하여 표준 문서들을 작성할 때 자신들이 이러한 16세기 개혁자들의 언약신학의 가르침을 온전히 반영하고 있다고 생각했다. 그러므로 그들은 자신들이 작성한 표준 문서들을 통해 개혁자들의 신학 사상이 온전히 17세기 영국 교회에 정착되기를 희망했다.

---

[93] Lyle D. Bierma, *The Covenant theology of Casper Olevianus*, 61.

2) 17세기 개혁신학자들의 언약신학

(1) 윌리엄 퍼킨스(William Perkins, 1558-1602)

활동했던 시기를 놓고 볼 때 윌리엄 퍼킨스는 17세기에 속한다기보다는 16세기에 속하는 것으로 보아야 하겠지만, 영국에서의 종교개혁이 일정 부분 진행되는 시점의 제2세대 개혁신학자로 분류되기에 본 연구에서는 그의 언약신학을 여기에서 다루기로 한다.

퍼킨스는 영국에서 언약신학이 본격적으로 주목받는 주제가 되게 한 대표적인 신학자 중의 한 사람으로[94] 그의 언약신학은 『황금사슬 또는 신학의 서술』(*A Golden Chain or The Description of Theology*)이라는 책에 나타나 있다. 퍼킨스는 이 책의 저술 목적이 하나님의 예정 순서를 바르게 이해시키기 위한 것이라고 밝히고 있다.[95]

퍼킨스는 언약을 하나님의 선택을 실행하기 위한 '외적인 수단'(outward means)이라고 말하면서 언약에 대해 '어떤 조건들에 달린 영원한 생명에 관한 그의 계약(contract)'이라고 정의한다.

그는 언약은 하나님의 사람에 대한 약속과 사람의 하나님에 대한 약속의 두 부분으로 이루어져 있다고 한다. 그러면서 하나님의 약속이란 사람이 조건들을 파기하지 않는다면 하나님이 자신을 그의 하나님으로 묶으신

---

[94] 그와 동시대의 인물로 언약신학에 대한 저서를 낸 사람들로는 윌리엄 에임스(William Ames, 1576-1633), 존 볼(John Ball, 1585-1640) 그리고 존 프레스톤(John Preston, 1587-1628) 등이 있다. 안상혁, 『언약신학, 쟁점으로 읽는다』 (서울: 영음사, 2016), 108.

[95] 퍼킨스는 당시에 하나님의 예정의 원인을 전적으로든 부분적으로든 인간에 돌리는 펠라기우스주의자들과 루터주의자들 그리고 교황주의자들의 잘못된 주장을 반박하고 예정의 원인은 전적으로 그리스도 안에 있는 하나님이 긍휼에 있음을 밝히고자 한다고 말한다. William Perkins, *A Golden Chain or The Description of Theology* (printed By John Legate, reprinted by Puritan Reprint, 2010), xi. 이하 *Golden Chain*으로 표기함.

다는 것이고 사람의 약속이란 그의 주에게 충성하고 그들 사이의 조건들을 성취하겠다고 맹세하는 것이라고 말한다.[96]

이어서 그는 두 종류의 언약을 말하는데 곧 행위언약과 은혜언약이다. 행위언약은 완전한 순종을 조건으로 이루어진 하나님의 언약으로서 도덕법에 나타나 있다고 말한다. 도덕법이란 하나님 말씀의 일부분으로서 사람의 본성뿐 아니라 행위에서도 완전한 순종을 명하며 반대되는 것은 금지하는 것이라고 설명한다.[97]

그는 몇몇 성경 구절[98]을 인용하여 율법이 도덕법의 서술이라고 하는데 십계명이 모든 율법과 행위언약의 요약(abridgement)이라고 말하면서 십계명에 대한 바른 해석의 규칙들[99]을 제시한 후 십계명들을 자세히 해설한다. 이렇게 볼 때 퍼킨스에게 있어서 행위언약은 조건적(conditional)이며 쌍무적(dipleuric)이다.

퍼킨스는 율법의 용도에 대하여도 말하는데, 중생하지 않은 사람에게 삼중적이라고 한다.

---

[96] *Golden Chain*, 53.
[97] *Golden Chain*, 53-54.
[98] 누가복음 10:27; 로마서 7:14; 10:5; 디모데전서 1:5.
[99] 퍼킨스가 제시하는 규칙들은 다음과 같다. 1. 금지에서 긍정 또한 반드시 이해되어야 하고 그 반대에서도 마찬가지이다. 2. 부정은 모든 시간 항상, 영속적으로 의무 지워진다. 그러나 긍정은 항상 적용되지만 영속적이지는 않다. 그러므로 부정적인 계명들이 더 강하다. 3. 하나의 악덕에 설명된 것들은 포괄적으로 이해되어야 한다. 즉, 최소한의 원인, 경우나 충동들 또한 포함되어야 한다. 4. 동일한 이름이 붙여진 가장 작은 죄들은 그 동일한 계명에 속한다; 미움은 살인이고 탐욕으로 여자를 보는 것은 간음이다. 5. 율법의 각 계명은 '하나님이 다르게 말씀하지 않으셨다면' 이라는 조건에 따라 이해해야 한다. 하나님은 완전하시고 율법 위에 계신 분이기 때문에 율법이 금한 것을 명령하시기도 하신다. 이삭을 바치라고 명하신 것 등. *Golden Chain*, 54.

첫째, 죄를 드러내어 그것을 알게 하는 것
둘째, 육신의 이유로 말미암아 죄를 초래하고 증가시키게 하는 것
셋째, 아주 작은 죄라도 어떠한 사죄의 희망을 제시함도 없이 영원한 정죄를 선언하는 것[100]

그러나 율법이 사람을 다스리는 가장 중요한 목적은 죄인을 그리스도에게로 피하게 하고자 함이라고 그는 말한다. 만일 사람이 회개하지 않는다면 율법의 능력은 영속적일 것이지만 만일 회개하면 그는 율법의 권세로부터 자유하게 되어 은혜 아래 있게 될 것이라고 말한다.

그러므로 그는 사람이 진정으로 영생을 갈망한다면 율법에 따라 자기 자신을 철저하게 점검하여야 하며, 죄의 마땅한 결과인 저주를 보고 자신이 처한 곤경을 애통하며 자신의 능력으로는 영원한 행복을 얻을 수 없음을 깨닫고 자신을 부인하고 그리스도에게로 가야 한다고 말한다.[101]

그러나 중생한 사람에게 율법의 용도는 매우 다르다고 퍼킨스는 말하는데, 율법은 삶의 전 과정에서 새로운 순종으로 사람을 인도하는데 이 순종은 그리스도를 통해 하나님께 받아들여진다고 한다.[102]

이제 퍼킨스는 은혜언약에 대해 설명한다.

> 은혜언약은 하나님께서 그리스도와 그의 유익들을 약속하시는 것으로, 사람이 믿음으로 그리스도를 받고 자신의 죄를 회개할 것을 사람에게 요구하시는 것이다.[103]

---

[100] *Golden Chain*, 147-148.
[101] *Golden Chain*, 148.
[102] *Golden Chain*, 149.
[103] *Golden Chain*, 149.

퍼킨스는 언약이 유언으로 부를 수도 있다고 하는데 그것은 이 언약이 유언의 특성이 있기 때문이라고 한다.

즉, 이 언약이 유언자의 죽음으로 증명되는 것과 이 언약에서 우리는 하나님께 많은 것을 드리지 않으며, 마치 유언에서 혜택을 받는 것이 유언자가 아니라 상속자인 것처럼 우리는 가장 작은 것도 하나님께 약속하는 것이 아니고 오히려 다만 받기만 하기 때문이라는 것이다.[104]

행위언약에서 언약의 조건성을 강조한 것과 다르게 은혜언약에서 퍼킨스는 조건성을 언급하지 않는다. 물론 은혜언약의 조건으로써 회개와 믿음을 이야기하지만, 이것은 다른 방법으로가 아니라 다만 성령의 사역으로 말미암아 일어나는 것임을 강조한다.[105]

그 본질에 있어서 하나임에도 불구하고 은혜언약은 구약(The old testament)과 신약(The new testament)으로 구별되는데 구약 또는 옛 언약에서 그리스도는 장차 오셔서 분명하게 나타내실 모형과 그림자의 모습으로 나타나셨고 신약은 이미 육체로 오신 그리스도를 선언하는데 복음에서 명확하게 보이셨다. 복음의 목적과 용도는 그리스도 안에서의 의를 나타냄으로 모든 율법이 만족하였고 구원이 획득되었음을 나타내는 것이며 또한 성령의 도구로서 영혼에 믿음을 만들고 끌어내는 것이라고 퍼킨스는 말한다.[106]

퍼킨스는 은혜언약이 구원을 위해서 전적으로 필요하다고 말한다. 왜냐하면, 은혜언약은 예수 그리스도를 언약의 본질로서 이해하도록 하기 때문이다. 사람은 반드시 은혜언약을 받아들여야 한다. 그렇지 않으면 멸망

---

[104] *Golden Chain*, 150.
[105] *Golden Chain*, 173.
[106] *Golden Chain*, 150.

하기 때문이다.[107] 이렇게 언약을 하나님의 선택의 작정의 '외적인 수단'으로 설명한 후에 퍼킨스는 하나님의 작정의 '실행의 단계'(the degrees of executing)들을 제시하는데 이로써 그는 사람에게 나타나는 신앙의 과정들과 양상들인 소명, 칭의, 성화 그리고 구원의 확신 등을 설명한다.

퍼킨스의 언약 이해에 있어서 독특한 점은 행위언약에 대한 이해이다. 그는 행위언약을 아담과 맺은 것이라고 말하지 않고 거듭나기 전의 사람들의 상태와 관련 있는 것으로 설명한다.[108] 실제로 그는 아담의 처음의 상태에 대해 말하면서 그가 하나님께 복종할 두 가지 의무를 지고 있었다고 하지만 그것을 언약이라고 지칭하지는 않는다.[109] 그리고 아담의 타락에 대해 말할 때도 금지된 열매에 대한 하나님의 '말씀'(word)에 대한 의심과 불순종이라고는 말하지만, 언약이라는 용어는 전혀 사용하지 않는다.[110] 행위언약에 대한 퍼킨스의 이러한 이해는 다른 언약신학자들과는 매우 다르다.

앞에서 언급했듯이, 퍼킨스의 언약 성격에 대한 이해에는 쌍방성과 일방성 또는 조건성과 은혜의 강조가 동시에 나타난다. 물론 이는 행위언약과 은혜언약에 각각 해당하는 것이지만 이로써 퍼킨스는 다른 언약신학자들과 구별되는 면모를 보인다.

이에 대해 안상혁은 리처드 A. 멀러(Richard A. Muller)의 연구를 인용하여 말하기를, 퍼킨스의 언약신학, 정확하게 말해서 『황금사슬』의 핵심 주제는 은혜언약과 하나님의 예정 교리를 조화시키고자 한 것이라고 긍정적으

---

[107] *Golden Chain*, 154.
[108] *Golden Chain*, 148.
[109] 퍼킨스는 아담의 하나님께 이행해야 할 두 가지 의무로서 두 나무-생명 나무와 선악을 알게 하는 나무-에 대한 것과 안식일 준수를 말한다. *Golden Chain*, 18.
[110] *Golden Chain*, 17-23.

로 평가한다.[111]

또한, 퍼킨스가 행위언약을 율법과 관련지으며 은혜언약으로 나아가게 하는 인도자 역할을 한다고 설명한 것에 대해 원종천은 신자들의 구원 확신에 대한 점검과 확신을 위한 방편으로 제시한 것으로 당시 영국 청교도들이 처한 시대적인 상황에 부응하기 위한 것이었다고 평가한다.[112]

(2) 요한네스 콕케이우스(Johannes Cocceius, 1603-1669)

콕케이우스는 1648년에 『하나님의 언약과 유언에 대한 본문의 대조』(Collations of Text Concerning the Covenant and Testament of God)라는 책을 출판하였는데, 이 책은 1653년에 Summa Doctrinae de foedere et testamento Dei 라는 제목의 라틴어판으로 확장되어 출판되었다. 이 책에서 콕케이우스는 자신의 언약신학을 포괄적으로 개진하였는데 성경 신학적이고 역사적인 방법으로 하나님의 언약을 설명하고자 하였다.

그에게 있어서 언약은 창조 이전에 하나님의 신성 안에서 존재한 것으로 구원의 약정(혹은 구속언약)이었다. 그러므로 그에게 있어서 사랑과 공동체 그리고 신실함은 신적 실재의 근저로서 그리스도인이 믿어야 할 것이었다.[113] 순수한 은혜로부터 하나님은 세상의 창조 안에서 인간과 언약을 맺으셨다. 인간과 맺은 이 언약을 '평화와 우정의 계약 또는 약정'(agreements or treaties of peace and friendship / conventio de pace et amicitia)이라고 그는 정의한다.

---

111 안상혁, 『언약신학, 쟁점으로 읽는다』, 112-113.
112 원종천, 『청교도 언약사상: 개혁운동의 힘』, 55-56.
113 Charles S. McCoy and Wayne Baker, *Fountainhead of Federalism* (Louisville: Westminster/John Knox, 1991), 73.

그러나 그는 하나님께서 인간(humanity)과 맺으신 언약은 사람들이 서로 맺는 언약들과는 다르다는 것을 강조한다. 인간들의 언약은 쌍방을 위한 유익들이 포함되지만, 하나님의 언약은 오직 그의 축복들만 있을 뿐이기 때문이다. 그는 '하나님의 언약은 사람이 하나님의 사랑을 얻고 그와 연합하고 교제하는 길에 대한 신적인 설명 이외의 다른 것이 아니라'고 말한다.

그러므로 그는 하나님의 언약을 '하나의 언약과 율법의 유효성과 권능을 가진 약속 또는 유언 때문에 확정된 신적 제정'이라고 부른다. 이런 측면에서 인간과 맺은 하나님의 언약은 일방적(monopleuric)이다.[114] 그러나 다른 편에 대해 아무런 조건이 없는 일방적 언약은 없으므로, 사람이 언약의 율법에 따라 하나님께 가까이 가게 될 때 그리고 언약에 동의함으로써 그가 나타내시는 사랑과 축복들에 헌신할 때 하나님의 언약은 쌍방적(dipleuric)이며 상호적(mutual) 언약이 된다.

콕케이우스는 이 첫 언약(행위언약 또는 자연언약)은 인간의 양심 존재 때문에 증명되며 인간의 의지가 진정한 선(*bonum verum*)을 갈망하고 추구하는 것에서 입증된다고 한다. 인간이 영생을 갈망하고 죽음으로부터 피하고자 하는 이러한 충동(*appetitus*)은 창조주 자신에게서 오는 것이라고 그는 말한다.

또한, 인간이 자신들의 창조주와 시혜자를 추구하도록 자극받으며 그를 사랑하고 영화롭게 하며 감사하게 하는 하나님의 지속적인 축복 때문에 구성되어 있음을 볼 때 이 언약이 입증된다고 그는 말한다.[115]

---

[114] Willem J. Van Asselt, *The Federal Theology of Johannes Cocceius(1603-1669)*, trans. Raymond A. Blacketer (Leiden: BRILL, 2001), 251. 이하 *Federal Theology*로 표기함.
[115] *The Federal Theology*, 252.

콕케이우스 역시 이중적 언약(행위언약과 은혜언약)을 주장한다. 아담과 맺은 첫 언약인 행위언약은 아담의 반역과 불순종과 타락으로 폐기되었고 인간은 죄와 사망에 묶였다. 그러나 하나님은 그때 하나이며 영원한 언약, 곧 예수 그리스도 안에서 성취된 은혜언약을 맺으셔서 죄인들을 구원하셨다. 그는 행위언약과 은혜언약은 네 가지 점에서 관계가 있다고 말한다.

은혜언약도 행위언약과 같이 '평화와 우정의 약정'(*pactum de pace et amicitia*)으로 정의되는 것과 두 언약 모두 '의무'(*stipulatio*)와 '약속'(*prommisio*)이 있으며, 약속된 유익들을 요구할 '권리'(*jus*)가 있고, 약속된 '유익'(*bomum*), 즉 영원한 생명을 포함한다는 점에서도 그렇다.

그러나 은혜언약은 하나님이 죄인들과 맺으신 언약이므로 그 언약의 모든 구성요소를 어떠한 행위의 공로도 배제하는 순전히 은혜에 의한 것이다. 그러므로 은혜언약에서 기능하는 율법은 '행위의 율법'(*lex operum*)이 아니고 '믿음의 법'(*lex fidei*)이다.

하지만 그렇다고 해서 행위언약의 명령들에 대한 모든 순종의 의무가 행위언약의 위반 이후 폐지되었다는 뜻은 아니다. 행위의 율법에 순종하여 의를 획득한 이는 인간이 아니라 그리스도이기 때문에 인간은 중보자의 순종에 감사하면서 새로운 언약에 약속된 유익에 대한 권리를 갖는다. 이런 방식으로 행위언약의 형식적 구조는 은혜언약에서 가시적으로 남는다.[116]

콕케이우스는 행위언약 교리에는 매우 중요한 네 가지 양상이 있음을 주장한다.

---

[116] *The Federal Theology*, 253-254.

첫째, 그는 행위언약을 근본적으로 창조와 관련짓는다.

그는 행위언약을 단지 역사와 관련지을 뿐 아니라 원초적으로 하나님과 인간과의 관계로 묘사하는데 이는 은혜언약처럼 행위언약 또한 그가 성경에서 발견한 언약에 대한 일반적 개념으로부터 추론한 것이다. 행위언약은 처음으로 일반적인 개념의 언약이 구체적인 형태를 갖춘 것으로서 하나님은 그 안에서 사람을 다루신다.

그러나 행위언약은 창조로부터 자동으로 따라 나오는 것은 아니다. 인간은 언약적 관계를 위하여(*for*) 창조되었다고 콕케이우스는 주장한다. 그러므로 행위언약은 하나님의 형상 안에서 창조되었고 죄에 빠지기 전에 하나님과의 교제와 우정을 얻기 위한 인간을 위한 길이다. 그리고 하나님과의 이 관계는 근본적으로 도덕적인데 그것은 행동을 강조하기 때문이다. 하나님은 인간에게 율법을 주셨고 인간을 그것을 성취하여야 한다. 그러나 그것은 하나님의 즐거움과 선함의 지원으로만 될 수 있다.

인간의 행동은 자유롭지만, 그 자유는 하나님의 선함 안에 새겨진 것이다. 하지만 행위언약으로 맺어진 관계는 아직 은혜로 되는 것은 아니다. 행위언약에서는 중보자 그리스도를 말할 수 없으므로, 콕케이우스는 영원한 아들을 사람이 되신 말씀과 구분한다. 그렇게 함으로 그는 은혜언약과 행위언약을 구분한다.[117]

둘째, 콕케이우스는 행위언약이 그 근원에서는 일방적이나 그 작동에서는 쌍방적이라고 주장한다. 은혜언약에서 인간은 능동적일지라도 행위언약에서의 주도권은 하나님께 있음을 그는 강조한다. 언약을 맺은 이는 하나님이시므로 하나님은 능동적이시고 인간은 수동적이다.

---

[117] *The Federal Theology*, 259-261.

그러나 하나님이 주도권을 취하시면 인간은 그에 반응할 진정한 기회를 얻는다. 언약에 대한 인간의 동의(agreement)와 찬성(consent)은 그것을 쌍방적(dipleuric)으로 만드는데, 이로써 언약은 상호적(reciprocal, *foedus mutum*)이다. 이 상호적 측면으로 인하여 행위언약에 성령론적인 면모가 있음을 콕케이우스는 주장한다. 그는 창조 사역에서의 성령의 관여하심을 기초로 하여 성령이 인간에게 언약에서의 파트너가 되신다고 주장한다.

바로 이 측면에서 콕케이우스는 행위언약이 고정되고 정지된 것이 아닌 발전과 역사의 가능성이 있는 역동적 실체라고 말한다. 그는 순종의 수단에 의한 성령의 사역에 대해 말하기를 주저하지 않았다.[118]

셋째, 콕케이우스는 은혜언약에서와 같이 행위언약에서 약속된 선(*bonum*)은 율법에 순종함을 기초로 한 생명(*vita*)이라고 주장한다.

그는 낙원에서의 아담의 생명은 '더 나은 거주에 대한 상징'(*meloris mansionis symbolum*)이며 표지라고 말한다. 그리고 인간에게 약속된 영원한 생명은 '하나님을 즐거워함'(the enjoyment of God, *fruitio Dei*)인데 콕케이우스는 이것을 '완전하게 된 양심'(The perfected conscience, *conscientia consummata*)이라고 불렀다. 그는 아담은 아직 그런 상태에 있지 않았고 행위언약의 순종을 통해 그것을 얻을 수 있었지만 실패하였다고 한다. 그러므로 완전하게 된 양심은 행위언약에서 발전되기 시작하였다고 설명함으로 행위언약을 종말론적인 측면에서 보았다.[119]

넷째, 콕케이우스는 행위언약에는 인간의 타락 이전의 구원론적인 면모가 있다고 주장한다. 물론 그것은 하나님의 은혜로 말미암은 것이 아니라 하나님의 선함으로 말미암은 것이다. 하나님이 인간에게 자유로운 의지를

---

[118] *The Federal Theology*, 261-264.
[119] *The Federal Theology*, 264-265.

주셨기 때문에 인간은 자유롭게 하나님의 계명들과 조건들에 응할 수 있었다. 이것은 자연스럽게 율법과도 관계되는데, 율법은 하나님이 주신 것이고 사람은 그것을 인식하고 고백하고 인정할 수 있다. 창조의 원래의 상태에서 아담은 하나님의 언약 조건들이 선함을 알고 있었고 그는 그 언약의 상대자가 되기를 동의하였다고 콕케이우스는 주장한다.[120]

이러한 논의를 거친 후에 콕케이우스는 행위언약이 근본적으로 은혜언약과 다른 것은 창조에서 세워진 계명들의 성취가 사람이 아니라 그리스도에 의한 것이기 때문이라고 말한다. 행위언약과 은혜언약의 목표는 바로 하나님과의 교제이며 우정이다. 다만 수단이 다르다. 행위언약에서 공식화된 권리는 십자가에서 회복되고 유지된다. 칭의의 교리는 행위언약에서 이미 발견되지만 이제 그것은 사람에게서가 아니라 그리스도의 순종에 기초해 있기 때문이다.[121]

요약하자면, 콕케이우스에게 있어서 언약의 개념은 하나님과의 관계로 묘사된다. 타락 이전과 이후의 상황에서 하나님은 피조물의 안녕(well-being)과 선함(good)을 원하셨다. 창조의 상황에서는 하나님의 선함(*bonitas Dei*)이 하나님과의 교제를 이루는 방편이었고 타락 이후에는 하나님의 은혜(*gratia Dei*)로 말미암아 그것이 가능하게 되었다. 타락 이후에 하나님과의 교제의 회복은 은혜언약으로 가능하게 되었다는 것이다.[122]

그런데 그의 언약사상에는 '폐지의 교리'(the doctrine of abrogation)가 있는데 이것이 그의 언약신학을 독특하게 만든다. 그는 언약의 역사가 지속됨

---

120 *The Federal Theology*, 265-266.
121 *The Federal Theology*, 267.
122 *The Federal Theology*, 269.

에 따라 행위언약의 의무들이 점차로 제한되다가 결국에는 완전히 폐지된다고 주장한다.[123] 그는 하나님은 이 폐지의 교리를 통해 인간을 영원한 생명으로 인도하신다고 설명한다. 즉, 죄로 말미암은 행위언약의 위반 결과가 점차적으로 무효화 된다는 것으로, 그는 은혜언약조차 이 행위언약의 폐지 관점에서 다룬다. 그는 히브리서 8:13의 '첫 것은 낡아지게 하신 것이니 낡아지고 쇠하는 것은 없어져 가는 것이니라'를 근거로 하여 그의 폐지의 교리를 시작하는데 다섯 가지의 폐지에 대해 다음과 같이 말한다.

> 행위언약은 점진적인 낡아짐을 통해 점차 사라져간다. 율법의 폐지 또는 행위언약의 폐지는 다음과 같은 단계를 따라 진행된다. 쇠퇴해진 것은 다음과 같다.

1. 죄 때문에, 살아 있는 존재가 될 가능성이 쇠퇴한다.
2. 그리스도가 약속의 틀 안으로 소개되고 믿음을 통해 그의 것이 되므로 저주가 쇠퇴한다.
3. 새 언약의 반포로 말미암아 죽음과 종노릇의 두려움 또는 영향들이 쇠퇴한다. 죄에 대한 대속이 성취되었으므로 구속받은 사람들은 구속자의 법 아래에 있다. 이와 같이 죄의 법으로서 구속자가 폐지한 동일한 율법이 이제는 그에게 속한 사람들에게 의로 수여된 구세주의 법이 된다(롬 7:14; 고후 5:15, 21; 갈 2:19).
4. 몸의 죽임을 통해 죄에 대한 싸움이 쇠퇴한다.
5. 죽은 자로부터의 부활을 통해 행위언약의 모든 결과와 영향이 쇠퇴한다.[124]

---

123 *The Federal Theology*, 271.
124 *The Federal Theology*, 271-272 재인용.

그러나 콕케이우스는 육체와 영의 싸움이 죽을 때까지 지속되지만, 결국 부활이 죄로 말미암은 모든 것을 제거하며 은혜언약의 유익들과 완전한 기업으로 인도한다고 말한다. 이러한 콕케이우스의 폐지 교리에 대해 구속사적 설명으로 보는 이들도 있고 신앙의 실존적 경험의 순간과 국면에 대한 설명으로 보는 이들도 있으며, 성령론의 맥락에서 보는 이들도 있으나[125] 전반적으로는 동의를 받지 못하였고 그의 주장에 대한 격렬한 논쟁이 촉발되었다.[126] 그것은 그가 구속 역사의 발전과 십자가의 중요성을 강조한 긍정적인 측면을 차치하고서라도 구약과 신약의 죄 사함을 구분함으로써 구약과 신약의 통일성을 약화했기 때문이다.[127]

콕케이우스는 언약신학을 근간으로 하여 신학의 체계를 수립함으로 언약신학의 대가라고 평가받고 있다. 그의 언약신학에 대한 평가는 긍정적인 면과 부정적인 면 모두에서 대등하다. 긍정적인 측면으로는 그가 성경에 충실한 신학을 세우려 시도하였고, 그리스도인 신앙 공동체가 갖는 하나님과의 교제를 강조하였으며 인간 본성에 대한 깊은 이해를 보여 주었으며 또한 언약의 점진성을 강조한 것에 대해 높이 평가를 받는다.[128]

반면에 그의 언약신학은 하나님의 영원한 작정과 주권적 경륜을 그 시작점으로 삼기보다 역사와 인간과 맺은 언약에서 출발하는 것에서 그리고 성경을 신앙의 기초 원리와 표준으로 삼기보다 신학의 대상으로 삼은 측면에서 비판을 받았다.[129]

---

[125] *The Federal Theology*, 274-275, 287.
[126] 콕케이우스의 주장에 대해 동시대의 인물인 히스베르투스 푸치우스(Gisbertus Voetius, 1589-1676)와 사무엘 마레시우스(Samuel Maresius, 1599-1673)에 의하여 강력하게 비판되었다. 권경철, 『뿌리내리는 정통주의 신학』 (군포: 도서출판 다함, 2018), 222-227.
[127] 권경철, 『뿌리내리는 정통주의 신학』, 228.
[128] Charles S. McCoy and Wayne Baker, *Fountainhead of Federalism*, 73-78.
[129] Herman Bavinck, *Gereformeerde Dogmatick*, 박태현 역, 『개혁교의학 2』, 256-257.

(3) 프랜시스 튜레틴(Francis Turretin, 1623-1687)

칼빈의 후계자인 테오도르 드 베자(Theodore de Beza, 1519-1606)의 뒤를 이어 제네바 아카데미를 이끌었던 튜레틴은 『논박 신학 강요』(*Institutes of Elenctic Theology*)에서 언약신학에 대해 자세하게 해설했다. 그의 언약신학은 구약과 신약의 연속성보다는 비연속성을 강조하는 경향을 보이는 당대의 신학적 주장들을 논박하면서 언약의 단일성을 강조함으로 연속성을 주장하고 있다.[130]

그는 하나님은 최고로 자족하신 분이므로 인간과 언약을 맺으실 아무런 이유가 없음에도 최고의 인자하심을 보여 주시기 위하여 자신을 무한히 낮추어서 피조물과 언약을 맺고자 하셨음을 강조함으로 언약에 대한 설명을 시작한다. 하나님은 언약을 통해 피조물을 더욱 강력하고 친밀한 자신과의 교제로 초대하셨으며 피조물에 확실한 복을 기대할 수 있게 하셨다.

튜레틴은 넓은 의미에서 피조물이 감당해야 할 어떤 순종과도 상관없이 피조물에 베푸신 약속을 의미하는 측면에서의 일방적인 언약(monopleuron)이 있음을 말하는 동시에, 또한 엄밀하고도 적합한 의미로 볼 때 언약은 하나님이 자신의 좋은 것들(특히 영생)을 약속하고 인간으로서는 의무와 예배를 행하기로 하는 하나님과 인간 사이의 약정(agreement)이므로 거기에는 쌍방적이고(dipleuron) 쌍무적인(mutaual) 특징이 있다고 말한다.[131]

---

[130] 당시에 구약과 신약의 관계에 있어서 비연속성을 주장하는 학자들은 그리스도에 대한 믿음이 구약 시대에도 존재했다는 것을 부인하는 알미니우스(Arminius, 1560-1609)와 그의 추종자들, 구속 후 예정을 주장하면서 제한속죄를 부정하는 소뮈르 학파의 아미로(Moise Amyraut, 1596-1664) 그리고 앞에서 다루었던 콕케이우스 등이다. 물론 콕케이우스는 아미로와는 다르게 구약과 신약의 연속성을 인정하였으나 구약의 성도와 신약의 성도가 누리는 용서의 은혜가 서로 다르다고 주장하였다. 이들은 시내산언약을 은혜언약으로부터 분리하여 별도의 언약으로 보아야 한다고 주장하였다. 안상혁, 『언약신학, 쟁점으로 읽는다』 (수원: 도서출판 영음사, 2016), 256-257.

[131] Francis Turretin, *Institutes of Elenctic Theology* vol. 1, trans. George Musgrave Giger (Phil-

튜레틴은 성경에는 두 종류의 언약이 있다고 하는데, 자연언약과 은혜언약이 그것이다. 이 언약들은 종종 행위언약과 신앙언약, 율법언약과 복음언약 등으로 불리기도 한다. 이런 구분들은 언약 당사자가 하나님과 맺는 관계(창조주와 주/구속주와 아버지)와 언약을 맺을 당시의 인간의 상태(완전한 피조물/타락한 피조물) 그리고 생명과 행복을 얻는 방식(합당한 순종/ 다른 사람에 의해 전가된 순종)과 인간에게 명령 되는 서로 다른 의무(행위/믿음)에 기인한 것이라고 설명한다.[132]

그에게 있어 자연언약은 창조주 하나님이 완전한 개인의(personal) 순종의 조건 아래 영원한 행복과 생명을 주기로 하는 무죄한 상태의 인간과 맺은 언약이다. 이 언약을 자연언약이라고 부르는 것은 하나님이 처음에 창조한 그대로의 인간의 본성 그리고 본래의 상태 혹은 능력에 기초를 두고 있기 때문이다. 그것을 '율법'이라고 부르는 것은 인간 안에 새겨진 자연의 법의 준수가 인간 편에서의 조건이기 때문이고, 또한, '행위'라고 불리는 것은 그것이 행위 또는 적절한 순종에 달려 있기 때문이라고 그는 해설한다.[133] 이 언약에서 인간 편에서 이행해야 할 의무는 두 가지였다고 튜레틴은 말한다.

하나는 도덕적이거나 본성적인 법이고 다른 하나는 상징적인 법이다. 그리고 그 의무 중의 어떤 것은 일반적인 것으로 하나님에 대한 지식과 예배, 이웃에 대한 공의 그리고 온갖 종류의 거룩함으로 마음에 새겨진 것이었고, 특별한 의무는 금지된 열매를 먹지 않는 것으로 상징적인 실정법에

---

lipsburg: Presbyterian and Reformed Publishing Company, 1992), 8.3.1. (I.574). 이하 *Elenctic Theology*로 표기함.
132 *Elenctic Theology*, 8.3.4 (I.575).
133 *Elenctic Theology*, 8.3.5 (I.575).

토대를 둔 것이었다.¹³⁴ 하지만 이 자연언약은 첫 사람의 자발적인 배교에 의해 파기되었는데 이로써 첫 사람은 그의 마음에 새겨진 자연법 전체를 범하게 되었다.¹³⁵

튜레틴은 그러나 첫 사람이 타락했음에도 불구하고 사람 안에 새겨진 자연법은 사람의 본성에 남아 있다고 말한다.¹³⁶ 그래서 하나님은 마음에 새겨진 자연법을 돌판에 새겨진 도덕법으로 주셨다고 하면서 십계명을 완전한 도덕법의 체계로서 제시한다. 이어서 그는 십계명의 설명과 준수를 위한 원칙들과 순종의 원칙들을 제시한다.¹³⁷

---

134 *Elenctic Theology*, 8.3.12 (I.577).
135 *Elenctic Theology*, 9.6.1 (I.604).
136 *Elenctic Theology*, 11.1.7 (II.3).
137 튜레틴이 제시하는 십계명을 이해하는 7원칙은 다음과 같다.
  1. 율법은 영적인 것으로 그것은 몸의 외적 행동과 관련될 뿐 아니라 마음의 내적인 동기와도 관련이 있다는 것.
  2. 긍정적인 명령들에는 부정적인 내용이, 부정적인 명령들에는 긍정적인 내용이 담겨 있음을 알아야 한다는 것.
  3. 모든 계명에는 제유법이 있음을 인식해야 한다는 것.
  4. 결과에는 원인이, 속에는 종이, 상대적인 것에는 상호의존적인 면이 포함되어 있다는 것.
  5. 첫째 판의 계명들이 둘째 판의 계명들에 우선한다는 것.
  6. 어떤 계명들은 긍정적이며(마땅히 행하여야 할 것들로 부작위의 죄) 다른 계명들은 부정적이라는 것(피하여야 할 금지 사항들로 작위의 죄).
  7. 모든 계명의 시작과 끝은 사랑이라는 것. 그리고 율법을 순종하는 4원칙은 다음과 같다.
   (1) 율법 전체가 모든 사람에 의해 성취되어야 한다는 것.
   (2) 원리에 있어서 몸의 외적인 부분만이 아니라 영혼의 자리에서까지, 대상과 부분에 있어서 모든 계명에게 까지, 정도에 있어서 진지하고 완전하게 그리고 시간과 기간에 있어서 영속적으로 순종하여야 하는 4중적인 완전한 순종이 요구된다는 것.
   (3) 내적인 순종이 외적인 순종보다 더욱 낫다는 것.
   (4) 계명들이 중요도와 필요성에 있어서 동일한 정도를 갖는 것은 아니라는 것. *Elenctic Theology*, 11.6.1-12 (II.34-37).

십계명을 설명한 후에 튜레틴은 율법의 용도에 대해 설명한다. 그는 이에 대해 절대적인 면과 상대적인 면이 있음을 말하는데 절대적인 면은 율법 그 자체에 관한 것으로 하나님과 이웃에 대해 독특하고도 완전하고 확실한 법칙이라고 말하고 상대적인 면은 인간의 상태에 따라 다양하다고 말한다.

인간이 무죄한 상태일 때 율법은 그것에 더해진 약속에 따라 생명과 행복을 얻는 수단으로써 사람과 맺어진 행위언약의 약정을 뜻한다. 죄로 빈곤한 상태에서 율법은 칭의가 될 수 없는데 이는 율법이 육체 안에서 약해졌기 때문이다. 하지만 그런 상태에서도 율법은 죄인 됨의 확신, 죄에 대한 억제 그리고 정죄의 용도를 위한 3중적 용도가 있다고 그는 말한다. 그리고 은혜로 회복된 상태에서 율법은 선택된 자들에게 회심 이전과 이후에 따라 다르게 작용한다고 그는 말한다. 회심하기 전에는 죄에 대한 확신으로 겸손하게 그리스도로 나아가게 하며 구원하는 은혜를 추구하게 하는데 이를 사도 바울은 그리스도로 인도하는 몽학 선생이라고 칭한다고 하는데 이 단계의 목적은 칭의에 있다고 한다.[138] 그 결과 율법은 사람을 주의 길로 지시하는데 가장 완전한 삶의 표준과 기준으로 봉사한다고 그는 말한다.

> 이전에는 사람을 던지고 상하게 하는 속박의 도구였던 율법이 이제는 성화를 촉진하는 양자의 영의 수단이 된다. 이렇게 율법은 그리스도께로 인도하고 그리스도는 우리를 율법으로 되돌리신다: 율법은 구속주로서의 그리스도께로 인도하고 그리스도는 삶의 인도자와 지시자로서 율법으로 인도하신다.[139]

---

[138] *Elenctic Theology*, 11.22.1-10 (II.137-139).
[139] *Elenctic Theology*, 11.22.11 (II.140).

그는 도덕법이 새 언약 아래서 점차 폐기된다는 율법폐기론자들의 주장을 분명하게 거부하며, 어떤 면에서 율법은 그리스도인에게 여전히 적절하다고 확언한다. 그것은 신약의 성도들이 그리스도의 멍에가 쉬워지고 그의 명령들이 근심스러운 것으로 되지 않는 성령의 다스리시는 복음의 경륜 안에 있기 때문이라고 그는 말한다. 또한, 그는 공로로서가 아니라 수단으로서 영광에 이르는 선행의 필요성이 제기되는 것은 이 땅에서 거룩함을 추구하며 율법에 순종함으로써 성화되지 않은 그 누구도 하늘에서 영화롭게 될 수 없기 때문이라고 주장한다.[140]

그는 모세에 의하여 주어진 율법은 세 종류로 구분된다면서 하나님과 이웃을 향한 항구적인 의무로서의 도덕법과 옛 언약 아래서 준수된 거룩한 것들에 관한 의식들과 예식들과 관련된 의식법 그리고 이스라엘 백성을 시민 정부를 구성하는 것으로서의 시민법이 그것들이라고 말한다. 도덕법과 다른 두 법은 기원과 기간에 있어서 다르다. 도덕법은 불변하고 영원하지만 다른 두 법은 가변적이며 일시적이다. 또한, 그 대상에 있어서 도덕법은 모든 것에 보편적이지만 다른 두 법은 특별히 유대인들에게만 적용된다. 그리고 용도에서도 도덕법은 다른 두 법의 목적이지만 다른 두 법은 도덕법에 부수적이라고 그는 설명한다.[141]

이제 튜레틴은 은혜언약에 대해 설명하는데, 앞에서 설명하였듯이, 하나님은 인간과 어떤 계약이 필요하지 않으심에도 단지 그의 은혜에 의하여 인간과 언약의 관계로 들어가셨다고 한다. 사람의 타락으로 말미암아 첫 언약이 깨어지자 하나님은 즉시로 죽음으로부터 사람을 구원하시기로 하셨다. 그러나 그 방법은 최고의 정의를 사용하심으로가 아니라, 긍휼하

---

140 *Elenctic Theology*, 11.23.1-6 (II.141-143).
141 *Elenctic Theology*, 11.24.1-3 (II.145-146).

심으로 인하여 그리스도 안에서 새 언약을 맺으심으로 그들을 구원하셨다. 이로써 인간은 비참한 상태에서 탈출하게 되었을 뿐 아니라 가장 완전한 행복을 얻게 되었다. 그는 은혜언약을 다음과 같이 정의한다.

> 이 은혜언약은 죄 범함을 당하신 하나님과 범죄한 사람 사이에 그리스도 안에서 맺어진 은혜로운 계약(pact)이다. 그 안에서 하나님은 그리스도로 인하여 은혜로이 사람에게 죄 사함과 구원을 약속하시며, 반대로 사람은 동일한 은혜에 따라서 신앙과 순종을 약속한다.[142]

이어서 튜레틴은 언약에 포함된 네 가지 사항, 곧 언약의 창시자로서의 하나님과 언약의 당사자로서의 하나님과 죄인인 인간과 그들의 중보자로서의 그리스도 그리고 언약 안에 제시된 약속들과 의무들에 대해 설명한다. 언약의 당사자로서 사람에게 주어진 의무는 세상으로부터 분리하여 하나님께 성별하여 드리는 것인데 오직 하나님만 예배하고 그만을 따르는 것이다. 그뿐만 아니라 사람은 몸과 생각, 뜻과 애정과 그의 모든 기관의 활동을 통해 하나님의 영광을 위한 도구가 되도록 하여야 한다는 것이다. 이와 관련하여 특별히 믿음과 회개가 명령받았다고 그는 말한다.

그런데 이 믿음과 회개는 사람의 의무이기도 하면서 동시에 하나님의 축복이라고 말한다. 왜냐하면, 이 모든 것이 하나님의 은혜에 의한 것이기 때문이다.[143]

은혜언약의 조건성에 대해 언급하면서 튜레틴은 하나님의 단독적인 선한 의지에 의한 것인 면에서 은혜언약은 전적으로 은혜에 속한다고 한다.

---

142 *Elenctic Theology*, 12.2.5 (II.175).
143 *Elenctic Theology*, 12.2.27 (II.183).

그러나 그것이 결과적이고 후속적인 '도구인'(instrumental cause)으로서는 조건적이라고 말한다.

또한, 언약의 약속이 '목적인'(objective cause)으로 이해될 때, 그것들은 신앙과 회개의 조건 아래 놓이게 된다고 그는 말한다. 그러면서 그는 어떻게 신앙이 조건이 되는지에 대해 설명한다. 신앙이 조건이 되는 것은 절대적으로 그 본성과 본질에 따른 것이 아니고 상대적이고 도구적으로 간주될 때 그렇다는 것이다. 즉, 믿음은 율법의 행위와 구별되기 때문이고, 또한 도구적으로 취해진 믿음은 오직 수용이 요구될 뿐이어서 칭의의 첫 순간에는 믿음 외에는 하나님을 기쁘시게 할 것이 아무것도 없는 죄인인 상황과 조화되기 때문이며, 믿음은 오직 중보자의 만족과 의에만 일치되기 때문이다.

그리고 그 안에서 우리가 구속과 생명을 받은 그리스도가 우리의 '의'이기 때문이다. 이런 의미에서 믿음은 도구적으로 여겨야 한다. 무엇보다도 믿음은 그리스도와의 관계없이는 견지되지 않는데, 우리가 그리스도와 연합하지 않고는 우리가 하나님의 언약으로 받아들여질 수 없기 때문이다. 그런 의미에서 튜레틴은 믿음이 은혜언약의 조건이라고 말한다.[144]

튜레틴은 첫 사람의 타락 이후 구약과 신약에 계시된 언약들을 모두 하나의 영원한 은혜언약에 포함한다. 그러므로 새 언약은 아브라함과 맺은 언약과 본질에서 같고[145] 두 개의 경륜(옛 언약과 새 언약)으로 그것을 펼치셨을 뿐이라고 그는 말한다. 옛 언약은 오실 그리스도에 대한 약속이고

---

144 *Elenctic Theology*, 12.3.2,11 (II.184-185,187).
145 *Elenctic Theology*, 12.5.7-23 (II.194-200). 튜레틴은 성경의 진술들과 언약의 모든 부분과 중보자, 약속들, 성례와 율법의 용도의 등의 동일성을 제시하며 구약과 신약의 언약의 동일성을 주장한다.

새 언약은 나타나시고 성육신하시고 죽으신 그리스도를 의미한다는 것이다.[146]

튜레틴은 시내산에서 모세를 통해 주어진 언약에 대해 특별한 위치를 부여한다. 그것에 대해 순전히 행위언약이라고 주장하거나 행위언약과 은혜언약의 혼합으로 간주하거나 이 두 언약과는 완전히 다른 제3의 언약으로 은혜언약을 위한 부수적인 언약이라는 주장들을 모두 거부하면서 그는 시내산언약은 은혜언약이지만 이스라엘 백성의 상태와 그 시대의 교회 세대에 따라 율법을 반포하고 그 아래 놓여 있게 한 것이라고 주장한다.

그는 특별히 첫 사람의 타락 전에 맺은 자연언약과 그 이후의 은혜언약에 뒤이어 시내산에서 이스라엘과 맺은 율법언약이라는 삼중언약을 주장하는 것에 대해 비판하였다. 곧 성경은 오직 두 가지 언약만을 말하고 있으며, 행복을 얻는 방식은 행위 아니면 신앙뿐이라는 것이다.[147] 그러므로 시내산언약은 종류에 있어서 다른 언약이 아니고 시대와 장소와 사람들의 상태에 적합하게 된 경륜의 방식에 있어서만이 다를 뿐이라고 그는 말한다.

비록 예레미야 31장의 새 언약에 대해 시내산언약이 옛 언약이라고 말해질지라도 그것은 본질적인 면에서가 아니라 우연이거나 경륜의 다양성으로 그렇게 불릴 뿐이다. 또한, 시내산언약에 그리스도가 없는 것이 아니며 신앙이 그 언약에서도 가르쳐졌다. 이렇게 시내산언약에서 율법과 복음이 달콤하게 조화된다.

---

146 *Elenctic Theology*, 12.7.1 (II.216).
147 *Elenctic Theology*, 12.12.1-9 (II.262-264).

율법은 복음 없이 집행되지 않으며 복음 또한 율법 없이 집행되지 않는다. 그렇게 그것은 그 자체로 하나의 율법적-복음과 하나의 복음적-율법이다: 순종으로 가득한 하나의 복음이며 신앙으로 가득한 하나의 율법이다. 그래서 복음은 완전하게 율법을 성취하신 그리스도를 우리에게 줌으로써 율법을 무너뜨리지 않고 오히려 세운다. 율법은 복음에 대항하지 않는다. 왜냐하면, 율법은 우리에게 복음을 가리키고 그것의 목적으로서 복음으로 우리를 인도하기 때문이다.[148]

또한, 튜레틴은 모세가 시내산언약에서 중보자로 불릴지라도 그는 다만 모형적이고 외적인 중보자였을 뿐이며 가나안 땅에 대한 약속 또한 근본적이며 중요한 것은 아니었고 부차적이었고 중요성에서도 못한데 이는 그것이 하늘의 가나안 표지이며 상징이었기 때문이라고 말한다. 요컨대 시내산언약은 행위언약의 형태로 되었을지라도 그것은 생명을 주기 위한 목적이 아니라 죄에 대한 확신과 빛에 대한 고백을 강제하여 그리스도께로 인도하기 위한 것이라는 것이다.

튜레틴의 언약신학은 그리스도를 언약의 실체로 하는 은혜언약의 단일성을 강조함으로 구약과 신약의 불연속성을 강조하는 신학자들을 성공적으로 논박한 것으로 평가할 수 있다.[149] 또한, 시내산언약에 대해 그 내면

---

[148] *Elenctic Theology*, 12.12.22 (II.268).
[149] 문병호, "언약의 실체 그리스도(Christus Substantia Foederis): 프란시스 뚤레틴의 은혜언약의 일체성 이해", 「개혁논총」 9 (2008), 1-19. 또한, Keongcheol Kwon은 구원의 보증으로서의 그리스도에 대한 콕케이우스와 푸치우스(Gisbertus Voetius, 1589-1676) 논쟁에서 투레틴이 푸치우스의 견해에 동조하면서 구약에서의 그리스도의 보증이 '부분 보증'(*fidejussio*)이 아닌 '완전 보증'(*expromissio*)이었음을 논증함으로 구약과 신약의 통일성과 연속성을 입증하였다고 평가한다. Kyeoncheol Kwon, *Christ and the Old Covenant* (Göttingen: Vandenhoeck & Ruprecht Verlage, 2019), 14, 58-64.

적으로는 은혜언약과 동일하면서도 외면적으로는 그리스도에게로 인도하는 목적으로서 행위언약의 면모가 있는 것으로 조화를 시도한 것은 새로운 시도로써 평가할 수 있을 것이다.[150]

그의 언약신학은 웨스트민스터 표준 문서에 나타난 언약신학의 내용과 대체로 일치하는데 이것은 웨스트민스터 표준 문서의 언약신학이 17세기 중엽에 이르기까지의 개혁신학 내의 언약신학에 대한 전반적인 이해를 아우르고 있음에 대한 실제적 증거가 된다고 할 수 있다.

퍼킨스와 콕케이우스 그리고 튜레틴을 통해서 본 17세기 개혁신학자들의 언약신학은 대체로 16세기 개혁자들의 언약신학과 맥을 같이 하면서도 행위언약에 대한 강조가 두드러진 것을 볼 수 있다.

이제까지 살펴보았듯이, 일반적으로 언약신학의 중요한 논점들은 네 가지인데 이 네 가지 측면으로 16, 17세기 개혁주의 신학자들의 언약신학을 종합적으로 평가할 수 있다.

첫째, 언약의 종류에 대한 것이다.

16세기의 종교개혁 시대의 신학자들, 불링거와 칼빈은 오직 하나의 언약만이 있을 뿐이라고 하였으나 그 이후 우르시누스와 퍼킨스와 콕케이우스와 투레틴은 두 개의 언약, 행위언약(또는 자연언약이나 창조언약)과 은혜언약을 주장하였고 이것은 17세기의 개혁주의 신학자들에 이르러 전반적인 동의가 이루어진 것을 확인할 수 있다.

그 당시의 개혁신학자들이 언약을 중심 주제로 하여 성경 전체를 보려고 시도하였음은 분명하다고 할 수 있다. 하지만 퍼킨스의 행위언약에 대

---

150 안상혁, 『언약신학, 쟁점으로 읽는다』, 259-260.

한 설명은 조금 다른 관점인 것으로 평가해야 한다. 그것은 그가 행위언약을 첫 사람과 맺은 언약으로 설명하기보다는 거듭나기 이전의 사람에게 적용되는 것으로 말하기 때문이었고 웨스트민스터 신학자들은 그것을 인지하고 있었지만, 그의 주장을 표준 문서에 담지 않았다.

둘째, 언약의 통일성에 대한 것이다.

이것은 구약과 신약의 연속성에 대한 것으로 여기에는 옛 언약과 새 언약의 동등성이 포함된다. 이제까지 살펴본 대부분 개혁신학자에게 있어서 언약은 본질에서 하나이고 그 시행방법에 있어서 차이가 있음을 이야기함으로 구약과 신약의 연속성을 강조하였다. 그러나 콕케이우스는 그의 폐지의 교리를 통해서 구약과 신약의 죄 사함의 정도가 다르다고 함으로써 구약과 신약의 연속성과 통일성을 약화했다는 비판을 일으켰고 그에 대한 튜레틴의 비판은 정당하다고 할 수 있으며 웨스트민스터 표준 문서는 콕케이우스의 주장을 단호하게 거부했다.[151]

셋째, 언약의 성격이다.

언약의 일방성과 쌍방성 혹은 하나님의 주권적인 은혜와 인간의 책임에 대한 논의에서 대부분 개혁자와 언약신학자들은 하나님의 은혜를 강조하는 일방성을 먼저 언급한 후에 언약의 상대편 당사자의 의무와 책임에 대하여도 강조하였다. 특별히 칼빈의 언약신학에서 언약의 쌍방성에 대한 논의는 릴백과 멀러의 논증을 통해서 입증되었다고 평가할 수 있다.[152] 언

---

[151] WCF.VII.V.VI.
[152] R. 멀러(R. Muller)는 일방성과 쌍방성이 상호 배타적이며 서로 다르게 생각하는 학자들에 의해 주장되었다는 것, 즉 일방성은 예정론적인 접근을 하는 사람들에 의하여 정의된 것이고 쌍방성은 인간의 책임을 강조하는 신인 협력설을 주장하는 사람들에 의하여 정의된 것이라는 것을 거부하였다. 그는 불링거의 쌍방성의 개념은 개혁파 예정론을 방해하지 않고, 또한 칼빈의 예정론이 쌍방성을 방해하지 않는다고 하였다. 그는 예정론과 언약이 서로 반대되거나 긴장 관계에 있지 않다고 하면서 언약은 근본적으로

약의 성격에 대한 이러한 균형 잡힌 이해는 웨스트민스터 '소교리문답'에서 두드러지게 나타난다.[153]

넷째, 모세언약의 위치 혹은 성격에 관한 것이다.

이 부분에서 언약신학자들의 견해가 달라지는 것을 앞에서 보았다. 불링거와 칼빈, 우르시누스, 콕케이우스는 모세언약을 은혜언약에 속하는 것으로 분명하게 말한다. 그러나 튜레틴은 그러한 주장에 동의하면서도 시내산언약에는 경륜에 따른 특별한 면모가 있다고 주장했다. 그러나 율법의 용도에 대해서는 개혁신학자들이 모두 동일하게 그것의 제3용도를 강조함으로 은혜언약 안에 있는 사람들의 삶의 원칙과 기준이 됨을 강조했다.

하지만 율법의 용도를 행위언약과 관련하여 설명한 퍼킨스의 주장에는 독특한 면이 있음이 확인되었다. '소교리문답'에서는 모세언약의 성격에 대해 분명한 견해를 보이지 않는다. 다만 율법의 제3용도에 대해서는 확실하게 인정하고 그 실천적인 적용을 강조하였다.

언약신학은 그것을 주장하는 신학자들에 의하여 다층적인 면들을 보이면서 발전하였다. 그러면서도 언약의 통일성과 신구약의 연속성에 대해서는 전반적인 동의가 이루어졌고 17세기 중엽에 이르러 언약신학은 개혁신

구원의 역사적 경륜에 있어서 구원의 개인적이고 공동의 차원에 대한 설명이고 예정은 근본적으로 신적 의도와 목적 그리고 영원과 시간, 작정과 실행의 관점이라는 다른 관점에서 한 설명이라고 하였다. 개혁신학 내에서 이에 대한 다양한 주장이 있는 것에 대해 그는 '단일하지만, 변화가 있는 개혁신학의 전통'이라고 설명한다. Richard Muller, *After Calvin: Studies in the Development of a Theological Tradition*, 한병수 역 『칼빈 이후 개혁신학』 (서울: 부흥과개혁사, 2014), 33-34, 40-41. Robert J. D. Wainwright, *Early Reformation Covenant Theology*, 8-9.

153 WSC. 87, 90, 92, 103.

학의 성경 이해의 틀로써 확고하게 자리를 잡게 되었다.[154]

웨스트민스터 신학자들이 표준 문서에서 진술한 언약신학은 16세기 개혁자들의 언약신학과 17세기 당대의 개혁신학자들의 언약신학에 관한 주장과 맥을 같이 하는 것이었다. 더구나 그들이 작성한 문서들은 영국 교회를 개혁신학 위에 견고하게 세우기 위한 책무를 완성하기 위한 것이었다. 그러므로 그들은 신자들에게 언약신학을 설명하고 이해시킬 뿐 아니라 실제 생활에 적용하도록 하는 실천적인 면을 강화하였다. 그런 의미에서 웨스트민스터 표준 문서들을 통해 언약신학이 하나의 절정에 이르렀다고 평가할 수 있다. 이에 대해서는 다음 장에서 자세하게 다룰 것이다.

---

[154] P. 골딩(P. Golding)은 17세기 영국에서의 언약신학의 발전에 대해 자세하게 설명했다. 그는 위에서 다룬 퍼킨스뿐 아니라 16세기의 제임스 어셔(James Ussher, 1581-1656)와 윌리엄 에임스(William Ames, 1578-1633) 그리고 17세기의 존 프레스톤(1587-1628) 그리고 존 볼(John Ball, 1585-1640) 등의 저술들을 제시하면서 17세기의 영국의 언약신학이 16세기의 언약신학과 밀접한 관계를 맺고 있음을 주장했다. Peter Golding, *Covenant Theology*, 50-54. 또한, 멀러는 16세기 개혁자들의 언약사상과 17세기 개혁신학자들 사이의 간극이 있다는 주장은 학문의 역사 자체의 본질과 성격에 대한 오해와 16세기와 17세기 개신교 사상의 근원과 발전에 대한 오해에 근거한 것이라고 비판했다. 그는 언약의 개념에 있어서의 다양성과 은혜언약과 행위언약의 관계성 형성에 있어서의 다양성 자체가 개혁신학의 전통에 속한 일이라고 하면서 개혁신학은 고백적인 정체성을 공유하는 발전의 다양한 흐름이 공존하는 하나의 다중적인 운동(a diverse movement)이라고 주장했다. Richard Muller, 『칼빈 이후 개혁신학』, 167-178, 210.

제3장

웨스트민스터 표준 문서의 언약신학

웨스트민스터 총회가 소집되었을 때에 그 회의에 참석했던 신학자들은 자신들이 직면한 신학적 도전들이 심각하였고 그에 대해 분명하게 대처해야 함을 인식하고 있었다. 그 도전들은 바로 아르미니안주의(Arminianism)와 율법폐기론(Antinomianism)이었고, 특별히 율법폐기론의 폐해가 만연한 것을 그들은 알고 있었다.

따라서 그들은 율법폐기론을 토론하였고 웨스트민스터 표준 문서로 그에 대해 적절하게 진술했다.[1] 하지만 거기에 나타난 진술들의 내용을 보다 정확하게 이해하기 위하여서는 위의 두 신학 사상을 추종했던 신학자들의 주장에 대한 이해가 요구되었다.

또한, 그들의 주장에 대해 웨스트민스터 총회에 참석하였던 신학자들이 자신들의 저술들을 통해 논증하였던 내용을 살펴보는 것은 필요하고 유익하였다. 그들은 위의 두 신학이 야기한 쟁점들을 잘 파악하고 있었고 웨스트민스터 총회에서 이 문제들에 대해 토의하고 논쟁을 하는 동안, 이 문제

---

1 웨스트민스터 총회에 모인 신학자들이 대응해야 할 신학들은 이 외에도 신율법주의(neonomianism)와 교황주의(popeism)도 있었다. 하지만 웨스트민스터 총회가 직접적으로 대응한 것은 아르미니안주의와 율법폐기론이었음으로 본 연구에서는 이 두 신학 사상에 대해 다루기로 한다.

들에 대한 자신들의 저술들을 런던에서 출판하였다.

그러므로 그들의 주장을 살펴보는 것은 웨스트민스터 표준 문서들의 전체적인 맥락과 틀을 이해하는 데 도움이 될 것이다. 그렇게 한 후에 웨스트민스터 신학자들이 표준 문서에서 아르미니안주의와 율법폐기론을 언약신학의 틀 안에서 어떤 방식으로 대응하였는지를 살펴볼 것이다.

1. 17세기 전반기의 영국 교회가 직면한 도전들

1) 아르미니안주의(Arminianism)

웨스트민스터 총회가 개최되었을 때 영국 교회는 아르미니안주의에 상당한 영향을 받고 있었다. 윌리엄 로드(William Laud, 1573-1645)가 찰스 1세(Charles I, 1625-1649 재위)에 의해 1633년 캔터베리 대주교로 임명되었을 때 아르미니안주의는 영국 교회의 신학적 입장으로 인정되기 시작했는데 로드는 영국 교회를 급격하게 개혁주의로부터 이탈시키는 정책을 시행하였다.[2] 그는 아르미니안주의 성직자들을 영국 국교회의 요직에 중용하였을 뿐 아니라 개혁파 성직자들을 박해하였다.

또한, 그는 찰스1세의 명령으로 1637년에 스코틀랜드에 아르미니안적인 영국 교회의 『공동기도서』(*Common Prayer*)를 따르도록 강요하기도 하였다.[3] 이러한 상황 속에서 웨스트민스터 총회가 소집되었다.

2　Whitney G. Gamble, *Christ and Law* (Grand Rapids: Reformation Heritage Books, 2018), 21.
3　John V. Fesko, 『역사적, 신학적 맥락으로 읽는 웨스트민스터 신앙고백서』, 54-56.

아르미니안주의는 네덜란드 개혁 교회의 목사이자 신학자였던 야콥 아르미니우스(Jacobus Arminius, 1560-1609)의 주장을 따르는 신학적 일파이다. 아르미니우스는 1588년 목사가 되었고 1603년부터는 레이든대학교에서 신학을 가르쳤다. 그 기간 중에 자신의 조건적 예정론을 가르쳤는데 하나님의 선택은 타락 전의 무조건적 선택이 아니라 사람이 믿을 것을 아시고 구원하시기로 예정하셨다는 예지예정이 그 중심적인 내용이었다. 이로 인하여 그는 프랜시스 고마루스(Francis Gomarus, 1563-1641)와 1609년 격렬한 논쟁을 벌였고 그해에 죽었다.

아르미니우스의 신학의 기본적인 원리는 '하나님의 정의'(justice of God)인데 그것은 곧 각 사람은 자신이 행하여야 하는 것에 일치하여야 한다는 것이다. 하나님과 사람의 관계에 있어서 정의가 의미하는 바에 따르면, 순종적인 의지는 하나님의 약속에 일치되는 의무를 받을 것이고 죄인은 하나님의 위협에 일치되는 것을 받을 것이라는 뜻이다. 아르미니우스는 이 정의의 개념으로부터 긍휼과 자유의 관계 등을 도출하여 설명한다.[4]

또한, 신앙과 죄 그리고 타락에 대한 그의 견해는 그의 중생에 대한 이해로부터 나왔다. 그에게 있어서 중생한 사람은 선행을 행하기를 원하였을 뿐 아니라 행한다. 왜냐하면, 중생한 사람의 마음(mind)은 그리스도를 아는 참된 구원하는 지식과 믿음으로 세상의 어둠과 헛됨으로부터 깨끗하게 씻겼기 때문이다. 그리고 중생은 마음의 조명과 의지의 형성에만 있는

---

[4] 아르미니우스의 신학에 대해서는 Richard A. Muller의 *God, Creation, and Providence in the Thought of Jacob Arminius* (Grand Rapids: Baker Book House, 1991)를 보라. 여기에서의 아르미니우스의 신학에 대한 요약은 최근의 연구인 William Den Boer의 *God's Twofold Love: The Theology of Jacob Arminius(1559-1609)* (Göttingen: Vandenhoeck & Ruprecht, 2010)와 Whitney G. Gamble의 *Christ and The Law* 의 설명에 따른 것이다. William Den Boer, *God's Twofold Love: The Theology of Jacob Arminius(1559-1609)*, 70.

것이 아니고 감정의 억제와 배열에 있는 것이어서 그로써 율법을 따르기 시작한다.

그럼으로써 신자의 죄 된 정서는 죽음에 처해 졌고, 하나님에 의해 노예 상태에서 벗어나서 거룩한 본성에 부합하게 되어 새로운 생명에 합당한 새로운 열망이 불붙고, 의지는 하나님의 뜻에 따르도록 부름을 받았다.

그리하여 성령의 능력의 도움으로 사람의 능력과 기능은 죄와 세상과 사탄에 대항한 싸움에서 승리하고 하나님을 위한 회심의 열매를 맺는다. 육체의 악한 욕망은 사라지고 선한 열망들이 신앙의 성장과 그리스도의 선물로 산출된다. 그러므로 중생한 사람은 더 이상 죄의 지배 아래 살지 않고 은혜의 지배 아래 있다. 그리고 은혜의 능력으로 쉽게 죄를 견뎌낼 수 있다.[5]

아르미니우스에게 있어서 죄는 오직 피할 수 있는 경우에만 죄가 된다. 강요나 불가피함과 같은 선택의 기회가 없는 경우에는 죄나 불순종이라고 말할 수 없다.[6] 여전히 잃어진 사람들은 하나님과 그 은혜를 의지할 수 없었고 그의 은혜를 무시하고 거절한 자기 자신을 의지했다. 그들의 거절은 하나님의 말씀과 성령으로 이루신 모든 것에도 불구하고 하나님의 은혜에 대항하는, 이해할 수 없는 결정으로 전적으로 자기들의 의지로부터 나온 것이다.

아르미니우스는 하나님의 은혜로운 제안에도 불구하고 사람은 지속해서 죄 안에 있을 수 있다고 주장했다. 그리하여 그는 사람이 구원으로부터 타락할 가능성이 있다고 결론짓는다. 사람이 참된 신자로 인식되는 것은 그들의 신앙과 성경의 진리에 대한 지속적인 동의와 수납에 의한 것이라

5　Whitney G. Gamble, *Christ and Law*, 23-24.
6　William Den Boer, *God's Twofold Love: The Theology of Jacob Arminius (1559-1609)*, 50.

고 그는 주장했다. 그에게 있어서 그리스도의 본연의 의가 죄인에게 전가되었다는 주장은 올바르지 않다.

왜냐하면, 그리스도의 의는 의 자체일 뿐 죄인에게 전가되지 않았기 때문이다. 따라서 하나님에 의해 의로 받아들여진 것은 그리스도의 실제적인 의가 아니라 죄인의 편에서의 신앙의 행위였다고 그는 주장한다.[7] 그리하여 하나님은 자신들의 신앙과 회개 안에서 지속해서 머무는 사람에게만 영생을 허락하셨다. 만일 사람이 타락하고 지속해서 죄를 지으며 믿음을 행사하지 않는다면 그는 그들의 마음에 뿌려진 하나님의 씨를 잃을 수도 있다. 의식적이고 의지적으로 죄를 짓는 행위는 성령의 내주하심과 공존할 수 없기 때문이다. 바울의 죄에 대한 의식적인 투쟁과 다윗이 적극적으로 죄를 선택하는 것은 그들이 성령에 따라 행하지 않고 있으며 중생하지 않았음을 보여 주는 것이라고 하면서, 아르미니우스는 사람이 참으로 그리스도의 지체가 될 수는 있지만, 서서히 죽어갈 수 있다고 주장했다. 누구도 그리스도의 손에서 양(sheep)을 떼어낼 수 없지만 양 자신이 방황할 수는 있기 때문이다.[8]

그의 사후에 그의 주장을 받아들인 시몬 에피스코피우스(Simon Episcopius)와 얀 위텐보게르트(Jan Wytenbogaert) 등이 1610년 1월에 항론서(Remonstrance)를 네덜란드 정부에 제출했다.[9] 이 문제를 해결하기 위하여 1618년

---

7   William Den Boer, *God's Twofold Love: The Theology of Jacob Arminius (1559-1609)*, 205.
8   Whitney G. Gamble, *Christ and Law*, 24-24.
9   아르미니우스의 추종자들이 제출한 항론서는 다음과 같은 5개의 조항을 담고 있다.
    1. 선택은 그리스도를 믿는 신앙에 달려 있는 조건적이다. 하나님은 그들이 하나님을 믿을 것으로 미리 아신 자들을 구원으로 선택하신다.
    2. 그리스도는 선택된 사람들만이 아니라 모든 인류를 위하여 죽으셨다(무제한적 대속).
    3. 인간은 전적으로 타락하지 않았다.
    4. 인간은 하나님의 은혜에 저항할 수 있는 자유의지와 능력을 지니고 있다.

11월 13일부터 1619년 5월 6일까지 도르트 회의가 개최되었고[10] 여기서 아르미니우스 주장이 담긴 항론파의 주장이 배격되고 칼빈의 사상이 성경적인 가르침인 것으로 채택되어 도르트 신조로 공포되었으며 아르미니우스파는 국외로 추방되었다.

영국에서의 아르미니안주의는 네덜란드에서 추방된 이들에 의하여 소개되었다. 그러나 찰스 1세가 즉위하기까지 영국 교회는 일반적으로 개혁신학에 의해 주도되고 있었다.[11] 하지만 그에 대한 이의가 종종 제기되곤 했는데 대표적인 것이 1595년의 케임브리지대학교의 특별연구원(fellow)인 윌리엄 바렛(William Barret, 1561-1659)의 주장이었다. 바렛은 자신의 설교에서 주장하기를 하나님의 유기의 근본적인 원인은 하나님의 뜻이 아니라 인간의 죄 때문이라고 했다.

그는 또 하나님은 신앙이나 죄의 행위를 미리 보시고 그러한 행동을 기초로 작정이나 유기에 대한 선택의 작정을 하신다고 주장했다. 그는 누구도 실패하지 않을 만큼 자신의 신앙을 강하게 유지할 수 없다고 논증하면서 그러한 주장은 구원의 확실성에 대해 교만하고도 사악한 짓이라고 주장했다. 이러한 바렛의 설교가 개혁신앙을 가지고 있는 신학자들로부터

---

5. 성도의 견인은 신자가 그리스도 안에 머물러 있는 것을 조건으로 한다. Whitney G. Gamble, *Christ and Law*, 25.
10 도르트 회의가 개최되었을 때에 영국의 제임스 1세(James I)는 5명의 잉글랜드 대표단과 1명의 스코틀랜드 대표를 파견하였는데 그 명단은 다음과 같다. 조지 칼톤(George Caleton, 1557/58-1628), 조셉 홀(Joseph Hall, 1574-1657), 토마스 고드(Thomas Goad, 1576-1638), 존 대버넌트(John Davenant, 1572-1641), 사무엘 워드(Samuel Ward, 1572-1643) 그리고 월터 발칸퀼(Walter Balcanqual, 1586-1645). 이들은 모두 아우구스티누스를 인용하며 아르미니안주의자의 항론서에 대해 반박하는 의견서를 제출하였다. 우병훈, "도르트 회의와 아우구스티누스:파레우스의 '조사'와 영국 특사들의 '의견서'를 중심으로", 「한국개혁신학」 59 (2018), 140.
11 Whitney G. Gamble, *Christ and Law*, 21.

격분을 야기하자 그는 대주교인 존 위트기프트(John Whitgift, 1530-1604)에게 호소했다. 논쟁이 시작되자 위트기프트는 케임브리지의 왕실 신학 교수인 윌리엄 휘태커(William Whitaker, 1547-1621)에게 1595년의 람베스 신조(Lambeth Articles)[12]의 초안에 바렛의 주장을 '개인적 판단들'(private judgements)의 하나로서 넣도록 협조를 구하였다. 이러한 조치는 영국 전체 교회의 혼란을 부추기는 촉매가 되었다.

하지만 람베스 신조는 바렛의 주장을 지원하는 대신 철저하게 개혁신학적 교리를 담고 있었으며, 특별히 전적 타락과 견인의 확실성에 대한 부분에서 확실한 개혁신학의 내용을 담고 있었다. 람베스 신조의 9 조항은 다음과 같다.

(1) 영원부터 하나님은 어떤 사람은 생명으로 예정하셨고, 어떤 사람은 죽음으로 유기하셨다.

(2) 생명의 예정에 대한 동기 또는 효과적인 원인은 신앙이나 선행들을 미리 보심이 아니며 예정된 사람들 안에 있는 어떤 다른 것에 의한 것도 아니고 오직 하나님의 기뻐하시는 뜻이다.

(3) 예정된 사람들에 대하여는 그 숫자가 늘어나거나 줄어들 수 없는 결정적이고 확실하다.

(4) 구원으로 예정되지 않은 사람들은 자신들의 죄 때문에 정죄되는 것이 불가피하다.

(5) 하나님의 성령의 참되고 활력적이며 의롭게 하는 신앙과 거룩하게 하심은 꺼지거나 잃어지지 않으며, 택한 자로부터 전체적이며 최종적으

---

12 람베스 신조란 1595년 윌리엄 퍼킨스와 윌리엄 휘태커가 캔터베리 대주교인 휘트기프트에게 제출한 신조를 말한다.

로 떠나지도 않으신다.

(6) 참되고 신실한 사람, 즉 의롭게 하는 신앙이 부여된 사람은 이중 지지 (plerophory), 즉 신앙과 죄 사함에 대한 완전한 확신과 그리스도에 의한 영원한 구원에 대해 확실하다.

(7) 구원하는 은혜는 모든 사람에게 전달되거나 수여되지 않는다. 그리고 만일 그들이 원한다면 그들은 그것에 의하여 구원되는 것이 아니다.

(8) 그에게 주어지거나 성부께서 이끌지 않으시면 누구도 그리스도에게로 갈 수 없으며, 모든 사람이 성자에게로 나아가도록 성부에 의하여 이끌리는 것은 아니다.

(9) 그것은 구원받도록 모든 사람의 의지와 능력에 부과되는 것이 아니다.[13]

이후 아르미니안주의자의 주장은 17세기가 시작되기까지 10여 년 동안 지속하였고 1610년경에 이르자 아르미니안주의자들은 아르미니우스가 가르친 내용을 요약한 항론파의 5개 조항에 따르는 자신들의 신학적 입장을 출판하였다. 그러다가 찰스 1세에 의해 임명된 윌리엄 로드가 공식적으로 개혁신학을 배격하고자 함으로써 아르미니안주의가 영국 교회의 주도적인 위치를 차지하게 되었다.[14]

특별히 1626년에 리처드 몬테규(Richard Montagu, 1577-1641)가 아르미니안주의에 따른 책자를 출판하였는데 이것은 영국 내에서의 아르미니안주

---

[13] Whitney G. Gamble, *Christ and Law*, 22. John Ellis, *A Defence of the Thirty Nine Articles of the Church of England to Which Are Added the Lambeth Articles* (London, 1700) 104-110에서 재인용. Philip Schaff (eds), *The Creeds of Christendom* III (Grand Rapids: Baker Books, 1931, reprinted in 1983), 523-524.

[14] Whitney G. Gamble, *Christ and Law*, 27.

의 논쟁이 폭발적으로 일어나게 한 촉매가 되었다.[15] 몬테규는 죄인이 칭의를 받는 것은 어떤 이는 영광으로 또 다른 이들은 정죄하시기로 한 하나님의 선택에 따른 것이 아니라 그 사람이 신앙을 갖게 될 것이라는 하나님의 미리 아심에 따른 것이라고 주장했다.

그는 또 칭의는 진행되는 과정이고 신앙의 지속적인 행위에 의존한다고 함으로써 사람은 죄에 머물 수도 있으며 궁극적으로 자신들의 의를 잃을 수도 있다고 주장했다.[16] 이러한 몬테규의 주장은 영국 하원 의원들에 의하여 신속하게 반박되었고 1626년의 요크 상원 회의(York House Conference)에서 우선적으로 다루어졌다. 회의가 진행되는 동안 가장 중요한 안건은 사람이 은혜에서 떨어질 수 있는지와 도르트 회의의 결정이 존속될 것인가 하는 것이었다. 그 결과 도르트 회의의 가르침이 분명하게 천명되었으며 이로써 개혁파 신학이 영국에 자기 자리를 잡게 되는 계기가 되었다.[17]

그러나 그러한 노력은 국교회 39개 신조를 재발표하는 찰스 1세의 1628년의 법령으로 수포가 되었다. 그 법령의 서문에서 그는 예정에 대한 어떠한 토론도 금지하였다. 의회와 개혁신앙을 가지고 있는 신학자들이 이에 대해 저항했지만, 왕의 법령은 지배력을 갖게 되었다.

특별히 1633년 판 라틴어-영어 사전에서 '예정'(*praedestinatiani*)에 대해 다음과 같이 서술된 것은 개혁파 신학에 대한 아르미니안주의의 승리로 간주되었다. "모든 특별한 문제와 사람 또는 행동에 대하여, 특별히 특정한 사람의 구원과 정죄에 관하여 나타났고 필연적으로 일어난 모든 것에

---

15 책자의 이름은 *Appello Caesare. A Just Appeale from Two Unjust Informers* (London, 1625)이고, 그 내용은 도르트 회의에 참석한 대표단의 주장을 전면적으로 부정하는 것이었다. Whitney G. Gamble, *Christ and Law*, 28.
16 Whitney G. Gamble, *Christ and Law*, 28.
17 Whitney G. Gamble, *Christ and Law*, 30.

대한 숙명적인 예정을 견지하는 이단의 한 종류." 그리고 몇 년이 지나지 않아 이단에 대한 이러한 정의는 아르미니안주의자에 의하여 개혁주의자들에 대항하는 수단으로 활용되었다.[18]

2) 율법폐기론(Antinomianism)

웨스트민스터 총회가 개회되고 한 달가량이 지났을 때인 1643년 8월 10일, 총회는 의회에 하나의 긴급한 청원서를 보냈다. 그것은 바로 의회가 율법폐기론에 대해 신속하게 대처할 필요가 있다는 내용이었는데 다음의 인용은 그 일부이다.

> 하나의 신속한 처리가 당신들의 지혜와 권위로 취해지지 않는다면 그들(율법폐기론자들)은 곧 수많은 영혼에게 하나님의 전체 도덕법을 버리게 하는 일을 발생시킬 것이며, 거저 주시는 은혜와 그리스도 안에 있는 믿음으로 말미암은 칭의와 성화에 대한 대부분의 근본적인 교리들을 왜곡할 것이고 모든 것을 혼란에 빠뜨릴 것입니다. 그들은 이미 많은 이에게 영향을 끼치고 있지만, 무지한 백성들에게 자신들의 해로운 교리를 받아들이게 할 것입니다.[19]

이것은 율법폐기론이 17세기 전반기의 영국에서 가장 급속하게 확산되고 있는 조류 중의 하나였음을 보여 준다. 율법폐기론을 정의하기에는 여러 가지 난점이 있지만, 그에 대한 분명한 기준은 도덕법의 일부분 혹은 전체가 신자 개인에게 있어서 지속적인 삶의 규칙으로서의 관련성이 있음

---

18 Whitney G. Gamble, *Christ and Law*, 31.
19 Whitney G. Gamble, *Christ and Law*, 1. MPWA, V: 22.

을 부인하는 사상으로 정의할 수 있다.[20] 당시에 주로 논쟁이 되었던 율법과 관련된 내용은 다음과 같은 것들이었다.

> 구약성경에서 구속의 본질은 무엇인가?
> 구약과 신약은 구속에 대해 통일된 견해를 보이는가, 아니면 다른 견해를 보이는가?
> 하나님께서 칭의를 부여하시며, 그리스도의 의가 죄인에게 전가되는 근거는 무엇인가?
> 신앙과 의의 본질은 무엇인가?
> 은혜언약에 있어서 믿음은 조건인가?
> 칭의 된 신자에게 남아 있는 죄가 있는가?
> 하나님의 율법은 신자의 삶에 정죄의 능력이 있는가?[21]

이와 같은 질문들에 대한 논쟁에서 17세기 초반의 영국에서 율법폐기론자들이 우위를 점한 것으로 평가된다.[22] 바로 이런 점 때문에 웨스트민

---

[20] 웨스트민스터 총회의 일원이었던 토머스 가태커(Thomas Gataker)는 자신의 책 『하나님의 시각』(God's Eye)에서 율법폐기론 혹은 율법폐기론자에 대해 다음과 같이 정의하였다. '도덕법 혹은 십계명의 명령들과 의무적 권능에 대해 반대하는 자들.' Ernest F. Kevan, *The Grace of Law* (London: Caray Kingsgate Press Limited,1965, reprinted by Soli Deo Gloria Publications, 1999), 22에서 재인용. Thomas Gataker, *God's Eye on His Israel Or a Passage of Ballam, out of Numb.23, 21, containing Matter Very Seasonable to the Times; Expounded and Cleared from Antinomian Abuse* (London, 1644), 2.

[21] 어네스트 F. 케반은 그의 책 『율법의 은혜』(The Grace of Law)에서 율법폐기론자들의 율법에 대한 반대를 자세히 다루었다. 그는 율법폐기론자들이 율법의 목적과 관련하여 신약에서는 그것이 폐기되었음으로(146-148) 모세의 율법에 대한 의무가 없음을 주장하며(167-169), 신자의 확신은 율법을 지킴으로서가 아니라 성령의 증거로 오는 것이며(210-212) 율법 안에서의 신자의 자유는 미신적인 가설일 뿐이라고 일축한다(244-246)고 설명한다.

[22] Whitney G. Gamble, *Christ and Law*, 2.

스터 총회의 신학자들은 율법폐기론을 가장 중요하게 다루어야 할 신학적 위협으로 간주했다.

율법폐기론은 아르미니안주의와의 관계에서 생성되었는데 율법폐기론의 '아버지'[23]로 불리는 존 이튼(John Eaton, 1574/5-1630/1)은 자신의 책 『오직 그리스도에 의해 거저 주어진 칭의의 벌집』(*Honey-Comb of free Justification of Christ alone*)에서 신자가 칭의의 상태에서 떨어질 수 있다는 아르미니안주의의 입장에 강력하게 반대했다. 그는 자신의 칭의론에서 주장하기를, 칭의는 가장 중요한 교리로서 하나님은 그리스도의 결혼 예복을 신자들에게 입히심으로써 불의한 자들을 하나님 앞에서 완전하게 하셨다고 주장한다.

그리하여 하나님은 신자의 모든 죄를 그 앞에서 폐하시고 완전하고 거룩하고 의롭게 하셨으며 자유롭게 하셨다고 주장한다.[24] 그것은 그리스도의 의를 신자들에게 전가하심으로 이루어지는데 하나님 자신의 즉각적이고도 강력한 실제적인 사역으로 말미암아 이루어진 것이다. 그렇게 신자는 의에 대한 가르침을 받을 뿐 아니라 실제로 의롭게 된다.

칭의는 법정적인 의미에서뿐 아니라 참으로(truly) 그리고 실제로(in very realness) 사람을 의롭게 한다.[25] 그는 그리스도의 의의 전가는 완전하므로 신자의 모든 죄를 깨끗하게 하여 어떠한 죄도 남아 있지 않다고 주장했다.

---

23 갬블은 존 이튼을 율법폐기론을 처음 주장한 사람으로 언급하지만 이는 영국으로 한정했을 경우를 말하는 것이고 케반은 초대 교회시대의 발렌티니안 영지주의자들이 율법폐기론의 시조라고 말한다. 또한, 그는 사무엘 러더퍼드(Samuel Rutherford)의 책 *A Survey of the Spiritual Antichrist*를 인용하여, 루터와 함께 독일의 종교개혁을 이끌었던 사람으로 '신자는 더 이상 도덕법을 성취할 의무가 없다'고 주장했던 아그리콜라(Johnanes Agricola, 1494-1566)가 종교개혁시대의 율법폐기론의 주창자라고 하였다. Ernest F. Kevan, *The Grace of Law*, 23.

24 John. Eaton, *The Honey-Comb of Free Justification by Christ Alone* (London: Charge of Robert Lancaster, 1642), 7. 이하 The Honey-Comb로 표기함.

25 *The Honey-Comb*, 22.

이어서 그는 사람이 의롭다 함을 받은 후에는 그들의 죄에 대해 하나님의 징벌을 받을 수 있다는 것을 인정하지 않았는데 이는 그리스도가 십자가에서 죄의 모든 형벌을 다 받으셨기 때문이라고 했다.

따라서 그는 그리스도의 구속 사역의 효과로 인하여 하나님은 더 이상 그의 백성의 죄를 보지 않으시며 그 때문에 그들을 벌하지 않으신다고 주장했다. 따라서 하나님의 자녀는 더 이상 회개할 필요가 없다고 주장했다. 하나님은 자녀로 삼은 자들에게 심판자나 입법자가 아니신데, 이는 그리스도께서 '의의 결혼 예복'(Wedding Garment of righteousness)으로 그들을 입히셨기 때문이고 하나님은 그들의 죄에 대한 기억을 묻어버리셨기 때문이다.[26]

그는 율법과 복음은 상충한다고 주장했다. 율법은 두려움과 상급에 대한 기대와 위협을 통해 우리가 행하여야 할 것을 명하는 엄격한 집행자지만 복음은 거저 주어진 것으로 행위를 요구하는 것이 전혀 없으므로 이 둘은 서로 함께 설 수 없다고 했다.[27] 율법과 복음을 반대되는 것으로 주장한 그는 자신의 주장을 입증하려는 방편으로 삼중적인 성경의 구석 체계를 주장했는데 이를 세 개의 다른 시대로 설명했다.

첫 번째 시대는 율법의 시대이다.
두 번째 시대는 세례 요한의 시대이다.
세 번째 시대는 복음의 시대이다.[28]

---

26 *The Honey-Comb*, 54-56.
27 *The Honey-Comb*, 83.
28 *The Honey-Comb*, 98.

첫 번째 시대는 창조부터 세례 요한의 때까지인데 이 시기는 엄격한 율법에 따라 지배되었기 때문에 죄는 엄중하게 다루어졌고 선한 행실과 의로운 삶이 요구되었고 그에 대한 상급으로는 현재적 복들을 줬다. 하지만 그 요구들을 범한 하나님의 자녀들에게도 예리한 심판이 주어졌다고 한다.[29]

두 번째 시대는 율법과 복음 사이의 시대로서 세례 요한에서 시작되어서 예수 그리스도의 죽음으로 끝났다. 이 시기 동안에 하나님의 자녀들에게 부과된 율법적 엄혹함과 초등교사와 같은 지배가 느슨해지고 완화되기 시작했다.[30] 세례 요한은 선지자들의 예언과 기적을 행함에 있어서 선지자들보다 부족했지만, 그리스도를 지시하고 그의 세례로 말미암아 그리스도의 오심을 나타냈으므로 그의 시대는 이전 시대보다 영광스러웠다.[31]

세 번째 시대는 그리스도의 십자가의 고난으로부터 시작된다. 그리스도의 십자가의 죽음은 결혼 예복이 되어 죄와 죄책과 형벌을 완전하고도 무한하게 폐지하였고 또한 영원한 의를 하나님의 자녀들에게 온전히 가져다주었다. 그리고 그의 영광스러운 부활은 이 의를 신자들에게 가져다주었기 때문에 이 시대는 가장 영광스러운 시대라고 이튼은 주장했다.[32] 그에 의하면, 칭의는 그리스도의 결혼 예복으로서 그리스도의 사역에 기초하여 거저 주어진다.

또한, 이 시대에 신자들에게는 도덕법을 지킬 의무가 지워지지 않는다. 왜냐하면, 그것들은 이전의 시대에만 해당하는 것이었기 때문이다. 따라서 이 시대의 신자들은 더 죄가 없다고 말할 수 있는데 이는 그리스도를

---

29 *The Honey-Comb*, 98-102.
30 *The Honey-Comb*, 103.
31 *The Honey-Comb*, 102.
32 *The Honey-Comb*, 106-107.

믿는 자들이 더 죄인이 아니고 거룩하고 의롭기 때문이다.[33] 이제 그리스도 안에 있는 신자들은 이전의 초등 선생 아래 있는 어린이가 아니라 완전히 성숙한 가운데 산다.

이튼은 이 세 번째 시대의 영광을 옛 선지자들이 부지런히 찾았지만 발견할 수 없었고, 하나님의 아들의 실제의 고난과 죽음 안에서 이루어진 것이며, 그리스도의 죽음으로 시작된 복음의 풍성한 부요를 담고 있다는 세 가지 특징으로 설명한다.[34]

이튼은 이러한 구속사에 대한 삼중적 구분을 통해 구약을 하나님의 은혜로부터 제외함으로 신자들의 삶에서 구약의 역할을 효과적으로 잠재우려 했다. 갬블은 그가 구약과 신약을 두 갈래로 나누어버리고, 칭의와 성화를 하나로 섞어버리고, 의롭게 하는 신앙의 본질을 혼란스럽게 하고, 죄에 대한 형벌을 부인함으로 성경의 구속 틀을 비틀어버렸다고 비판한다.[35]

또 다른 율법폐기론자인 토비아스 크리스프(Tobias Crisp, 1600-1643)는 이미 회심한 자와 아직 회심하지 못한 택함 받은 자에 대한 그리스도의 간청에는 부수적인 차이점만이 있을 뿐이라고 하면서 그들이 믿거나 믿지 않거나 간에 택함을 받은 자라면 그들이 하나님 앞에 서는데 아무런 문제가 없다고 주장했다.

또한, 그는 복음은 어떠한 조건을 가질 수 없으며 조건에 대해 말하는 것은 율법과 복음을 혼동하는 것이라고 했다. 이런 방식으로 그는 신앙과 회

---

[33] *The Honey-Comb*, 108.
[34] *The Honey-Comb*, 109.
[35] Whitney G. Gamble, *Christ and Law*, 4.

개를 복음과 떼어놓았다.³⁶ 그 외에 로버트 타운(Robert Towne, 1593-1663)과 존 솔트마시(John Saltmarsh, -1647) 등이 율법 폐기론자로 간주되었는 데 특별히 솔트마시는 그리스도인은 자기 삶의 기준으로서의 율법에 매이지 않는다고 하면서 계명에 순종하는 것은 율법 행위라고 했다.³⁷

시기적으로 볼 때 율법폐기론이 영국의 교회에 전면적으로 등장하기 시작한 것은 이튼의 설교 모음집인 『오직 그리스도에 의해 거저 주어진 칭의의 벌집』(Honey- Comb of Free Justification by Christ alone)이 완성된 1630년 무렵이다. 앞에서 살펴본 것처럼, 이튼의 의도는 당대를 풍미하고 있던 아르미니안주의와 교황주의의 가르침에 반대하여 거저 주는 칭의의 교리를 회복하고자 하는 것이었다. 하지만 그는 하나님은 의롭게 된 자의 죄를 더 이상 보지 않으신다고 주장하면서 그리스도의 의가 전가됨으로 신자들은 정죄로부터 영원히 자유롭게 되어서 신자들에게는 어떤 잘못이나 범과나 죄의 질료나 형상도 남아 있지 않다고 주장했다.

또한, 칭의는 완전한 성숙을 가져옴으로 하나님의 백성은 성령의 능력으로 그 자신들을 올바른 행동으로 이끌 수 있다고 했다.³⁸ 이러한 주장을 펼침에 있어서 그는 루터의 저작들에 상당히 의지하면서 루터의 저작들을 인용하였지만, 루터의 중요한 명제인 '의인이며 또한 죄인'(simul justus et peccator)은 받아들이지 않음으로써 균형을 잃었다.

이러한 그의 주장으로 인해 이튼은 당시 영국 교회의 주류를 이루고 있던 아르미니안주의자들로부터 고등 판무관 법정으로 소환되어 자신의 견

36　Joel Beeke & Mark Jones, 『청교도 신학의 모든 것』, 376-378. Tobias Crisp, *Christ alone Exalted in the Perfection and Encouragement of The Saints, Notwithstanding Sins and Trialls* ... (London: M. S. for Henry Overton, 1646), 176.
37　Ernest F. Kevan, *The Grace of Law*, 27-28.
38　Whitney G. Gamble, *Christ and Law*, 15-16.

해를 진술한 뒤, 1619년 4월에 자신의 교회 사역지에서 면직되었다. 그는 1630년 8월에서 1631년 7월 사이에 죽었다. 그러나 그의 영향력은 수그러들지 않았고 그의 제자인 존 이차드(John Eachard) 또한 1629년에 고등 판무관 법정으로 소환되어서 자신의 스승과 동일한 진술을 한 까닭에 당시의 런던 주교였던 윌리엄 로드의 선고로 감옥에 수감되었다가 8개월 후에 풀려났다. 윌리엄 로드가 캔터베리 대주교가 되어 권세가 더 높아지던 1630년대에 율법폐기론은 은밀하게 남아 있었고 설교집이나 인쇄물 등을 통해 유포되고 있었다. 이러한 상황에서 이튼의 설교에 대한 비판서들이 출판되었는데 헨리 버튼(Thomas Burton)과 토머스 테일러(Thomas Taylor)의 작품들이 그것이었다.

버튼은 『화목된 율법과 복음』(The Law and the Gospel Reconciled)이라는 자신의 책에서 율법폐기론을 비판하였는데, 그는 이튼과 영국 교회의 목회자들 사이의 가장 큰 차이는 신앙에 대한 이튼의 정의라고 진단했다. 그는 이튼의 신앙은 우리의 행동이 기준이며 우리의 불완전을 비춰주는 성경, 특별히 도덕법과 아무런 관계없이 스스로 성화의 열매를 산출하는 것을 비판했다.

그는 도덕법의 안내가 전혀 필요가 없다는 이튼의 주장에 동의할 수 없다고 하면서 신자의 신앙은 많은 무지와 섞여 있으므로 불완전하기 때문에 도덕법의 가르침이 필요하다고 주장했다. 그는 율법이 하나님의 영광을 보게 하는 거울이라고 주장했다. 또한, 그는 이튼이 도덕법을 옛 언약의 율법적 시행으로 깎아내린 것에 대하여도 논박했다.

그리스도의 법과 시내산의 법이 시행의 방법과 정도에 있어서 다를지라도 그 양자는 그 자체에서는 다르지 않다고 말했다. 왜냐하면, 그리스도가 그 양자를 합치셨기 때문이다. 따라서 도덕법은 새 언약 아래에서 구속자이신 그리스도 안에서 하나님에 의하여 주신 것이며 그에 따라 성령께서 오심으로 완전하게 응답 되었다고 한다. 그러므로 그것은 세상 끝날까지 모든 하나님의 백성에게 거룩한 삶을 위한 영원한 기준이라고 했다.[39]

테일러는 『생명의 규칙 또는 복음 아래서의 율법의 지배』(*Regula vitae or rule of the Law under the Gospel*)라는 책에서 율법폐기론을 비판했다. 그는 그리스도는 그의 말씀과 권위로 율법을 확고하게 강화했다고 주장하였다. 그리스도는 설교와 실례 등으로 그 자신 안에서 율법을 완성하러 오셨다. 그러므로 모든 신자는 그 내적인 존재와 외적인 존재, 전인적으로 율법에 부합하도록 노력해야만 한다. 그는 또한 복음이 도덕법을 능가하는 그리스도의 새로운 법을 소개하였다는 이튼의 주장은 잘못되었다고 비판했다. 왜냐하면, 은혜언약은 신약에서와같이 구약에서도 동일하기 때문이다.

그는 구약의 모세와 다윗, 사무엘과 다니엘과 같은 사람들은 우리와 같은 언약을 즐거워하는 거룩한 사람이 아니었느냐고 물으며 그들은 우리와는 다른 복음으로 구원된 것이냐고 묻는다. 구약의 신자들과 달리 신약 신자들의 죄를 하나님은 보지 않으신다는 이튼의 주장에 대해 그리스도의 죄 사함을 약화하는 무지한 주장이라고 비판했다.[40]

---

[39] 또한, 그는 이튼의 가르침이 널리 퍼지는 것은, 성화가 의무라는 것을 부인하고 길들여지지 않은 욕망에 자유를 주는 그럴듯한 교리에 기울어지는 경향 때문이라고 했다. 그는 사람이 한번 의롭게 되면 더 이상 회개할 필요가 없다는 주장은 모든 불경건에 문을 여는 것이라고 비판했다. Whitney G. Gamble, *Christ and Law*, 33-34.

[40] 그러면서 그는 신약의 신자들이 율법과는 다른 의지가 있다고 주장하는 것은 성부와 성자를 모욕하는 것이라고 하면서 그러한 주장은 무지와 팽창된 교만과 거룩함을 미워하는 욕정을 사랑하는 것에서 나온 것일 뿐이라고 비판했다. 사도들은 설교하고 가르침에 있어서 새로운 계명을 고백하거나 기록한 것이 아니라 처음부터 있었던 십계명을 그리스도에 의해 강화된 사랑의 법으로 가르쳤다고 그는 주장했다. Whitney G. Gamble, *Christ and Law*, 35.

칭의된 사람은 모든 죄로부터 자유로우며 완전히 의롭다는 이튼의 주장에 대해 테일러는 칭의의 본질에 대한 전체적인 무지를 드러내는 것일 뿐이라고 비판했다. 그는 신자가 죄의 정죄로부터 자유롭게 되었지만, 죄의 내주와 방해로부터는 자유롭지 못한 것을 이튼이 이해하지 못하였다고 비판했다.[41]

마지막으로 테일러는 이튼의 참된 신앙과 선행의 본질에 대한 무지를 비판했다. 그는 그리스도 안에 있는 신앙은 순종을 포기하는 것과는 매우 멀다고 주장했다. 신앙은 단순히 성경의 가르침에 동의하는 것이 아니고, 신자는 반드시 성경이 가르치는 것을 따르고 가까이하며 선한 행동으로 달라붙어야 한다고 주장했다.[42]

버튼과 테일러는 공히 이튼이 거저 주신 칭의의 교리로부터 너무 멀리 간 것, 구약과 신약의 관계를 본질에 대한 몰이해를 비판했다. 그들의 비판은 율법폐기론에 대해 1630-1640년대에 나타난 개혁신학 진영에서의 일반적인 응답을 반영한다. 1641년에 윌리엄 로드의 억압이 철폐되자 그로부터 2, 3년 사이에 율법폐기론과 반율법폐기론에 관한 책들이 출판되기 시작했다. 그 무렵 런던은 종교 서적들로 넘쳐났고 폭동들이 이어졌고

---

[41] 신자는 더 이상 회개할 필요가 없다거나 어떤 특정한 죄를 회개하는 것은 그 사람이 완전히 칭의를 받은 것이 아니라는 주장에 대해 테일러는 죄로부터 자유롭게 되기까지는 사람이 회개로부터 자유롭지 못하다 면서 회개는 평생의 일이라고 논박했다. 겸손과 회개가 신자들에게 매일 죄가 사해졌다는 확신을 가져다주는데 이를 위하여 그리스도는 죄 사함을 위하여 기도하라고 명하셨다고 그는 주장했다. Whitney G. Gamble, *Christ and Law*, 36.

[42] 테일러는 율법에 따른 선행과 의무의 수행은 구원의 원인이나 공로가 아니라 천국에 이르는 길이요 수단이라고 주장했다. 그는 구원과 아무런 관계가 없는 행위의 '의로움'(justice)과 그것이 없이는 구원을 기대할 수 없는 행위의 '현존'(presence)은 구별되어야 한다고 말했다. 왜냐하면, 그러한 현존이 없이는 모든 믿음이 죽은 것이기 때문이라는 것이다. 그는 신자는 마땅히 거룩의 영에 의해 이루어진 성화의 의를 추구하여야 한다고 주장했다. Whitney G. Gamble, *Christ and Law*, 36.

시민, 전쟁이 선포되었다. 그런 와중에 웨스트민스터 회의가 소집되었으므로 회의에 참석한 신학자들은 율법폐기론을 교회를 위험에 빠뜨리는 주장으로 인식하고 엄정하게 대처하여야 할 필요를 심각하게 받아들이고 있었다.[43]

이처럼 17세기 전반 무렵의 영국 교회에는 서로 상충하는 아르미니안주의와 율법폐기론의 양극단의 주장들이 점점 더 그 목소리를 높이고 있었기에 개혁신학자들은 이 두 주장에 대해 적절한 대응이 긴요하고도 시급함을 잘 인식하고 있었다. 이와 관련하여 W. 갬블(W. Gamble)은 웨스트민스터 총회의 신학자들이 초기 회의에서 영국 교회의 39개 신조를 수정하는 과정에서 율법폐기론에 대해 심도 있게 토론하고 비판하였음을 잘 보여 주었다.[44]

또한, 존 바우어(John Bower)와 차드 V. 딕스혼(Chad V. Dixhoorn)은 웨스트민스터 총회의 공식적인 문서들뿐 아니라 그 총회의 회원이었던 사람들의 저작들 또한 총회에 관한 이야기들과 그 시대의 신학적 풍경을 그려주며 총회 회원들의 지적인 폭을 보여 주는 유익이 있음을 지적했다.[45] 이것은 그들의 저작들이 직접 웨스트민스터 총회에 언급되거나 인용되지는 않았을지라도 총회의 결정들이 이루어진 배경을 이해하는 방증(傍證)이 될 수 있기에 그 저작들을 통해 당시에 위의 문제들이 어떻게 다루어졌는지를 확인하는 것은 필요하고 유익한 일이라고 할 수 있다. 따라서 이제는

---

43 Whitney G. Gamble, *Christ and Law*, 37.
44 Whitney G. Gamble, *Christ and Law*, 39-84을 보라.
45 John Bower & Chad Van Dixhoorn, 'Series Preface Westminster Assembly Facsimiles' in William Strong, *A Discourse of the Two Covenants* (Grand Rapids: Reformation Heritage Books, 2011), Series preface.

위의 두 신학적 주장들에 대한 개혁신학자들의 대응과 비판을 웨스트민스터 회의에 참석한 세 명의 저술들을 통해 확인하고자 한다.

2. 웨스트민스터 신학자들의 대응

1) 안토니 버지스(Anthony Burges, 1600-1664)

안토니 버지스는 1643년 웨스트민스터 총회에 워릭셔(Warwickshire) 주 대표로 참석한 두 명 중 한 명이었으며, 그해에 시작된 '신앙고백'을 제정하기 위한 세 위원회 중 제3소위원회에 속하여 활동했다. 비록 그가 총회에서 발언한 것은 단 두 번뿐인 것으로 회의록에 기록되었지만, 그는 종종 소위원회에 임명되었는데, 이것은 그가 웨스트민스터 총회에서 의미 있는 활동을 하였음을 보여 준다.[46]

그는 특별히 율법에 대한 이해에서 다른 동료들로부터 긍정적인 평가를 받고 있었음을 보여 준다. 실제로 버지스는 웨스트민스터 회의가 진행 중이던 1646년에 『율법에 대한 옹호: 또는 도덕법과 언약들에 대한 해명, 교황주의자, 아르미니안주의자, 소시니안 그리고 특별히 율법폐기론자들의 오류에 대항하여』(*Vindiciae Legis: or, A vindication of the Moral Law and The*

---

46 웨스트민스터 총회의 회의록에는 버지스의 발언이 단 두 번, 66번째 회의인 1643년 10월 2일과 817번째 회의인 1647년 3월 29일인 것으로 나타난다. 그 중 첫 번째 발언이 39개 신조의 12조, 선행에 관한 부분에서 율법폐기론과 구원의 확신에 대한 목회적 관심과 관련한 논의를 다룰 때였다는 사실이 의미 있다고 할 수 있다. 그리고 그는 165번째 회의인 1644년 3월 1일의 회의에서 율법폐기론 위원회에서 활동하도록 지명되었으며 402, 434, 475, 484, 557, 596번째 회의 등에서도 소위원회에서 활동하도록 지명 받았다. MPWA, I: 52, II: 155, 564.

제3장 웨스트민스터 표준 문서의 언약신학 137

Covenants, From the Errours of Papists, Arminians, Socinians, and more especially, Antinomians)를 출판하였는데 이 책은 그가 런던의 시온대학(Zion College)에서 율법 및 언약에 대해 30차례 강의한 내용을 출판한 것으로 특별히 율법폐기론의 오류에 초점을 맞추어 비판한 것이다. 그러므로 버지스가 『율법에 대한 옹호』(*Vindiciae Legis*)에서 언약신학의 틀 안에서 율법폐기론의 오류를 지적하며 설명하는 내용을 살펴보는 것은 웨스트민스터 신학의 입장을 살펴보는 본 연구의 주제에 부합한다.

버지스는 『율법에 대한 옹호』(*Vindiciae Legis*) 서문에서 자신의 강의가 아담에게 주어진 법과 모세가 시내산에서 선포한 율법 그리고 복음과 율법에 관한 내용으로 이루어질 것을 밝힌다.[47] 버지스는 아담에게 주어진 법을 두 가지 면에서 이해할 수 있다고 하는데 곧 법(a law)과 언약(a covenant)이다. 이는 또한 아담의 마음에 새겨진 자연법(the natural Law)과 선악을 알게 하는 나무의 열매를 먹지 말라는 명령에 대한 순종의 의무를 시험하는 실정법(a positive law)으로 이해할 수 있다고 한다.[48] 자연법이 아담의 마음에 새겨졌다는 것은 아담이 하나님의 형상을 가진 사실에서 확인되는데, 이 자연법은 아담의 이해와 의지와 정서에서 그리고 모든 비참과 위험으로부터의 자유와 피조물에 대한 지배권과 특별히 아담이 의와 진리의 거룩함이라는 하나님의 형상으로 지으심을 받았다는 사실로 인하여 아담 자신에게 나타난다.[49]

---

47 Anthony Burgess, *Vindiciae Legis: or, A Vindication of the Moral Law and the Covenants, from the Errours of Papists, Arminians, Socinians, and More Especially, Antinomianisms* (London: Printed by James Young, for Thomas Underhill, 1647), to the Reader. 이하 *Vindiciae Legis*로 표기함.
48 *Vindiciae Legis*, 104-105.
49 *Vindiciae Legis*, 115-119.

그리고 버지스는 하나님의 형상을 '자연의 빛'(the light of nature)이라고 부르면서 그것은 타락 후에도 인간의 마음에 남아 있음으로 폐기될 수 없다고 말하는데,[50] 이렇게 말함으로써 그는 처음부터 율법폐기론의 주장을 일축한다. 그리고 실정법의 본질적인 목적은 아담의 순종을 실행하게 하기 위함이라고 그는 말한다.

실정법에 대해 버지스는, 하나님은 율법 수여자로서 아담에게 즐거운 순종을 하도록 명하셨을 뿐 아니라 사랑의 하나님으로서 그와 언약으로 들어가셨다고 말하면서 이 언약은 신앙의 언약이 아니라 행위의 언약이라고 말한다.[51] 하지만 이 언약은 공로에 의한 언약은 아니다. 왜냐하면, 아담은 하나님의 도움 없이는 하나님의 어떤 명령도 순종할 수 없기 때문이다.[52] 그러므로 아담에게 실정법으로 주어진 이 언약은 창조주로서의 하나님의 자비하심에 기초한 언약이다.

버지스는 15번째 강의에서 모세가 시내산에서 받은 율법(십계명)에 대해 논의하면서 이 주제야말로 율법폐기론자들과 첨예하게 대립하는 논쟁점이라고 말한다. 버지스는 율법이라는 용어를 사용하면서 그 용례(의미)를 분명히 하여야 한다고 말한다. 율법이라는 용어는 넓은 의미 또는 제한된 의미로 사용할 수 있다. 넓은 의미에서는 전체적으로 시행되고 선포된 계명들로서 도덕법(moral law), 재판법(Judicial law) 그리고 의식법(Ceremonial law)으로 불릴 수 있는데 보다 제한적인 의미에서는 도덕법을 의미한다.

---

50 *Vindiciae Legis*, 72.
51 *Vindiciae Legis*, 122, 128.
52 *Vindiciae Legis*, 129.

이어서 설명하기를 도덕법은 다른 법의 기초이며 모든 법은 도덕법으로 축소될 수 있으며,[53] 하나님 자신에 의하여 두 번 돌 판에 기록되었다는 사실은 이 법의 존엄성과 함께 영속성을 나타내는 것이라고 그는 말한다.[54]

그러나 그는 재판법은 하나의 정치체제로 이스라엘에 주어진 것이기 때문에 그 체제와 함께 의미를 다 했으며, 의식법 또한 그리스도를 예표 하는 것으로서 그리스도의 오심으로 폐기되었다고 말한다.[55] 하지만 도덕법은 영구적이어서 성경 어디에서도 이에 대한 폐기를 언급하지 않음으로 신약 시대에도 계속되는 것으로 이해해야 한다고 버지스는 주장한다.

또한, 그는 사도 바울이 회심한 이방인 그리스도인에게 도덕법에 대한 의무를 촉구하고 있음을 그 증거로 제시하며, 또한 교회가 지속해서 안식일을 준수해야 할 의무가 있는 것이 바로 도덕법의 지속적 구속력을 보여 주는 것이라고 주장한다.[56] 그 외에도 그는 십계명이 구약 시대에 한시적인 명령으로 제시되었다는 주장은 하나님의 속성에 비추어볼 때 근거가 없다는 것과 모세의 율법에 구속될 필요를 부정한다면 구약의 다른 선지자의 말에도 구속될 필요가 없다는 논리로 도덕법이 영속적임을 논증한다.[57]

물론 버지스도 다음과 같은 특별한 관점들에서는 율법이 폐기되었음을 인정한다. 칭의와 관련해서, 정죄와 저주에 있어서, 엄격한 순종에 있어서, 경건한 자를 향한 공포와 노예적으로 강요된 순종에 있어서, 악한 자에게처럼 죄를 짓게 하거나 더하게 하는 일에 있어서 그리고 많은 부수적

---

53 *Vindiciae Legis*, 155.
54 *Vindiciae Legis*, 157.
55 *Vindiciae Legis*, 168,222.
56 *Vindiciae Legis*, 168-169.
57 *Vindiciae Legis*, 170-171.

이고 환경적인 상황에 있어서이다.[58]

하지만 그는 바로 이어서 신자들에게 요구되는 성화와 거룩함에 관련하거나 신자들 안에 남아 있는 죄로 인한 불순종과 관련하여서 율법이 하나의 규칙으로서 신자들에게 영속적으로 계속된다고 확언한다.[59]

버지스는 율법폐기론자들의 오류는 율법을 언약의 관점에서가 아니라 단순한 하나의 법으로만 보았기 때문에 야기된 것이라고 지적한다.[60] 버지스는 모세언약을 넓은 관점으로 다가갈 때 은혜언약으로 이해할 수 있다고 하면서 시내산에서 모세를 통해 주어진 언약이 은혜언약임을 보여주는 증거들을 여섯 가지로 제시한다.

첫째, 이 시기에 하나님은 엄격한 관점에서가 아니라 이스라엘의 하나님이시며 아버지로서 그들을 다루셨다.

둘째, 이 언약에 첨가된 선한 것들을 고려할 때 이 언약이 은혜언약이 분명하다.

셋째, 법에 명령받은 의무들을 일반적으로 이해하면 당연히 그것은 은혜언약이어야 한다. 왜냐하면, 첫째 계명의 의미는 믿음으로 말미암아 우

---

58 *Vindiciae Legis*, 217-220.
59 *Vindiciae Legis*, 220.
60 도덕법이 언약이라고 할 때 무슨 언약을 의미하는 것인가? 이에 대하여도 버지스는 몇 가지 관점들이 있음을 말한다. 즉, 행위언약으로 보는 관점과 행위와 은혜가 혼합된 언약이라는 관점 그리고 부수적인 언약으로 보는 관점도 있음을 설명한 후에 버지스 자신은 도덕법을 은혜언약으로 보는 관점에 설득되었다고 말한다. *Vindiciae Legis*, 232. 모세언약의 성격에 대해 17세기 청교도들이 갖는 이해에 대하여는 John Fesko의 『역사적, 신학적 맥락으로 읽는 웨스트민스터 신앙고백서』 184-198과 Stephen J. Casselii 의 *Divine Rule Maintained* (Grand Rapids: Reformation Heritage Books, 2016), 91-94 그리고 Joel Beeke & Mark Jones, *A puritan Theology*, 김귀탁 역, 『청교도 신학의 모든 것』 313-317을 참고하라.

리의 하나님이신 한 분 하나님이심을 받아들이라는 것이기 때문이다.

넷째, 의식법적 관점에서 보아도 그렇다. 즉, 의식법은 도덕법으로 축약될 수 있을 때 희생제물을 드리는 것은 두 번째 계명의 맥락에서 명령 되었기 때문이다.

다섯째, 이 율법에 승인된 희생제물이 나타내는 가시적 표징들이 그리스도를 나타냄으로 이 언약은 은혜언약임이 분명하다. 만일 이 언약이 행위언약이라면 중보자가 필요 없을 것이지만 그리스도가 중보자임이 분명하다면 율법은 그리스도의 손안에 있는 것이다. 그러므로 율법폐기론자의 주장은 땅에 떨어질 것이다.

여섯째, 만일 율법이 이삭과 맺은 맹세와 동일한 언약이라면 그것은 반드시 은혜언약이 되어야 하는데 신명기 7:12은 그들에게 주어진 율법이 조상들에게 맹세하신 언약과 은혜라고 말한다.[61]

이렇게 버지스는 율법을 영속적인 구속력을 가진 은혜언약임을 분명히 함으로써 율법폐기론자들의 주장을 일축한다. 십계명으로 요약된 율법의 도덕적 측면은 하나님 자신의 속성에 대한 영원한 선언이므로 어떤 식으로든지 폐기될 수 없다는 것이다. 따라서 버지스는 모세언약은 본질상 아브라함언약과 동일한 은혜언약이며 다만 그 시행방식에 있어서 차이가 있을 뿐이라고 확언한다.

이어 버지스는 본격적으로 율법폐기론자들에 대해 비판하기 위하여 율법과 복음에 대해 다루기 시작하는데 가장 먼저 강조하는 것은 구약과 신약의 차이는 본질적이거나(essential) 실체적인(substantial) 것이 아니고 부수

---

61 *Vindiciae Legis*, 234-236.

적(accidental)이라는 것이다. "성경 또는 언약을 구약과 신약으로 나누는 것은 속(genus)을 그것과 반대되는 종(species)으로 나누는 것이 아니라 하나님과 사람 편 모두에 있어서 그것의 여러 부수적 시행 방식에 따르는 주제의 구분일 뿐이다."[62]

사실 그는 구약이 폐지되었다는 율법폐기론자들의 주장에 반박하면서 신구약의 차이점에 대하여, 이전의 언약과 나중의 언약이 본질에서는 동일하나 옛 언약의 경우 시행방식이 옛 방식일 뿐이라고 말하면서 칭의나 구원에 대한 본질적인 것들은 신약의 성도들과 구약의 성도들이 동일하게 누렸다고 말하였다.[63] 이렇게 말함으로 버지스는 아담의 타락 이후 단 하나의 은혜언약만이 있었다고 주장한다.

버지스는 물론 율법과 복음 사이에 차이가 있음을 인정한다. 즉, 하늘에 속한 것들의 계시가 율법보다 복음에서 더욱 명민하고 선명하다고 말하면서 구약 안에 있는 빛은 밤중의 빛으로 비교될 수 있다면 신약 안에 있는 빛은 낮의 햇빛으로 비교할 수 있다고 했다.[64]

또한, 은혜의 정도에서도 차이가 있는데, '그들은 물방울을 가지고 있지만 우리는 샘을 가지고 있다. 그들이 희미한 빛을 가지고 있다면 우리는 태양 자체를 가지고 있다.'[65] 버지스는 율법을 비계로 비유하면서 집을 다 지으면 비계를 무너뜨리는 것처럼 그리스도 자신이 오셨음으로 율법의 외적인 경륜들은 폐기되었다고 말한다. 그는 또 초와 태양, 초등교사와 완전한 지식, 우유와 고기, 껍질과 옥수수, 꽃과 열매와 같은 다양한 이미지를

---

62 *Vindiciae Legis*, 251.
63 *Vindiciae Legis*, 214.
64 *Vindiciae Legis*, 252.
65 *Vindiciae Legis*, 254.

사용하면서 율법과 복음의 계시 역사의 진전에 대해 설명한다.⁶⁶
 이어서 버지스는 엄격한 의미에서의 율법과 복음의 차이를 다섯 가지로 제시한다.

첫째, 어느 정도에서는 율법은 자연의 빛에 의하여 알려질 수 있으며 자연적인 양심에 동의될 수 있다. 그러나 기독교는 본성에 대한 '영속적인 도발'(*perpetua natura violentia*)이기 때문에 본성을 초월한다.
둘째, 목적과 관련하여 율법은 완전한 의를 요구하며 다른 어떤 것도 받아들이지 않는다. 그러나 복음은 그리스도를 통한 용서를 가져온다.
셋째, 약속된 좋은 것들을 얻는 방식에 있어서 다르다. 율법에 의해 영생을 얻고자 하는 사람은 엄격한 공의 및 빚을 지는 방식으로 얻는다. 그러나 복음은 하나님의 사죄함으로 영생을 받는다.
넷째, 율법은 완전한 본성을 가진 사람을 위한 것이지만 복음은 마음이 상한 죄인을 위한 것이다.
다섯째, 율법은 조건적이지만 복음은 절대적이다.⁶⁷

 버지스는 율법과 복음의 관계에 대한 마지막 논증을 그리스도는 모든 신자에게 의를 위한 율법의 마침이 되신다는 로마서 10:4에 대한 해설을 통해 진행한다. 먼저 마침(*end*)이라는 단어가 소모(*consumption*)와 폐지(*abolition*)와 완전(*perfection*), 또는 확증(*confirming*)이라는 의미로 취해진 것이라고 그는 말한다.

---

66 *Vindiciae Legis*, 256.
67 *Vindiciae Legis*, 257-259.

첫 번째 의미와 관련하여 그리스도는 의식법의 마침이 되신다. 그러나 사도가 도덕법에 대한 것을 의미할 경우에는 다른 의미로 해석되어야 한다고 하면서 버지스는 네 가지 방식을 제시한다.

첫째, 그리스도는 율법의 초점(*scope*)이자 의도의 목적(*end of intention*)이 되신다.[68]

둘째, 그리스도는 율법에 대해 완전한 마침이시다. 우리의 약함 때문에 그리스도께서 사람이 되셔서 율법의 모든 요구를 우리 안에 이루셨기 때문이다.

셋째, 그리스도는 우리가 순종하도록 성령을 하사해 주시는 측면에서 율법의 마침이시다.

넷째, 그리스도의 의와 율법에 대한 순종이 우리의 것이 되도록 함에서 그리스도는 율법의 마침이시다.[69]

마지막으로 버지스는 율법폐기론의 오류에서 벗어나는 방법을 제시함으로 자신의 강의를 마무리한다. 곧 정죄를 당한 교리의 오류를 두려워하여야 한다는 것과 그리스도와 은혜가 언급된 것뿐 아니라 의무가 명령된 성경을 주목하여야 한다는 것, 그리스도와 은혜에 대한 새로운 견해를 가진 사람들의 애정 어린 박수를 경계해야 한다는 것 그리고 종교에 대한 근

---

68 Casseli는 'scope'라는 단어가 16-17세기 개혁신학에서는 현대에서처럼 '범위'나 '한계' 등의 의미로 사용된 것이 아니고 헬라어 및 라틴어의 문자적 의미대로 과녁의 한 복판으로 사용되었다고 한다. 당시에 이 단어는 목적, 목표, 의도, 중심, 성경이라는 과녁의 한복판이라는 의미로 그리스도의 인격과 사역을 통한 구원의 은혜를 가리킨다고 설명한다. Stephen J. Casselii, *Divine Rule Maintained*, 102-107.

69 *Vindiciae Legis*, 267-271.

본적인 것들과 원리들을 부지런히 배우라는 것, 유식하고 경건한 사람들과 다른 의견에 기울어질 때 그것을 성급하게 출판하려 하지 말 것. 율법폐기론은 그리스도와 은혜를 저버린다는 사실을 고려할 것 등이다.[70]

이렇듯 버지스는 율법폐기론을 바른 신앙에 있어서 치명적인 위험을 야기하는 것으로 보고 예리한 비판을 제기했다.

2) 사무엘 러더퍼드(Samuel Rutherford, 1600-1661)

스코틀랜드 대표로 참석한 6인 중의 한 사람으로 1643년부터 1647년까지 웨스트민스터 총회에 참석한 사무엘 러더퍼드 또한 율법폐기론을 강력하게 비판하는 책을 저술했다. 그는 스코틀랜드로 돌아간 이듬해인 1648년에 이 책을 출판하였는데 제목은 『영적 적그리스도에 대한 개요』(*A Survey of the Spiritual Antichrist*)였다. 이 책은 총 93개의 장으로 되어 있는데 율법과 복음의 관계에 대해 통찰력 있는 설명을 제시한다.

그는 이 책에서 존 이튼(John Eaton)과 솔트마시((John Saltmarsh), 로버트 타운(Robert Towne) 그리고 토비아스 크리스프(Tobias Crisp)와 같은 율법폐기론자들의 주장에 대해 맹렬한 비판을 쏟아낸다. 이 책의 1부에서 러더퍼드는 자유주의자(Libertines), 재세례파(Anabaptist), 가정주의자(Familist) 등의 주장을 비판하는 동시에 루터의 독일신학에 대한 바른 이해를 해설하였다. 그리고 이어지는 2부에서 그는 주로 율법폐기론을 집중적으로 비판했다.

---

[70] *Vindiciae Legis*, 279-281.

신약의 신자들이 율법에 매이지 않는다는 율법폐기론자 솔트마시(Saltmash)의 주장에 대해 러더퍼드는 모세에 의해 전달된 십계명은 세상의 모든 그리스도인에게 영속적인 순종의 의무로 주어진 것이 분명하다고 단언한다.[71]

또한, 그는 율법과 복음은 같은 순종을 요구한다고 말한다. 비록 율법은 완전한 순종을 요구하고 복음은 불완전한 순종을 요구하지만, 그것은 단계적 차이들일 뿐이라고 말한다. 그리고 복음은 율법이 명령하는 완전함을 명령에 있어서 완전의 높이를 완화하지 않는다고 그는 논박한다.

> 은혜를 받아들임에 있어서 복음은 율법보다 덜하지만, 명령에서는 덜하지 않다.[72]

따라서 새 언약 아래 있는 사람은 율법으로부터 자유롭다는 타운(Robert Towne)의 주장도 잘못되었으며 율법은 신자에게도 설교 되어야 하며 그에 따라 신자는 엄격하고 정밀한 삶에 대한 '복음의 의무'(evangelic obligation)를 지고 있다고 러더퍼드는 말한다.[73] 그러나 그는 이 의무는 달콤한 애정과 그리스도의 사랑의 비밀에 대한 사랑의 끈에 의해 이끌려지는 것이라고 말한다.

> 거룩한 삶은 하늘에 이르는 길이며 추수를 위한 파종이다.[74]

---

71 Samuel Rutherford, *A Survey of the Spiritual Antichrist* (London: 1648), 2: 5. 이하 *The Spiritual Antichrist*로 표기함.
72 *The Spiritual Antichrist*, 2: 8.
73 *The Spiritual Antichrist*, 2: 28-30.
74 *The Spiritual Antichrist*, 2: 37-38.

러더퍼드는 예언자들과 사도들이 전체 은혜의 교리를 담고 있는 복음을 전할 때 다음의 이유로 선한 삶을 강조하였다고 말한다.

첫째, 하나님은 신약성경 전체를 통해 선한 행동들을 명령하셨다.
둘째, 그것은 참으로 필요하다. 만일 선행이 없다면 우리의 신앙은 죽은 것이고 헛된 신앙이며 우리를 의롭게 하지 못한다.
셋째, 선행은 그리스도께서 우리를 구속하신 목적이다.
넷째, 그것들이 없이는 우리가 구원받을 수 없다.
다섯째, 그것들은 새로운 피조물의 행동으로 명령된 것으로, 부분적으로는 육신의 정욕을 죽이는 것으로서 죄 된 분노와 사탄과 육신의 강력한 유혹에 반하는 것이며, 부분적으로는 그리스도 안에 있는 거저 주시는 구속에 대한 감사의 표현이다.

그러나 그는 바로 이어서 말하기를, 선행들은 구원을 위한 공로가 될 수 없으며 영원한 생명을 얻는 권리를 살 수 있는 것도 아니라고 말하면서 오직 그리스도의 피만이 생명을 대속한다고 말한다.[75]

러더퍼드는 은혜언약과 칭의와 관련하여, 또는 구원과 복음에 관련하여 어떠한 조건도 없다는 솔트마시의 말을 비판하면서 그러한 주장은 전혀 복음이 사용하는 언약의 길이 아니라고 비판한다. 물론 그는 구속에 선행하는 자격으로서 조건을 취한다거나 율법의 의미에서 조건을 말한다면 복음은 전적으로 은혜로 인한 것임을 분명히 한다. 그러나 그리스도의 은혜로 말미암아 신자들에게 역사하는 자질(*qualification*)로서 복음을 말한다면

---

[75] *The Spiritual Antichrist*, 2: 38-39.

그것은 조건적이라고 그는 말한다. 왜냐하면, 그것이 없이는 신자들이 의롭게 될 수도 없고 구원받을 수도 없기 때문이다.

그러므로 복음이 조건적인 언약이라는 것을 부인하는 것은 복음이 거짓임을 증명하는 것이라고 러더퍼드는 말한다.[76] 신자들에게 외적인 계명에 의한 율법의 지도는 필요 없다는 솔트마시의 주장에 대해 러더퍼드는 율법과 성령은 상충 되는 것이 아니라 서로 종속된다고 논박한다. 그리스도는 계명을 제거하지 않고 재확립하신다. 만일 계명이 없다면 어떻게 우상 숭배를 멀리할 수 있으며 신성모독과 맹세와 부모 공경에 대한 것과 이웃을 사랑하는 일을 할 수 있겠느냐고 그는 묻는다. 그리고 실제로 그리스도는 율법을 폐하러 오신 것이 아니라고 분명히 말씀하셨다고 그는 말한다.[77]

결론 부분에서 러더퍼드는 주로 타운을 언급하면서, 율법폐기론자들이 오직 복음만이 성화의 수단이 될 뿐, 율법은 성화의 수단이 될 수 없다고 주장하는 것을 비판한다. 그는 복음은 율법이 주는 은혜와 의로움 이상의 것을 주지 않는다고 말하면서 율법폐기론자들이 율법과 복음이 서로 충돌하는 것으로 보는 것은 잘못되었다고 지적한다. 그리스도의 손안에서 율법은 성령의 사역으로 인하여 신자들을 그리스도께로 인도하는 교사가 되며, 복음보다는 못할지라도 성화의 수단이 된다고 하면서 다음과 같이 말한다.

첫째, 신자들을 확실하게 그리스도께로 인도하는 선생은 무엇이든지 성령에 의하여 수행되는 성화의 수단이다.

---

76 *The Spiritual Antichrist*, 2: 39-40.
77 *The Spiritual Antichrist*, 2: 117-118.

둘째, 죄에 대한 지식을 가져다주는 것과 성령에 의하여 일어나는 것들은 신자들의 겸손을 위하여 봉사하는 것이며, 신자들을 약하게 하고 무거운 짐을 지게 함으로 그리스도께로 인도하는 것은 성화의 수단들이다.
셋째, 신자들은 그리스도의 은혜로 말미암은 감사의 증거로서 그리고 자신들의 부름과 선택을 확실하게 하며, 삶의 기준이 되도록 신자의 성화 수단에 따라 행하도록 명령받는다.
넷째, 성화의 수단이 되는 데 복음뿐만 아니라 율법을 방해하는 무엇이 있다면 성령 사역의 결핍을 의미한다.[78]

이처럼, 러더퍼드는 은혜언약의 맥락으로 구약과 신약의 통일성을 주장하면서 계명에 대한 철저한 순종을 그리스도인의 신앙의 의무로 강조함으로 율법폐기론을 비판했다.

3) 윌리엄 스트롱(William Strong, ? -1654)

스트롱은 1646년에 웨스트민스터 총회의 회원으로 지명되어 1649년까지 회의에 참석하였다. 그는 총회의 여러 위원회에서 활동하도록 지시받았는데 특별히 '대교리문답'의 십계명을 다루는 소위원회에서 활동하였다. 그의 사후 15년 뒤인 1678년에 그의 저작 『두 언약에 대한 강론』(*A Discourse of The Two Covenant*)이 출판되었다.

이 저작은 원래 그가 설교로 전달했던 것으로서 그 시기는 그가 웨스트민스터 총회에 참석하던 시기이거나 그 직후일 것으로 추측된다.[79] 그러

---

[78] *The Spiritual Antichrist*, 2 :236-237.
[79] Benjamin Brook, *The Lives of The Puritans*, III (London: James Black, 1813, reprint

므로 위의 책은 웨스트민스터 총회가 직면한 당대의 신학적 오류와 도전들에 대해 그 총회에 참석한 인물들이 어떻게 대응하고 비판하였는지를 이해하는 간접적인 자료가 될 수 있다.

스트롱은 총회에서 논란이 되는 문제들을 잘 이해하고 있었고 그것들에 대해 자신의 강론을 통해 정통 교리들을 제시하고자 했다. 따라서 본 연구는 스트롱의 위의 저서 중에서 주로 율법폐기론자들과 아르미니안주의자의 주장들을 비판하는 내용을 중심으로 살펴볼 것이다.

스트롱은 로마서 8:8을 본문으로 한 세 번째 강론에서 참된 신자가 율법의 진노로부터 완전히 자유로운지를 묻고 대답한다. 그는 은혜가 죄의 권세를 멸하였을지라도 최상의 성도에게도 부패의 남은 것들이 있으므로 참된 신자일지라도 율법의 진노로부터 완전히 자유로운 것은 아니라고 설명한다. 물론 이것은 불신자가 율법의 진노 아래 있는 것과는 다르다고 하면서 거듭난 신자에게는 율법이 성화의 능력이 되어 계명들 때문에 더욱 은혜가 강화된다고 설명한다.[80] 그러므로 신자들에게 있어서 율법은 의무를 행할 강력한 동기가 되고, 죄를 억제하는 수단이 되는 것이 확정된 교리라고 주장한다.[81]

하지만 그는 그리스도께서 자신을 행위언약으로서의 율법 아래 두셨고, 행위언약의 모든 요구를 만족하게 하셨으며, 은혜언약과 화해를 가져

PA: Soli Deo Gloria Publications, 1994), 196.

80 William Strong, *A Discourse of The Two Covenant: Wherein the nature, difference, and effects of the covenant of works and of grace are distinctly, rationally, spiritually and practically discussed; together with a considerable quantity of practical cases dependent therin* (London: printed By J. M. For Francis Tyton at the Three Daggers in Fleet-street, and for Thomas Parkhurst at the Bible and Three Crowns at the lower end of Cheapside near Mercers Chapel, 1678), reprinted (Grand Rapids: Reformation Heritage Books, 2011), 45-48. 이하 *A Discourse of The Two Covenant*로 표기함.

81 *A Discourse of The Two Covenant*, 56.

오시고 사람들을 은혜와 긍휼의 언약 안으로 전환하셨음으로 인하여 언약으로서의 율법은 폐지되었다고 함으로 다른 개혁신학자들의 이해와 같이 한다.[82]

그는 율법을 이중적 의미 혹은 목적으로 이해해야 한다고 말한다. 즉, 넓은 의미에서 볼 때, 시내산에서 모세를 통해 하나님이 전달하신 전체 교리는 교훈 및 약속들과 함께 주어졌기에 은혜는 마음에 기록된 율법이며 신자들을 돌보시는 그리스도의 편지 의미가 있다고 말한다. 반면에 좁은 의미로 볼 때, 율법은 개인적이고도 완전한 순종의 조건으로 생명을 약속하는 의의 완전한 규율로 주어진 것이다.

그러므로 율법은 믿음에 속한 것이 아니며, 그래서 사도는 율법의 의는 '**이것을 행하라! 그러면 살 것이라**'고 말하였다고 말한다. 따라서 '도덕법은 넓은 의미에서 생각할 때에는 은혜언약이지만 좁은 의미에서 생각할 때에는 행위언약이다.'[83] 그는 행위언약의 목적을 행위-의에 기초하여 의를 추구하는 육체적 이스라엘을 좌절시키고 구속사에 흐르는 은혜언약의 경륜을 드러내고자 하는 것이라고 말한다.

스트롱은 은혜언약은 시대에 따라 시행방식이 다를 뿐 본질적으로는 같다고 천명한다.[84] 즉 은혜언약이 율법의 시대(시내산으로부터 그리스도의 오심까지)와 복음의 시대(그리스도의 오심과 재림까지)에 각기 다른 방식으로 시행되었다는 것이다. 이러한 언약의 경륜에 따라, 그는 행위언약으로서의 율법은 그리스도 안에서 폐지되었음을 분명히 한다.

---

82 *A Discourse of The Two Covenant*, 84-85.
83 *A Discourse of The Two Covenant*, 88.
84 *A Discourse of The Two Covenant*, 193.

스트롱은 은혜언약 안에 있는 신자들에게 율법은 복음에 종속된다고 말하면서 율법의 삼중 용도로써 신자들에게 기능하는 방식에 대해 설명한다. 율법의 첫째 용도는 원죄와 자범죄를 발견하게 하는 죄를 비춰주는 거울의 기능이고, 율법의 둘째 용도는 죄를 억제하는 굴레의 기능인데 이 둘이 복음에 대한 종의 역할을 한다. 율법의 셋째 용도는 죄를 정죄하는 심판자로서 기능인데 이 기능은 신자들의 모든 삶을 안내하고 지도하는 규범(a rule)의 기능이다. 이 규범으로서의 율법의 기능은 복음에 의해 하나님의 성령에 의하여 내부적으로 작용하는 것으로 율법 자체로서가 아니라 '성령의 손'(the hand of the Spirit)에 의해서 되는 것이다. 성령은 신자의 마음에 율법을 기록하시는데 그것은 도덕법 전체이다.

신약에서 이것은 그리스도의 멍에라고 지칭되는데 이것은 율법의 순종 외에 다른 것이 아니며 신자들에게 지금도 의무로서 주어진 것이다.[85]

스트롱은 은혜언약에 대해 설명하면서 하나님은 신자들을 순종의 방식으로 확고한 언약으로 묶으셨다고 말한다. 그러면서 율법의 모든 요구가 그리스도에게 지워졌으므로 신자들은 더 이상 율법에 예속되지 않는다는 율법폐기론주의자의 주장에 대해 신자들은 동일하게 그리스도와 언약을 맺었으므로 신자들 또한 동일한 순종에 묶여 있다고 논박한다. 그러므로 그는 신자들이 순종의 방식으로 더욱더 확고하게 하나님께 결속되어 있다고 말한다.[86]

스트롱은 신자들이 한 번 하나님과 언약을 맺으면 그것은 영원하다고 하면서 다음과 같은 이유를 제시한다.

---

[85] *A Discourse of The Two Covenant*, 92-107.
[86] *A Discourse of The Two Covenant*, 162-164.

첫째, 언약을 만드신 하나님의 사랑이 영원하기 때문이다.
둘째, 이 언약은 사람의 인격(persons)과 맺은 언약이기 때문이다.
셋째, 그들의 그리스도와의 연합은 깨어질 수 없고 풀어질 수 없기 때문이다.
넷째, 이 언약의 의는 영원한 의 이기 때문이다.
다섯째, 그리스도께서 이 언약의 보증되기 때문이다.
여섯째, 영혼 안에 시작된 은혜의 영원한 원리가 항상 이 언약을 붙들고 있기 때문이다.[87]

동시에 그는 신자들에게는 이 언약을 깨뜨리지 말라는 권고가 주어져 있다고도 말한다. 그것은 신자들의 마음의 거짓됨과 영혼의 게으름과 부주의 때문에 그리고 이 언약을 지키기 위해 하나님을 추구하도록 일깨워져야 하며 언약의 파기를 두려워하여야 하기 때문이다.[88] 이러한 논증을 통해 스트롱은 하나님이 그리스도 안에서 신자들과 맺으신 언약은 파기될 수 없음을 분명히 함으로 구원의 상실 가능성을 주장하는 아르미니안주의의 주장을 논박하였다.

더 나아가 스트롱은 신자들은 자신들의 언약을 향상하기 위하여 자신들의 의무를 다해야 한다고 권고한다. 그는 자기 자신을 항상 새롭게(renew) 함으로써 의무를 감당하도록 노력해야 한다고 하면서 그 방법과 시기와 때에 대해 자세히 설명하며 그 유익들에 대해 설명한다.[89]

---

[87] *A Discourse of The Two Covenant*, 173-174.
[88] *A Discourse of The Two Covenant*, 174-175.
[89] *A Discourse of The Two Covenant*, 180-190.

스트롱은 언약의 관계에 있어서, 언약의 유효함이 신자들의 노력으로 유지되고 지속하는 것으로 말하지 않으면서도 신자들 편에서의 의무의 책임을 매우 강조한다. 오히려 그는 언약의 충실함은 신자들의 마음에 자리 잡은 그리스도의 규범(rule)과 지배(dominion)에 의한 것임을 힘써 강조한다. 그리고 이것은 또한 성도의 견인을 위한 하나님의 주권 표명과 역사로 나타나는 하나님의 섭리에 의한 것임을 분명히 한다.

> 모든 것은 성도의 견인을 위하여 역사한다.[90]

스트롱은 악한 천사와 악한 인간의 행위들조차 성도의 견인을 위한 선한 목적으로 섭리하신다고 말한다. 이와 관련하여 그는 성도들이 짓는 죄에 대해서도 하나님의 섭리 관점에서 설명한다. 즉, 하나님은 신자들의 짓는 죄를 죄의 능력과 경향성을 보게 하며 하나님을 버리면 모든 종류와 단계의 죄로 떨어지게 되고, 죄에 대항하는 능력이 얼마나 나약한지를 보게 하며 그리고 모든 종류의 회개를 하게 하는 방식으로 섭리하신다고 설명한다.[91]

스트롱은 이렇게 은혜언약의 본질적 단일성을 확고히 하면서 그 시행방식의 다양성을 설명하는 맥락에서 율법의 순종이 언약 당사자들에게서 필수적으로 중요한 부분임을 강조함으로써 율법폐기론자들의 주장을 비판했다. 또한, 그는 하나님의 주권 안에서의 섭리를 통한 성도의 견인에 대한 자세한 논증을 통해 성도들이 구원에서 떨어질 수 있다고 주장하는 아르미니안주의자의 주장들을 효과적으로 논박함으로써 개혁신학의 토대를 견고히 했다.

---

90 *A Discourse of The Two Covenant*, 402.
91 *A Discourse of The Two Covenant*, 432-435.

이상에서 살펴보았듯이, 버지스와 러더포드 그리고 스트롱은 언약신학의 맥락 안에서 율법폐기론을 강력하게 비판하였고 그러한 내용은 웨스트민스터 표준 문서, '신앙고백'과 '대교리문답' 그리고 '소교리문답'에서 분명하게 진술되었다.

3. 웨스트민스터 표준 문서의 언약신학

이렇듯, 웨스트민스터 총회에 참석한 신학자들은 그들이 직면한 문제들, 특히 율법폐기론에 대해 심사숙고하면서 회의를 통해서 적절하게 대응하였고 그것을 웨스트민스터 표준 문서들에 진술하였다. 여기서는 그 과정과 내용을 살펴볼 것이다.

1) 웨스트민스터 총회에서의 율법폐기론에 대한 논의

앞에서 언급했듯이, 율법폐기론의 파급에 대해 그 심각성을 분명하게 인식하고 있던 웨스트민스터 총회의 신학자들은 1643년 8월 10일에 하원에 긴급한 탄원서를 보냈다. 거기서 그들은 율법폐기론의 가장 위험한 요소를 도덕법의 유용성을 부인함으로, 그 결과 선한 그리스도인들이 죄를 짓는 것을 부끄러워하지 않게 하는 것이라고 지적했다.[92]

그리고 탄원서 끝에 검증되어야 할 책들로 존 이튼(John Eaton)의 『벌집』(The Honey-combe)과 『위험스러운 죽은 신앙』(The dangerous dead faith), 토비아

---

[92] MPWA, V:22.

스 그리스프(Tobias Crisp)의 『홀로 높여지신 그리스도』(Christ alone exalted)와 헨리 덴(Henry Denne, c. 1606-1660)의 『세례 요한의 교리와 대화』(The Doctrine & conversation of John the Baptist) 그리고 익명의 설교집인 『요한계시록 3장 18절에 대한 설교』(A sermon upon Rev. 3:18)의 5권을 제시하고, 또한 율법폐기론자로 알려진 당대의 9명의 이름을 거명하면서 이러한 책들과 설교자들에 대해 분명한 조치가 이루어져야 함을 역설했다.[93]

이어서 총회는 같은 해 9월 23일에 성경 구절들과 39개 신조를 근거로 제시하면서 율법폐기론자들의 오류들을 하원에 제출하였는데, 이것은 그 전에 전체회의에서 토론되었다. 즉, 열흘 전인 9월 14일에 라우즈(Mr. Rouse)에 의해 총회에 제출된 율법폐기론자들의 견해를 하나님의 말씀과 39개 신조와 비교해보고 또한 그들의 책을 검증한 후에 본 회의에 보고하도록 위원회에 지시되었다.[94]

---

[93] 9명의 이름은 다음과 같다. 율법폐기론자 목사이며 출판인인 자일스 랜달(Giles Randall), 배이트(Mr. Batte), 『벌집』(The Honey-combe)의 출판인인 랭카스터(Mr. Lancater), 런던 올 게이트의 율법 폐기론 강사인 존 심슨(John Simpson), 율법폐기론을 주장하는 목사인 존 해이든(John Heydon)과 존 에머슨(John Emerson), 급진적인 성향의 군목(military chaplain)인 윌리엄 에어베리(William Erbury), 율법폐기론자이며 장로로 추정되는 로버트 타운(Robert Towne) 그리고 세례 요한에 대한 설교집의 저자인 헨리 덴(Henry Denne) 등이다. MPWA, V:23. 존 라이트푸트도 자신의 『일지』(The Journal)에서 동일하게 9명의 이름을 언급하는데 마지막 인물을 '펜'(Mr. Pen)라고 기록하였다. 하지만 이것은 딕스혼이 설명한 '덴'(Mr. Denne)의 오기(誤記)일 가능성이 높다. John Lightfoot, The Journal of the Proceedings of the Assembly of Divines, From January 1, 1643, to December 31, 1644 (London: printed by J. F. Dove, 1824, reprinted London: Forgotten Books, 2015), 9.

[94] 율법폐기론을 다룰 위원회에 속한 사람들은 다음과 같다. 에드먼드 칼라미(Edmund Calamy, 1600-1666), 라자루스 시맨(Lazarus Seaman, d, 1675), 토마스 굳윈(Thomas Goodwin, 1600-1680), 챈넬(Mr. Channel 아마도 프란시스 체이넬(Francis Cheynell, bap. 1608-d. 1665) 인 듯하다), 토머스 가테이커(Thomas Gataker, 1574-1654), 허버트 팔머(Herbert Palmer, 1601-1647), 찰스 헐(Charles Hearle, 1598-1659), 다니엘 피틀리(Daniel Featley, 1582-1645), 토마스 템플(Theomas Temple, 1602-1661). MPWA, II: 122.

그날 토론 중에 토마스 굳윈(Thomas Goodwin, 1600-1680)은 율법폐기론자들이 신앙에서 회개를 제거해버렸음을 지적했다.[95] 그리고 그해 9월 20일에는 율법폐기론을 다룬 위원회의 보고가 있었는데 거기에는 율법폐기론의 위험이 7개로 나열되었는데 율법폐기론은 경건의 능력에 있어서 모든 종류의 방탕과 공격에 문을 열어 놓음으로 금식이나 기도를 할 필요를 느끼지 않게 하며, 치안판사에 순종하는 것을 공격하며, 거저 주시는 은혜의 교리에 반감을 보이게 하며, 하나님의 계명에 대한 신자의 의무를 무시하게 만든다는 내용이 포함되었다.[96]

이틀 뒤인 9월 22일 총회는 이 문제를 다룸에 있어서 첨예하게 대립했다. 토마스 템플(Thomas Temple, 1602-1661)과 허버트 팔머(Herbert Palmer, 1601-1647)등은 율법폐기론자들을 이단(heresy)으로 규정하고 다루어야 한다고 주장했지만 존 애로우스미스(John Arrowsmith, 1602-1659)와 존 셀던(John Selden, 1584-1654) 등은 신중하게 다루어야 한다고 주장했다.

그리하여 셀던의 주장에 따라 율법폐기론을 이단과 동일시하기에는 모자란 부분이 있는 것으로 결론지었다.[97] 하지만 그해 10월 10일, 총회는 다시 한번 율법폐기론에 대해 토론했고 그다음 날인 10월 11일에는 버지스(Cornelius Burges, d. 1664)가 작성한 율법폐기론자들의 오류는 억제되어야 한다는 내용의 청원서를 하원에 송부했다.[98]

이듬해인 1644년 9월 5일에도 총회는 율법폐기론의 해악을 교정하기 위한 문서를 작성하여 의회에 보냈다.[99]

---

95 MPWA, II: 122-123.
96 MPWA, II: 143.
97 MPWA, II: 145-149. V:25.
98 MPWA, II: 184-189.
99 이 문서의 제목은 다음과 같다. "율법폐기론과 재세례파의 위험한 견해들에서 발생하

이 문서는 재세례파의 문제도 함께 다루었는데, 그중 율법폐기론과 관련한 내용이 세 가지로 결정되었다.

첫째, 목사로 안수받지 않은 사람은 누구도 설교를 하거나 공적으로 성경을 강해하는 것이 허락되어서는 안 된다는 것,
둘째, 이곳에서나 다른 개혁 교회에서 목사로 안수받지 않은 사람이 성례를 집례하도록 허락해서는 안 된다는 것,
셋째, 도덕법은 그리스도인의 행해야 할 규칙이 아니라고 가르치고 주장하는 사람은 참된 목사가 아니라는 것 등이다.[100]

총회는 1647년 4월 26일에 39개 신조의 처음 15개 항을 개정한 문서를 양 의회에 발송했다. 그때 총회는 개정안의 7항 '구약성경'에 대한 부분에서 구약성경이 신약성경과 상충하지 않으며 유일한 중보자인 그리스도에 의하여 구약과 신약 양자에서 영원한 생명이 모든 인류에게 제시되었다는 것을 설명하는 첫 문단에서는 부분적으로 설명을 보충하는 구들(phrases)을 첨가하였다. 하지만 모세에 의하여 주어진 법이 '의식법'(ceremonies)과 '제사법'(Rites)의 경우와 같이 '시민적 규례'(the civil precepts) 또한 어떤 국가에도 받아들여져야 하는 것은 아니라고 설명하는 두 번째 문단에서는 더욱 더 분명한 설명을 덧붙여서 개정했다.

고 뒤따르는 해악을 금지하기 위한 신학자들의 총회의 겸손한 권고"(The humble Advice of the Assembly of divines, for preventing the mischiefs that will arise from, & follow upon the divulging the dangerous opinions of Antinomianisme & Anabaptist). MPWA, V:87. 라이트푸트는 이 권고안이 보내지기까지 총회에서 '열띤 토론'(hot debate)이 있었으며 투표를 통해 결정되었다고 증언한다. John Lightfoot, *The Journal of the Proceedings of the Assembly of Divines*, 308.
100 MPWA, V: 87.

즉, 그 문장 마지막의 '어떤 그리스도인도 도덕법이라 불리는 계명의 순종에서 자유로운 것은 아니다'라는 문장 뒤에 '도덕법에 따라 우리는 그 전체 범위들 안에서 취해진 십계명 모두를 이해한다'라는 문장을 첨가했다.[101] 웨스트민스터 총회는 이렇게 도덕법에 대한 율법폐기론의 주장에 대해 쐐기를 박았다. 이처럼 웨스트민스터 총회는 신중하고도 분명한 자세로 율법폐기론을 다루었다.

2) 웨스트민스터 표준 문서의 언약신학

웨스트민스터 회의에서 공식적으로 작성한 신학적 문서들은 '신앙고백'과 '대교리문답'과 '소교리문답'이다.[102] '신앙고백'은 1647년 4월 26일에 작성이 완료되었고, '대교리문답'은 같은 해 10월 22일에 그리고 '소교리문답'은 11월 25일에 작성되어 영국 의회 하원에 발송되었다. 이것은 웨스트민스터 회의가 그 회의를 개시한 1643년 7월 1일 이후 약 4년여의 세월이 지난 다음에 이루어진 것이었다.[103]

---

[101] yet notwithstanding, no Christian man whatsoever, is free from the obedience of the commandments, which are called morall. By the Moral law, we understand all the ten Commandments taken in their full extent. MPWA, V: 326. Philip Schaff, *The Creeds of Christendom* III, 492.

[102] 1648년에 런던에서 *The Westminster Standards* 라는 제목으로 출판된 책에는 '대교리문답'(Larger Catechism), '소교리문답'(Shorter Catechism), '신앙고백'(Confession of Faith), '하나님에 대한 공적 예배를 위한 모범'(A directory for the Public Worship of God) 그리고 '39신조'(Thirty-nine Articles)등, 다섯 문서가 포함되어 있었다. *The Westminster Standards An Original Facsimile by The Assembly of Divines* (London: printed by A. M., 1648), reprinted New Jersey: Old Paths Publications, 1997). 하지만 이 문서들 가운데 이후에 주로 신앙의 내용들을 규정하고 설명하는 표준 문서들로 언급되는 문서들은 '신앙고백'과 '대교리문답'과, '소교리문답'이었기에 본 연구도 그러한 용례를 따라 위의 세 문서들을 표준 문서라고 지칭할 것이다.

[103] 웨스트민스터 회의가 개회되었을 때 회의에 부여된 임무는 1571년에 확정한 '39개

각각의 문서의 작성 기간을 볼 때 '신앙고백'은 약 2년, 두 개의 교리문답은 약 1년여의 세월이 소요된 것을 확인할 수 있다. 그리고 위의 문서들이 작성되는 동안 웨스트민스터 회의에 참석한 신학자들은 각 문서의 내용에 대해 심사숙고하며 많은 토론을 걸쳐서 결정했다.[104]

이러한 사실은 표준 문서의 내용이 모든 회원의 절대적인 동의하에 신속하게 작성된 것이라기보다는 많은 논의과정을 거치면서 다수의 의견을 따라 적절한 수준에서 결정된 것임을 알게 하는데 이러한 맥락을 이해하는 것은 매우 의미 있는 일이다.

이제는 웨스트민스터 표준 문서에서 언약신학과 그 내용이 어떻게 표현되었는지를 분석적으로 살펴볼 것인데 그 과정에 어떤 논의들이 있었는지도 주목할 것이다. 조엘 R. 비키(Joel R. Beeke)와 싱클레어 B. 퍼거슨(Sinclair

---

신조'를 개정하는 것이었다. 하지만 스코틀랜드와 맺은 '엄숙동맹과 언약'(Solemn League and Covenant)을 영국 의회가 승인한 이후에 의회가 '하나님의 거룩한 말씀과 가장 일치하는 권징과 치리를 고려하라'라고 지시한 이후 회의는 바로 '치리와 예배와 권징의 지도서'를 작성하기 시작하여 1645년 1월 3일에 완료하였고 다음 날인 1월 4일부터 신앙고백을 작성하는 작업을 시작하여 이듬해인 1646년 12월에 신앙고백의 작성을 완료하고 그에 대한 성경구절을 첨가하여 1647년 4월 26일에 의회에 보고하였다. MPWA, III: 627. 또한, 교리문답 작성을 위한 논의는 1646년 11월 27일에 시작되었고 (MPWA IV: 344) 1647년 1월 15일에는 내용의 길이가 다른 두 개의 교리문답으로 작성할 것이 결의되었으며(MPWA, IV: 398-399), 그 후 10개월 뒤인 1647년 10월 25일에 '대교리문답'의 작성이 완료되었다(MPWA, IV: 699). 그로부터 한 달 뒤인 1647년 11월 25일에 '소교리문답'이 작성되어 의회에 송부되었다(MPWA, IV: 709).

[104] 딕스혼은 웨스트민스터 회의에서 각각의 내용들에 대해 논의되고 결정되는 일련의 과정에 대해 설명하면서 모두 1,150회의 '결의'(Resolutions)와 2,700회의 '지시'(orders)와 320회의 '투표'(votes)가 있었다고 통계를 제시한다. '결의'(resolution)와 '지시'(order)의 차이에 대하여는 P. J. 스미스(P. J. Smith)가 자신의 학위 논문인 'The Debates on church government at the Westminster Assembly'(unpublished Ph. D. dissertation, Boston University, 1975)에서 주장한, '결의'(resolution)는 일반적으로 다양한 견해가 논의되어 투표에 의하여 결정된 것을 의미하고, '지시'(order)는 비교적 수월하게 동의되거나 다수의 의견이 반영된 것으로 보아야 한다는 주장을 수용하면서 실제로 그럴 가능성이 높다고 평가한다. MPWA, I: 56-57.

B. Ferguson)은 웨스트민스터의 '신앙고백'이 고도로 발전된 언약신학을 나타내고 있으며 세부 내용에서 발견되는 강력한 역동성은 언약적 사상에 기인함을 지적하였는데, 이는 '대교리문답'과 '소교리문답'에도 동일하게 해당한다고 할 수 있다.[105]

실로 이 표준 문서들은 언약을 근본적인 신학적 토대로 하여 작성되었는데 그것은 각 문서가 구원을 설명하기 위한 기초로 언약을 다룬다. '신앙고백'은 전체 33장 가운데 처음 여섯 장에서 '성경'과 '하나님'과 '창조'와 '섭리'와 '인간의 죄와 그 형벌'을 다룬 후에 바로 7장에서 '언약'을 다루고 이어서 '그리스도'와 '구속 사역'을 이어서 다룬다.

'대교리문답'과 '소교리문답'도 그 내용과 순서가 '신앙고백'에 따르고 있으므로 같은 경향을 보여 준다. '대교리문답'은 전체 196개의 질문과 대답 중에 20번부터 언약을 다루기 시작하여 30번부터 35번까지 자세하게 언약에 관하여 묻고 대답한다.

반면에 '소교리문답'은 전체 107개의 질문과 대답 중에 12번과 20번에서 간략하게 언약에 대해 설명하지만, 그 이후의 이어지는 도덕법과 십계명 해설이 중심 내용을 이루고 있다. 이것을 볼 때 '소교리문답' 또한 언약에 대한 토대를 전제로 하고 있음이 분명하다. 웨스트민스터 표준 문서에서 기술된 '언약'(covenant)에 대한 전체 내용을 영어 단어의 수로 분석해보면 '대교리문답', '신앙고백', '소교리문답' 순임이 확인된다.[106]

---

[105] Joel R. Beeke & Sinclair B. Ferguson (eds.), *Reformed Confessions Harmonized* (Grand Rapids: Baker Books, 1999), xii.
[106] 언약에 대한 설명에서 '대교리문답'은 전체 514단어로, '신앙고백'은 386단어로 그리고 '소교리문답'은 115단어로 구성되어 있다. 또한, 각 설명에 대한 증명 성구는 '신앙고백'이 62구절, '대교리문답'이 52구절, '소교리문답'은 5구절이 제시되었다.

이러한 수치를 보면 표준 문서들 가운데 언약신학에 대해 가장 자세한 설명이 제시된 것은 '대교리문답'인 것은 주목할 만한 사항이다. 이제 표준 문서들에 나타난 언약신학을 살펴볼 것이다.

(1) 행위언약과 은혜언약

'신앙고백'은 제7장에서 '사람과 맺으신 하나님의 언약'에 대해 설명하는 첫 항의 첫 문장에서 창조주로서의 하나님에 대한 인간의 '순종의 의무'를 강조한다.[107] 그리고 제2항에서 사람과 맺은 첫 언약인 행위언약[108]에 대해 설명하는 부분에서도 그 언약은 '완전하고 개인적인 순종을 조건'으로 하고 있음을 언급한다.[109] 이어지는 두 번째 언약인 은혜언약에 대한 설명에서도 그를 '믿을 것을 요구하신다'고 설명한다.[110]

이에 상응하는 '대교리문답'의 설명에서는 행위언약의 순종 조건에 대해 '신앙고백'에서 표현된 것에 '영속적인'(perpetual)이라는 표현을 추가함으로 그 의미를 강화하였다.[111] 또한, 은혜언약에 대한 설명에서도 '그리스도와 관계를 맺게 된 조건으로 신앙을 요구한다'라고 하였으며 그 순종은 신자의 '믿음과 감사의 참된 증거이며 구원에 이르도록 정하신 방편'

---

[107] Of God's Covenant with Man, do owe obedience unto Him. WCF.VII.1
[108] '행위언약'(a covenant of works)이란 말은 영국에서는 퍼킨스에 의하여 처음 사용되었는데 그 용어는 우르시누스의 '자연언약'(a covenant of nature)의 개념과 동일한 것으로, 웨스트민스터 총회에서는 이에 대해 공통적인 동의가 있었던 것으로 보인다. 이에 대한 자세한 설명은 이 책의 제2장을 참고하라. 그런데 '대교리문답'과 '소교리문답'은 행위언약이라는 말 대신에 '생명언약'(a covenant of life)이라는 말로 설명하는데 이는 행위언약에 생명이 약속된 사실에 기인한 것으로 웨스트민스터 신학자들은 두 용어를 교차적으로 사용하는데 아무런 장애가 없는 것으로 생각했음을 보여 준다.
[109] upon condition of perfect and personal obedience WCF.VII.2.
[110] requiring of them faith in Him WCF.VII.3.
[111] WLC.20.

이라고까지 표현하였다.¹¹²

'소교리문답'은 언약에 대해 '생명언약'(12번)과 '은혜언약'(20번)의 두 언약으로 각각 하나의 질문과 대답으로 진술되었는데 생명의 언약에서의 인간의 책임에 대해 '신앙고백'과 '대교리문답'의 내용을 축약하여 '완전한 순종을 조건으로 하여'라고 간략하게 설명하였다.¹¹³

이것은 '소교리문답'이 간결하게 설명하도록 지시된 것에 따라 하나의 질문에 하나의 문장으로 구성하고자 한 형식으로 된 것임을 고려할 때 다른 두 표준 문서의 내용에 비하여 약화된 것이라고 볼 이유는 없다.¹¹⁴ 사실, '소교리문답'은 처음부터 인간이 지켜야 할 하나님이 주신 '규칙'(rule, 2번)과 '하나님께서 사람에게 요구하시는 의무'에 대해 진술하고 있으므로 언약의 쌍방적 특성이 본질적인 것으로 설명하고 있다.¹¹⁵ 표준 문서들에서의 이러한 진술들은 웨스트민스터 신학자들이 언약을 쌍방적인 특성이 있는 것으로 확실하게 인식하고 있었음을 반영하는 동시에 언약이 '소교리문답'의 기본적 얼개 또는 토대가 되고 있음을 증거한다.¹¹⁶

또한, 표준 문서는 구약과 신약의 연속성에 대해서도 분명하게 설명한다. '신앙고백'은 은혜언약이 율법 시대와 복음 시대에 다르게 시행되었다고 설명한다. 그러나 그것은 단 하나의 동일한 은혜언약의 다양한 경

---

112 requiring faith as the condition to interest them in Him, as the evidence of the truth of their faith and thankfulness to God, and as the way which He hath appointed them to salvation, WLC.32.
113 upon condition of perfect obedience WSC.12.
114 MPWA, IV: 399.
115 What duty God requires of man WSC.3.
116 물론 그렇다고 해서 웨스트민스터 신학자들이 언약의 쌍방성만을 강조한 것은 아니다. 왜냐하면, 구원의 서정에 대한 설명에서 하나님의 은혜의 사역임을 반복적으로 강조하기 때문이다.

류이지 서로 다른 구원의 경륜이 아니라고 분명히 한다.[117] '대교리문답'은 이에 대해 한층 더 자세하게 설명하는데 33번에서 이렇게 질문하고 대답한다.

> 문 33. 은혜언약은 항상 하나이고 동일한 방식으로 시행되었는가?
> 답 33. 은혜언약은 항상 동일한 방식으로 시행되지 않았다. 오히려 구약성경 아래서 그것의 시행은 신약성경 아래서의 그것들과 달랐다.[118]

이러한 설명은 구약과 신약의 통일성에 대한 분명한 진술이고 '대교리문답'은 이러한 진술을 통해 율법폐기론에 대해 분명한 반대의 입장을 표명한 것이다.

(2) 도덕법

웨스트민스터 표준 문서에서 언약과 관련하여 중요하게 다루어진 것이 도덕법에 대한 이해이다. '신앙고백'은 제19장 하나님의 율법에 대한 부분에서 다시 한번 행위언약에서 아담에게 주어진 법에 대해 설명하면서 그 법에 대해 '개인적이고 전체적이며 정확하고 영속적인 순종'이라는 보다 정교한 표현으로 진술한다.[119]

그러므로 그 법은 아담이 타락한 후에도 '의에 관한 온전한 법칙'으로 남아 있으며, 하나님과 사람에 대한 '우리의 의무들'(our duty)을 담고 있는 시내산에서 이스라엘 백성에게 선포된 십계명이 바로 그것이라고 단언한

---

[117] WCF.VII.5.6.
[118] WLC.33.
[119] to personal, entire, exact, and perpetual obedience WCF.XIX.1.

다.[120] 그러면서 그 율법이 바로 도덕법이라고 설명한다.[121] 이어서 '신앙고백'은 구약 시대에 주어진 '의식법'(ceremonial law)과 '재판법'(judicial law)은 신약 시대에 폐지되었지만, 이와 달리 도덕법은 의롭게 된 사람이나 그렇지 않은 모든 사람에게도 '항구적인 순종의 의무로 묶는다고 선언하는데 그것은 그 안에 담긴 내용 때문만이 아니라 창조주 하나님의 권위에 의해서도 그렇다고 설명한다.[122]

'대교리문답'은 91번에서 98번까지 비교적 상세하게 도덕법에 대해 설명한다. 먼저, 도덕법은 하나님이 사람에게 요구하시는 의무로서 그것은 '하나님의 의지'에 순종하는 것이라고 서술한다.[123]

그런데 도덕법에 대한 '대교리문답'의 내용은 단번에 결정된 것이 아니다. 웨스트민스터 회의의 의사록은 그 진술의 결정 과정을 보여 준다. 92번과 관련하여 처음에는 다음과 같은 질문과 대답으로 결정되었다.

> **문**: 누구에게 도덕법이 처음에 주어졌는가?
> **답**: 도덕법은 처음에 무죄 상태의 아담과 그 안에서 모든 그의 후손들에게 주어졌는데, 그것의 이행에는 생명을 약속하고 위반 시에는 죽음을 위협하는 것이었다.[124]

---

[120] WCF.XIX.2.
[121] a prefect rule of righteousness WCF.XIX.3.
[122] ever bind all ⋯ to the obedience WCF.XIX.5.
[123] The duty which God requireth of man, is obedience to His revealed will. WLC. 91.
[124] Q: To Whom was the moral law first given?
A: The moral law was first given to Adam in his estate of Innocency and I him to all his posterity, promising life upon the fulfilling and threatening death upon the breach of it. MPWA는 '대교리문답'의 92번이 여러 단계의 논의를 거쳐 최종 문장들로 확정되었음을 보여 준다. MPWA, IV: 644.

그리고 토론의 과정을 거쳐서 최종적으로 다음과 같은 내용으로 92번의 질문과 대답이 도출되었다.

> **문**: 하나님이 그에 대한 순종의 규칙으로서 처음에 사람에게 계시하신 것은 무엇인가?
>
> **답**: 선악을 알게 하는 나무의 열매를 먹지 말라는 특별한 명령 외에, 무죄 상태에 있는 아담과 그 안에서 모든 인류에게 계시하신 순종의 규칙은 도덕법이다.[125]

또한, '대교리문답'은 도덕법을 아담과 그가 대표하는 모든 인류에게 계시하신 것이라고 선언한 뒤에 도덕법에 대해 다음과 같은 정교한 해설을 덧붙이는데 이는 신앙고백의 설명보다 정교하다.

> 도덕법은 모든 사람을 그것에 개인적이며 완전하고 영속적인 복종과 순종으로 지시하고 묶는데, 영혼과 신체 전인간의 체질과 성향에서 그리고 하나님과 사람에게 부여된 거룩함과 의의 의무들을 수행하도록 하는 인류를 향한 하나님의 의지 선포이다. 그것의 충족에는 생명을 약속이, 위반에는 죽음의 위협이 있다.[126]

---

[125] Q: What did God at first reveal unto man as the rule of his obedience?
A: The rule of obedience revealed to Adam in the estate of innocence, and to all mankind in him, besides a special command not to eat of the fruit of the tree of the knowledge of good and evil, was the moral law. WLC.92.

[126] The moral law is the declaration of the will of God to mankind, directing and binding everyone to personal, perfect, and perpetual confirmity and obedience thereunto, in the frame and disposition of the whole man, soul and body, and in performance of all those duties of holiness and righteousness which he oweth to God and man: promising life fulfilling, and threatening death upon the breath of it. WLC.93. MPWA, IV: 642-644.

그런데 93번의 문장 중의 '영혼과 신체의 전인간의 체질과 성향에서'가 회의록에는 '영혼과 몸의 전체 의향과 체계 안에서'로 되어 있었음을 보여 주는데 이 또한 전체회의에서 '대교리문답'의 문장을 결정하는데 깊이 있는 토론이 있었음을 보여 주는 증거라고 할 수 있다.[127]

'대교리문답'은 아담이 타락한 뒤에는 아무도 도덕법에 따라 의와 생명에 이를 수 없음을 천명한 다음 도덕법이 여전히 모든 사람에게 공통으로 크게 소용된다고 다음과 같이 설명한다(94번).

> 도덕법은 모든 사람에게 유용한데, 하나님의 거룩한 본성과 뜻과 그에 따라서 사람들이 행하도록 묶는 의무를 알게 하는데 소용되며, 사람들이 이를 지키는데 무능력하고 그들의 본성과 마음과 생활의 죄악 된 부패함을 확신하게 하여 그들이 죄와 비참함의 느낌으로 겸손하게 하고, 그리스도를 소유하고 그의 순종의 완전함에 대한 필요성에 대해 더욱 분명한 시각을 갖게 하는 데 도움이 된다고 한다.[128]

따라서 중생하지 못한 사람에게도 도덕법은 그들의 양심을 일깨워 그리스도로 나아가게 하게 하거나 그들이 죄의 상태에 지속해서 머물러 있을 때 핑계댈 수 없게 하며 저주 아래 있게 함을 알게 한다고 경고한다.[129]

---

[127] in the frame and disposition of the whole man, soul and body WLC.93. in the whole disposition and frame of the soule and body MPWA, IV: 642.
[128] The moral law is of use the all man, to inform them of the holy nature and will of God, and of their duty, binding them to walk accordingly, to convince them of their disability to keep it, and of the sinful pollution of their nature, hearts, and lives; to humble them on the sense of their sin and misery, and thereby help them to a clearer sight of the need they have of Christ, and of the perfection of His obedience. WLC.95.
[129] WLC.96.

'소교리문답'은 도덕법에 대해 간단히 3개의 질문과 대답을 할당하지만, 하나님께서 자신의 의지에 순종하도록 사람에게 순종의 규칙으로 주신 것이 있음을 말하며 그 규칙은 바로 도덕법이라고 설명한다.[130] 그러면서 바로 이어서 도덕법이 요약적으로 담겨 있는 것이 십계명이라고 하면서 십계명 해설로 넘어간다.[131]

웨스트민스터 신학자들은 도덕법을 행위언약에 속한 것으로 보았다고 말할 수 있다. 왜냐하면, '신앙고백'이 19장 1항에서 도덕법을 창조할 시의 아담과 그의 후손들에게 주어진 행위언약이라고 설명한 후 2항에서 그 도덕법이 시내산에서 선포된 십계명이라고 진술하기 때문이다. 이것은 또한 '대교리문답'에서 더욱 분명하게 진술되는데 도덕법이 행위언약이라고 명시적으로 말하기 때문이다.[132]

그러나 이러한 진술들은 표준 문서들에서 진술된 언약에 대한 포괄적인 이해를 살펴야 바르게 이해할 수 있다. 왜냐하면, 이미 앞에서 살펴보았듯이, '신앙고백'과 '대교리문답'은 언약에 대한 설명에서 구약을 은혜언약에 속한 것으로 분명히 말하기 때문이다. '신앙고백'은 7장 3항에서 아담의 타락으로 말미암아 하나님은 두 번째 언약을 맺기를 기뻐하셨다고 말하며 5항에서는 이 언약이 율법 시대와 복음 시대에 다르게 집행되었다고 말하고, 이어서 6항에서 단 하나의 은혜언약이 시행 방법에 있어서 달랐다고 말한다. '대교리문답'도 34, 35번에서 은혜언약이 구약과 신약에서 다르게 시행되었다고 말한다.

---

[130] WSC. 39, 40.
[131] WSC. 41-81.
[132] The moral law as a covenant of works, WLC.97.

그렇다면 '신앙고백'과 '대교리문답'이 도덕법과 관련한 설명에서 도덕법이 행위언약이라고 말하는 이유는 무엇인가?

페스코는 웨스트민스터 신학자들 대부분이 언약을 행위언약과 은혜언약의 두 개의 언약으로 이해하고 있으며 시내산언약을 은혜언약에 속한 것으로 보고 있지만, 그들 가운데는 도덕법의 성격과 관련하여 행위언약과 은혜언약과의 관계에 대해서는 다양한 입장을 가진 사람들이 있었으므로 총회는 단 하나의 입장을 명시적으로 표명하는 것을 배제하였다고 주장한다.[133]

또 페스코는 율법폐기론자인 토비아스 크리스프(Tobias Crisp)가 모세언약을 은혜언약에 속한 것으로 주장하면서도 도덕법은 은혜언약과 아무런 관계도 없으며, 그러므로 도덕법이 신자들에게 아무런 구속력이 없다고 주장한 것에 분명하게 반대하기 위하여 웨스트민스터 신학자들은 도덕법을 한편으로는 행위언약에 속한 것으로 보면서 다른 한편으로는 영속적이라고 서술하는데 동의한 것이라고 설명한다.[134]

---

133 John V. Fesko, 『역사적, 신학적 맥락으로 읽는 웨스트민스터 신앙고백서』, 193. 또한, 마크 W. 칼버그(Mark W. Karlberg)도 페스코와 동일한 설명을 하는데 그는 웨스트민스터 신학자들이 모세언약의 율법의 특성에 대한 다양한 해석의 가능성을 열어두었다고 말한다. Mark W. Karlberg, *Covenant Theology in Reformed Perspective* (Eugine OR: Wipf and Stock Publisher, 2000), 39.

134 John V. Fesko, 『역사적, 신학적 맥락으로 읽는 웨스트민스터 신앙고백서』, 194-198. 또한, 웨스트민스터 회의록에서는 하나님의 율법에 관하여 토론할 때 율법과 창조의 관계를 언급하지 않기로 결의하였다고 하였는데 이에 대해 존 라이트푸트(John Lightfoot)가 반대하였다는 기록이 남아 있는 것으로 보아 이에 대한 논의가 심도 있었음을 보여 준다. MPWA, III: 735.

(3) 율법의 제3용도

16세기 종교개혁 시기에 자유파(The Libertines)의 등장과 활동이 칼빈이 율법의 제3용도에 관한 관심과 강조를 하게 하였다면[135] 17세기의 영국에서의 율법폐기론자들의 활동은 웨스트민스터 신학자가 율법의 제3용도에 대해서 특별한 관심을 두고 강조하여야 하는 주제가 되게 하였고 그러한 관심은 웨스트민스터 표준 문서들에서 확인된다. 그 문서들에서 율법의 제3용도라는 명시적인 문구는 사용되지 않지만, 언약과 율법의 맥락에서 율법의 제3용도가 설명되고 있다.

'신앙고백'은 제19장 6항에서 율법의 제3용도에 대해 설명한다. 신자들에게도 율법은 크게 유익한데 바로 '생활의 법칙으로서'(as a rule of life) 하나님의 뜻과 신자들의 의무를 알려주어 그들이 그에 따라 행하도록 그들을 지시하고 '묶어 주기'[136] 때문이라고 서술한다. 이어서 율법의 첫 번째와 두 번째 용도인 죄의 부패성을 드러내는 것과 그리스도의 필요성을 깨닫게 하는 것을 설명한 후에 다음과 같이 설명한다.

> 이것은 거듭난 자들에게도 같아서 그들의 죄를 금함으로 그들의 부패를 억제하고, 율법의 위협은 그들이 율법에서 위협된 저주들로부터 해방되었

---

[135] 권경철은 '칼빈이 본 율법의 제3용법: 멜랑흐톤과의 공통점이자 차이점'이라는 논문에서 율법의 제3용도는 멜랑흐톤에게서 시작되었고 칼빈도 그에게서 영향을 받았지만 칼빈은 더 나아가서 율법의 제3용도야말로 율법의 으뜸가는 용법이며 율법을 주신 목적에 더욱 부합하는 성질이라고 주장하였다고 한다. 그는 또한 칼빈이 율법의 제3용도를 강조한 것은 자유파의 방종을 경계하고 비판하며 신자는 율법을 성화의 방편으로 사용함으로 거룩한 삶을 살아야 함을 강조하기 위함이었다고 설명한다. 권경철, "칼빈이 본 율법의 제3용법: 멜랑흐톤과의 공통점이자 차이점", 「역사신학논총」 31 (2017), 100-121.

[136] 이 부분, 즉 '그들을 묶는다'(binds them)는 표현은 본회의에서 추가된 것이다. MPWA, IV: 252.

을지라도 그들에게 죄에 합당한 것과 이 땅에서의 환란에 대해 보여 준다. 이와 같은 방식으로 율법의 약속들은 순종에 대한 하나님의 승인과 그들이 행한 것들에 대해, 행위언약으로서의 율법으로 말미암은 것이 아니지만, 그들이 기대할 수 있는 축복을 보여 준다. 그러므로 사람의 선행을 장려하고 악을 제어함으로 말미암아 율법이 사람에게 선을 격려하고 악으로부터 멀어지게 하는 것이 그가 은혜언약이 아니라 행위언약에 있다는 증거가 되는 것은 아니다.[137]

그런데 이 부분에서도 전체회의에서 수정되거나 추가된 부분이 있음을 웨스트민스터 의사록은 보여 주는데 이 땅에서의 '환란들'(What afflictions)이라는 문구는 '징벌들'(chastizements)이라는 말 대신에 대체해야 한다는 버지스 박사(Dr. Burgess)의 주장의 관철로 첨가된 것이며, '순종에 대한 하나님의 승인'(God's approbation of obedience)이라는 문구 또한 그 회의에서 추가되었다.[138]

이어지는 7항에서는 율법의 제3용도가 복음의 은혜와 반대되는 것이 아니라 오히려 그것에 순조롭게 잘 순응한다고 말한다. 그것은 그리스도의 영이 사람의 의지를 억제하고 능하게 하여 행하도록 요구된 율법에 계시된 하나님의 뜻을 자유롭고 즐겁게 하도록 하기 때문이라고 설명한다.[139]

---

[137] It is like wise of use to the generate, to restrain their corruptions, in that it forbids sin: and the threatenings of it serve to show what even their deserve; and what afflictions, in this, they may expect for them although freed from the curse therof threatened I the law. The promises of it, in like manner, show them Gods's approbation of obedience, and what blessings they may expect upon the performance therof: although not as due to them by the law as a covenant of works. So as, a man's doing good, and refraining from evil, because the law encourageth to the one, and detereth from the other, is on evidence of his being under law; and not under grace. WCF.XIX.6.
[138] MPWA, IV: 256-258.
[139] WCF.XIX.7.

'대교리문답'은 도덕법이 중생한 사람들에게 특별하게 소용됨을 설명하면서 율법의 제3용도를 해설한다. 그리스도를 믿는 신자들은 행위언약으로서의 도덕법에서 해방되었고 그것으로 말미암아 의롭게 되거나 정죄되는 것은 아닐지라도, 그들에게는 도덕법의 특별한 소용이 있다. 그것은 율법을 성취하시고 그들 대신에 정죄를 감당하신 그리스도와 그들이 얼마나 강하게 '묶여 있는지를' 보여 주며 또한 그들에게 더욱 감사를 촉진하고 '그들의 순종의 법칙으로서' 그들이 더욱 큰 관심으로 도덕법들을 따르게 한다는 것이다.[140]

'소교리문답'에서는 율법의 제3용도를 직접 언급하지는 않는다. 하지만 40번에서 도덕법에 대해 설명한 후에 41번에서 그것이 바로 십계명에 요약되어 있다고 말한다. 그리고 곧바로 42번부터 81번에 걸쳐서 십계명에 대한 자세한 해설로 넘어가는데 이는 십계명이 당대의 모든 그리스도인에게 적용되는 것으로 설명함으로써 그 안에 율법의 제3용도를 내포한 것으로 볼 수 있다. 이것은 '소교리문답'의 십계명 해설에서 '우리'(we), '우리에게'(us), '우리의'(our), '우리 자신의'(our own)와 같은 표현을 반복해서(31회) 사용하고 있는 것을 통해서도 확인할 수 있다. 일례로 '소교리문답'의 42번은 다음과 같이 묻고 대답한다.

> **문**: 십계명의 골자는 무엇인가?
>
> **답**: 십계명의 골자는 **우리의** 마음과 **우리의** 영혼과 **우리의** 힘 그리고 **우리의** 생각으로 주 **우리** 하나님을 사랑하고 또한 **우리의** 이웃을 **우리** 자신과 같이 사랑하는 것이다.[141]

---

[140] they are bound to Christ … as the rule of their obedience. WLC. 97.
[141] Q: What is the sum of the ten commandment?

앤드류 울시(Andrew A. Woolsey)는 웨스트민스터 표준 문서의 언약신학이 전체적으로 칼빈과 그의 개혁신학 동료들의 영향을 받은 것임을 논증하면서 직접적으로는 제임스 어셔(James Usher, 1580-1656)와 존 볼(John Ball, 1586-1640)의 언약신학과 매우 밀접한 관계가 있으며 '신앙고백'의 언약에 대한 설명의 상당 부분에서 용어와 문구들의 유사함을 주장하였다.[142]

그러면서 그는 언약에서의 일방성과 쌍방성에 대한 논의가 웨스트민스터 표준 문서들에서 조화를 이루게 되었다고 평가한다. 그것은 합리적으로 볼 때 언약은 다만 명목상의 조건적이지만 경험적으로 볼 때 언약은 하나님이 그 백성에게 그를 영화롭게 하고 즐거워하게 하는 방법을 가르치기 위한 '은혜의 방편'이었다는 것이다.

또 하나님의 목적 안에서 조건은 의미가 있었고 관계를 발전시키는 실제였다는 것이다. 그는 또한 '신앙고백'이 그리스도에게 초점을 맞추고 전체적으로 그리스도론을 중심으로 구성되어 있음으로써 행위언약과 은혜언약을 조화시켰다고 평가한다. 그리스도는 언약의 주체이며 성취 자이시며 그 안에서 신자들이 언약의 조건과 요구된 사항들을 성취할 수 있게 하셨기 때문이라는 것이다.[143]

최근에 라이언 M. 리브스(Ryan M. Reeves)는 도널드 페어베언(Donald Fairbairn)과 함께 공동으로 저술한 책 『신조와 신앙고백 이야기』(*The Story of Creeds and Confessions*)에서 웨스트민스터 '신앙고백'의 가장 영향력 있는 부

A: The sum of the ten commandment is, To love the Lord **our** God with all **our** heart, with all **our** soul, with all **our** strength, and with all **our** mind; and **our** neighbour as **ourselves**. WSC.42 강조는 필자의 것.

142 Andrew A. Woolsey, *Unity and Continuity on Covenantal Thought: A Study in the Reformed Tradition to the Westminster Assembly* (Grand Rapids: Reformation Heritage Books, 2012), 38-45.

143 Andrew A. Woolsey, *Unity and Continuity on Covenantal Thought*, 78-79.

분은 언약에 대한 부분이라고 하면서 '신앙고백'이 언약의 틀 안에서 하나님의 구원 계획을 설명한 것은 매우 특징적인 면모라고 평가하였다.

즉, '신앙고백'이 그리스도의 사람 되심은 행위언약을 지키기 위함이며 율법을 순종하시기 위함이라는 틀을 마련하고, 그리스도를 믿는 믿음의 토대를 신자들의 경험에 두지 않고 '대신하는 언약의 수행자로서의'(as the substitutionary covenant-keeper) 그리스도를 붙잡는데 둔 것이야말로 탁월한 진술이라는 것이다.[144]

리브스는 웨스트민스터 '신앙고백'이 영국(England)에서의 개혁신학에 대한 일치된 결말을 보여 준다고 언급하였는데 이것은 다만 '신앙고백'만이 아니라 그것과 함께 작성된 '대교리문답'과 '소교리문답'에도 해당하며, 또한 그 범위는 영국으로만 한정되는 것이 아니라 전체 개혁신학 역사에서의 진일보한 면모를 보여 주는 것으로써 또 하나의 절정에 이르렀음을 보여 주는 것으로 평가할 수 있다.[145]

웨스트민스터 총회의 신학자들은 아르미니안주의의 위험뿐 아니라 아르미니안주의에 반대하여 일어난 율법폐기론의 위험을 잘 알고 있었다. 그들은 특별히 구약과 신약의 연속성을 부정하고, 그에 뒤따르는 결과로서 신자의 삶의 법칙으로서의 도덕법을 부정하는 것이 건전한 신앙과 생활에 근본적이고도 심각한 위협이 되고 있음을 인식하고 있었다.

그리하여 그들은 진지하고도 깊이 있는 토론을 통해 그 오류와 위험을 폭로하며, 언약의 연속성과 더불어 신자의 삶에 대한 개혁신학의 내용을

---

[144] Donald Fairbairn and Ryan M. Reeves, *The Story of Creeds and Confessions* (Grand Rapids: Baker Academic, 2019), 355-356.
[145] Donald Fairbairn and Ryan M. Reeves, *The Story of Creeds and Confessions*, 355.

'신앙고백'과 '대교리문답'과 '소교리문답'에서 적절하게 진술함으로 그 시대의 위협에 지혜롭게 대처하였다. 특별히 '소교리문답'은 율법의 제3용도를 직접 언급하지는 않지만, 전체의 40퍼센트에 해당하는 43개의 문항을 십계명에 대한 해설에서 할당함으로써 율법의 제3용도에 대한 이해를 전체적으로 적용하고 있다.

  이 점에 있어서 '소교리문답'은 교회를 바른 신학 위에 세우고 신자들을 건전한 삶으로 이끄는 탁월한 임무를 수행했다고 할 수 있다. 그들의 이러한 이해와 노력은 다음의 제4장에서 살펴볼 '소교리문답'의 성화에 대한 진술을 통해 더욱 분명하게 드러날 것이다.

제4장

웨스트민스터 '소교리문답'의 성화와 율법의 순종

이제 본 연구는 하나님이 그리스도와 맺으신 언약으로 이루신 구원을 사람에게 적용하는 일들에 대한 웨스트민스터 신학자들의 이해 중에서 성화와 그 방편 혹은 수단에 대해 어떻게 이해했는지를 살펴볼 지점에 이르렀다.[1] 그들은 성화를 일차적으로 성령의 사역으로 이해하였으며 그렇게 성령의 새롭게 하심을 입은 신자들은 율법을 순종함으로써 더욱더 거룩해지는 것으로 이해했다. 그러나 이 땅에 사는 동안은 그 누구도 율법을 온전히 순종할 수 없으므로 완전한 성공은 불가능하다는 것도 인식하고 있었다.

그러나 이런 이유로 신자는 그리스도를 믿는 믿음과 회개를 통하여, 즉 외적인 은혜의 수단을 통해 주입하시는 성령의 은혜로 말미암아 새롭게

---

1 조엘 비키(Joel Beeke)와 마크 존슨(Mark Jones)은 피터 벌클리(Peter Bulkeley, 1583-1659)의 "은혜언약의 세 번째 유익은 성령으로 말미암아 우리의 본성을 새롭게 하고 거룩하게 하는 것이다"라는 말과, 주님이 자신의 언약백성들에게 하시는 것으로 말하는, "내가 너희 안에 있는 죄악되고 악한 본성을 새롭게 하고 변화시킬 것이다. 내가 너희 마음을 새 마음으로 만들어 너희가 내 뜻을 행하고 내 길을 따라 살게 할 것이다"라는 말을 인용하여 성화는 언약을 배경으로 파악되어야 한다고 주장하였다. Peter Bulkeley, *The Gospel-Covenant; or The Covenant of Grace Opened* (London: Matthew Simmons, 1651), 241-242. Joel Beeke and Mark Jones, 『청교도신학의 모든 것』, 612-613.

순종할 힘을 얻어 다시 율법을 순종하는 생활을 하게 된다고 확신했다. 그러한 과정이야말로 성화를 이루는 신자의 삶의 모습이라고 이해한 웨스트민스터 신학자들은 '소교리문답'에서 이러한 성화의 패턴을 분명하게 제시했다.

그러므로 본 장에서는 '소교리문답'의 성화에 대한 설명과 함께, 율법에 관한 설명에 대해 분석을 시도할 것이다. 그렇게 함으로써 '소교리문답'의 전체적인 주제가 성화를 이루는 삶, 곧 거룩한 생활을 강조하며 촉진하고자 함에 있음이 확인될 것이기 때문이다. 웨스트민스터 신학자들이 '소교리문답'에 '신앙고백'과 '대교리문답'의 내용을 핵심적으로 요약하여 진술한 것은 '소교리문답'이 당시의 영국 교회에서 실질적이고도 즉각적으로 사용될 것을 염두에 두었기 때문이다. 그리고 '소교리문답'은 실제로 가장 활발하게 사용된 표준 문서였다.

웨스트민스터 신학자들은 '소교리문답'을 작성함에서 신자들에게 구원의 도리를 설명하고자 하는 일반적인 목적과 함께, 신자들의 거룩한 삶을 염두에 두고 그러한 삶을 촉진하기 위한 특별한 목적으로 '소교리문답'을 작성했다. 이와 같은 저술의 목적은 이제 '소교리문답'의 성화와 율법에 대한 설명에서 확인될 것이다. 또한, '소교리문답'에서의 죄에 대한 이해와, 그에 따른 성화에 대한 설명 그리고 성화에서의 율법의 순종 관계에 대한 설명을 살펴봄으로써 더욱 분명해질 것이다. 또한, 성화에서 성령의 사역과 더불어 신자의 능동적인 역할을 강조하는 설명을 마지막으로 살펴봄으로써 이러한 주장은 더욱 강화될 것이다.

1. '소교리문답'의 중요성

앞에서 설명했듯이 웨스트민스터 신학자들은 총회가 소집된 지 2년 뒤인 1645년 7월 4일에 비로소 '신앙고백'의 작성에 대해 논의하기 시작했다.[2] 그리고 1년 10개월 뒤인 1647년 4월에 '신앙고백'의 작성을 마쳤다. 그리고 이어서 그해 10월에는 '대교리문답'을, 11월에는 '소교리문답'을 작성했다.[3]

하지만 '신앙고백'에 대해 논의하기 두 달 전인, 1645년 5월 13일에 총회에 참석한 신학자들은 벌써 앞으로 작성될 '신앙고백'의 내용을 교리문답의 형식으로 작성하여 교회의 성도들에게 가르칠 것에 대해 논의했다. 이 논의에서 신학자들은 '소교리문답'이 교리교사와 어린이들을 위한 '지도서'(directory)가 되어야 함을 언급했다.[4]

동시에 그들은 교리문답을 작성함에서 가장 주의를 기울여야 할 부분은 '대답'(answer) 부분으로서 그것은 어린이들이 '가지고 있는'(hath) 지식이 아닌 그들이 '마땅히 가져야 할'(ought to have) 지식에 대한 '양식'(model)에 맞추는 것이어야 한다고 주장했다.[5]

---

2 MPWA. III: 627.
3 존 머리(John Murray)는 '소교리문답'이 웨스트민스터 총회가 생산한 문서 중에 '가장 탁월한'(the finest document) 문서이며 교회 역사에서 교리문답에 관하여 '가장 완전한 문서'(the most perfect document)라고 평가하였다. John Murray, "The Theology of the Westminster Confession of Faith", in *Collected Writtings of John Murray* (Edinburgh: Banner of Truth Trust, 1982), 258.
4 MPWA, III:598-600. 교리문답이 신앙 '지도서'(directory)가 되어야 한다고 주장한 사람은 스테판 마샬(Stephan Marshall, 1594/5-1655)과 조지 길레스피(George Gillespie, 1613-1648), 라자루스 시맨(Lazarus Seaman, d.1675) 그리고 에드워드 레이놀즈(Edward Reynolds, 1599-1676) 등이었다.
5 MPWA. III: 600.

또한, 그들은 교리문답서의 목적이 믿음의 지식을 함양하는 것과 그것에 대한 검증이기 때문에 가장 친근한 방식으로 교리를 설명하는 교리문답의 본질을 유념하면서도 또한 개혁 교회의 경험이 고려되어야 한다고도 했다.[6] 그리고 이듬해인 1646년 1월 14일 총회에서는 두 개의 교리문답서가 작성되어야 하며 그것들은 '신앙고백의 시각을 갖도록'(having an eye to the confession of faith) 하기 위한 것이어야 함을 결의했다.[7]

이러한 논의를 거쳐서 웨스트민스터 '대교리문답'과 '소교리문답'이 '신앙고백'의 내용을 가르치기 위하여 작성되었다. 그런데 총회의 신학자들이 두 개의 교리문답이 필요하다고 생각한 것은 청중의 다양한 나이와 지식에서의 차이를 고려한 때문이었다. 신앙에 대한 이해가 있는 사람과 그렇지 않은 사람의 차이 그리고 어른과 어린이의 지식에 대한 수납의 정도의 차이가 마땅히 고려되어야 한다고 그들은 생각했다. 즉, '고기'와 '우유'를 한 접시에 담을 수는 없다고 생각한 것이다.[8]

더구나 총회가 열리고 있던 당시에 상당수의 교리문답이 쏟아져 나왔을 뿐 아니라[9] 잘못된 교리를 가르치는 교리문답서들이 출현하였으

---

6 MPWA. III: 600.
7 MPWA. IV: 399.
8 Alexander F. Mitchell. *The Westminster Assembly: Its history and standards*, (Philadelphia: Presbyterian Board of Publication, 1897), 429. 미첼은 1647년 8월 에딘버러 총회에서 G. 길레스피(G. Gilespie)는 웨스트민스터 총회가 보통의 배움이 없는 사람의 이해력에 맞추어 완전하고도 쉽게 설명하는 것에 대해 큰 어려움에 직면하였으며 그에 따라, 그런 사람들을 위한 짧고 평이한 교리문답과 이해력이 있는 사람을 위한 보다 큰 교리문답 이해력을 가진 사람을 위한 두 개의 교리문답을 만들게 되었다고 설명한다. John R. Bower, *The Larger Catechism A Critical Text and Introduction* (Grand Rapids: Reformed Heritage Books, 2010), 11. 바우어는 '우유와 고기를 한 접시에 담는 것'(to dress up milk and meat both in one dish)에 대한 말은 S. 러더퍼드(S. Rutherford)가 한 것이라고 말한다.
9 Ian Green, *The Christian's ABC: Catechisms and Catechizing in England c.1530-1740* (Oxford: Clarendon Press, 1996), 51. 그린은 1530년에서 1740년까지 잉글랜드에서 출판된 개신교 교리문답서가 680 개 정도 된다고 말하는데 그 중에 1640년에서 1649년까지

므로[10] 총회의 신학자들은 보통의 수준으로 만들어내는 교리문답서가 맞닥뜨릴 위험을 분명하게 인식하고 있었고 정통적인 교리를 설명하는 탁월하고도 대표적인 교리문답서의 작성이 요구됨을 자각하고 있었다.[11]

'소교리문답'의 중요성을 다루기 위해서는 먼저 '대교리문답'의 구조를 살펴보는 것이 선행되어야 한다. 왜냐하면, 위의 두 개의 교리문답이 내용에 있어서 '신앙고백'을 압축하여 설명하고 있으므로 전체적으로는 신앙고백의 구조에 따라 설명하고 있지만, 부분적으로 다른 면이 있기 때문인데 특별히 '소교리문답'은 '대교리문답'을 형식적 토대로 하여 핵심적이고 필수적인 내용을 제시하기 위하여 작성되었기 때문이다.

그러므로 먼저 '대교리문답'의 특징에 대해 살펴보아야 '소교리문답'의 특징이 선명하게 부각될 것이다.

'대교리문답'의 구조를 살펴보면 대략 전반부까지는 '신앙고백'의 순서와 동일하게 구성되어 있다. 즉, '대교리문답'은 제2번부터 신앙고백의 1장과 같이 '성경에 대하여'(Of the Holy Scripture)로부터 시작하여, 구원의 서정 가운데 신앙고백의 제18장 '은혜와 구원의 확신에 대하여'(Of the

---

83개의 교리문답이 출판되었다고 한다. 바우어는 웨스트민스터 총회가 열리고 있던 시기인 1645년과 1646년 사이에 거의 40개의 교리문답서들이 출판되었다고 한다. John R. Bower, *The Larger Catechism*, 12.

10 문제가 되는 대표적인 교리문답은 아르미니안 신학자인 헨리 하몬드(Henry Harmond)가 웨스트민스터 총회가 작성한 '예배모범'(The Directory for Public Worship)에 반대하여 쓴 『실제적인 교리문답』(*A Practical Catechism together, with a treatise of Conscience* (London, 1645)이다. 웨스트민스터 총회는 이 책에 대해 체이넬(Francis Chenynell, *bap*.1608, *d*. 1665)과 안토니 터크니(Anthony Tuckney, 1599-1670)로 하여금 조사하도록 지시하였다. MPWA, III:705.

11 John R. Bower, *The Larger Catechism*, 14. 헤더링턴 또한 총회에 참석한 신학자들은 보다 정확하고 완전한(a more accurate and complete) 교리문답서를 작성하는 것에 대한 의무를 자각하고 있었음을 지적한다. William M. Hetherington, *History of Westminster Assembly of Divines* (Edmonton: Still Waters Revival Books, 1856, reprnited in 1991), 300.

Assurance of Grace and Salvation) 설명하는 81번까지는 '신앙고백'과 동일한 순서로 진행되었다.

하지만 그 이후부터는 '신앙고백'과는 다른 순서로 진행되었다. 즉, '신앙고백'은 제19장에서 '하나님의 율법에 대하여'(XIX. Of the Law of God) 설명하는 것과 달리 '대교리문답'은 82, 83, 86번에서는 '영광 가운데서의 무형 교회의 교제'(the communion in glory of the members of the invisible church)를 다루고 이어서 84-88번까지는 '죽음'(death)과 '부활'(resurrection)을 다룬다. 그리고 이어지는 89, 90번에서는 '의인과 악인에 대한 심판'(judgement to the wicked and the righteous)을 다룬다. 그러나 '신앙고백'은 이 주제들을 맨 끝부분인 제25장과 26장에서 다룬다.

이후 '대교리문답'은 91번에서 그 구조에 따른 두 번째 주제인 '하나님의 사람에게 요구하시는 의무'(the duty which God requires of man)로 넘어가서 92번에서 97번까지는 '도덕법'(the moral law)을 다루고 바로 이어지는 99번부터 150번까지는 도덕법에 대한 요약인 '십계명'(the commandments)에 대한 해설을 시도한다. 그리고는 151번부터 153번까지 계명을 범한 죄인이 받을 '진노와 저주를 피하고자 하나님이 요구하시는 것들'을 설명한다. 그 후에 154번에서 그리스도께서 전달하시는 세 가지 '외적 은혜의 수단'(the outward means)으로 말씀과 성례와 기도가 있음을 제시한 다음 곧바로 그것들을 자세하게 설명한다. 즉, 154번에서 160번까지는 외적 수단으로서의 '말씀'에 대하여, 164번에서 177번까지는 '성례'(Sacraments)에 대해 설명한 후에 마지막으로 178번에서 196번까지는 기도와 관련하여 '주기도문'(The Lord's Prayer)을 해설하는 것으로 끝난다.

'대교리문답'은 '신앙고백'의 뒷부분인 제20장에서 다루고 있는 '그리스도인의 자유와 양심의 자유에 대하여'(Of Christian Liberty, and Liberty of

Conscience)와 22장의 '합법적인 맹세와 서원에 대하여'(Of Lawful Oath and Vows), 23장의 '국가 공직자에 대하여'(Of the Civil Magistrate) 그리고 30장의 '교회의 권징에 대하여'(Of Church Censures)와 31장의 '대회와 총회에 대하여'(Of Synod and Councils)에 관해서는 다루지 않는다.

이것들은 교리문답의 내용으로 적합하지 않은 것으로 판단되었기 때문일 것이다. '대교리문답'의 이러한 선택적 구조는 성경에서 주로 가르치는 내용이 사람이 하나님에 대해 믿을 것과 하나님께서 사람에게 요구하시는 것에 대한 것이라는 5번의 설명에 따라 선별된 것으로 보인다.[12]

'대교리문답'은 대체로 '신앙고백'의 재진술인 것으로 간주하지만 언약과 그리스도의 중보직과 삶 그리고 구속의 혜택들에 대한 진술에서는 '신앙고백'보다 신선하고도 진일보한 설명을 하고 있다.[13] 특별히 성화에 대한 부분은 '신앙고백'의 설명보다 상세한 설명을 제시함으로 성화에 대한 풍부한 이해를 도모하고 있는데 '대교리문답' 75번의 내용이 그것이다.[14]

'대교리문답'의 성화에 대한 설명은 최종 형태로 결정되기까지 총회의 네 번의 전체 회의에서 토론되었는데, 처음에 회의에서 결정된 성화에 대한 설명은 다음과 같다.

12　Q: What do the scriptures principally teach?
　　A: The scriptures principally teach, what man is to believe concerning God, and what duty God requires of man. WLC. 5.
13　John R. Bower, *The Larger Catechism*, 19,27. 또한, 마크 E. 로스(Mark E. Ross)는 '대교리문답'이 신자들의 신앙에 직접 연관되는 질문들로 되어 있음을 지적하면서 P. 샤프(P. Schaff, The Creeds of Christendom, 786)의 비판과 달리 매우 실제적이라고 평가하였다. Mark E. Ross, "Improving the means of Grace: The Larger Catechism on Spiritual Growth", in *The Westminster Confession into the 21st Century*, Ed. Ligon Duncan (Ross-shire: Mentor, 2009), 420.
14　Morton H. Smith, "Theology of Larger Catechism", in *The Westminster Confession into the 21st Century vol.1*, ed. Ligon Duncan (Ross-shire: Mentor, 2004), 109.

성화는 하나님의 은혜 사역으로서 그로써 칭의 되고 효과적인 부름 안에서 모든 은혜의 씨를 받음으로 중생 된 사람들이 그들 안에 내주하시며 그들에게 그리스도의 죽음과 부활을 적용하시는 강력한 성령의 사역으로 말미암아 하나님의 형상을 따라 전 인간이 더 새로워지는 것이다. 또한, 그들의 은혜는 더욱 각성 되고 강건하게 되고 증가되어 그들은 죄에 대하여는 죽고 의에 대하여는 살게 되어 하나님을 경외하는 가운데 거룩함이 완전해진다.[15]

그러나 이어지는 두 번의 회의에서 더 토론을 진행한 후에 일주일 뒤인 1647년 6월 3일에 다음과 같은 최종적인 문구로 확정되었다.

성화는 하나님의 은혜 사역으로써, 거룩하게 되도록 하나님이 세상의 창조 전에 선택한 자들을 적절한 때에 거룩한 성령(**그의 영**)의 강력한 역사를 통해 그리스도의 죽음과 부활을 그들에게 적용하시는 것이다. 하나님의 형상을 따라 그들의 전 인간에 [**생명에 이르는 회개의 씨앗과**] 모든 [**다른**] 구원의 은혜를 그들의 마음에 두심으로 모든 은혜가 북돋워지고 증가되며 강건하게 됨으로 그들은 점점 더 죄에 대하여는 죽고 생명의 새로움에 대해서는 향상된다.[16]

---

15 MPWA, IV:568. "A Sanctification is the Worke of God's grace whereby all those that are justified, having of their effectuall calling and Regeneration Received the seeds of all graces, are through the powerful operation of the spirit dwelling in them and applying the death and resurrection of Christ unto them, further renewed in the whole man after the Image of God, and have all their graces soe quickened, strengthen and increase, as that they dy unto sin and live unto righteousness, perfecting holyness in the feare of God." 이것은 1647년 5월 28일의 851번째 회의(session 851)에서 결정된 내용이다.

16 MPWA, IV:568. 회의록에 기록된 최종 결정된 내용은 다음과 같다. 하지만 표준 문서로 출판되었을 때는 부분적으로 다르게 되었는데 괄호부분의 볼드체로 강조된 부분이

이것은 총회의 신학자들이 성화에 대해 매우 높은 관심이 있으며 가능한 대로 충분하고도 정확한 설명을 제공하고자 노력하였음을 보여 준다. 또한, '신앙고백'이 칭의와 성화의 차이에 대해 아무런 설명도 하지 않지만 '대교리문답'은 양자 사이의 차이를 제시함으로써 '신앙고백'보다 성화에 대해 더욱더 풍부한 지식을 제공하고 있다.[17] 더구나 '대교리문답'은 각 부분의 설명에 대한 증빙 성구를 제시함에서 '신앙고백'보다 월등히 많다. 신앙고백은 2,800개의 성구를 제시하지만 '대교리문답은 3,600개의 성구에 호소하고 있다.[18] 이러한 '대교리문답'의 특성을 이해하여야 '소교리문답'의 특징 혹은 중요성이 선명하게 드러날 것이다.

'소교리문답'은 작성 단계부터 매우 중요하게 취급되어서 지속해서 작성에 관여하는 신학자들이 증가했다. 1647년 8월 3일 회의에서 가장 먼저 허버트 팔머(Herbert Palmer, 1601-1647)가 '소교리문답'의 초안을 작성하는 위원회의 의장으로 지명된 이후 토마스 템플(Thomas Temple, 1602-1661),

---

표준 문서의 내용이다. WLC. 75. 'Sanctification is a worke of Gods grace, whereby they whom God hath before the foundation of the world chosen to be holy are in time, through the powerful operation of the holy(**his**) spirit, applying the death and resurrection of Christ unto them, renewed in their whole man after the image of God, having the seeds of all saving graces(**having the seeds of Repentance unto life, and of all saving grace**) put into their hearts and those graces are stirred up, increased, and strengthened as that they more and more dy unto sin and rise unto newnesse of life. *The Westminster Standards: An Original Facsimile* (New Jersey: Old Path Publications, 1997), A Larger Catechism, 19.

17 Q: Wherein do Justification and sanctification differ?
A: Although sanctification be inseparably joined with justification, yet they differ, in that God in justification imputeth the righteousness of Christ; in sanctification his Spirit imfuseth grace, and enableth to the exercise thereof; in the former, sin is pardoned; in the other it is subdued: the one doth equally free all believers from the revenging wrath of God, and that perfectly in this life, that they never fall into condemnation; the other is neither equal in all, nor in this life perfect in any, but growing up to perfection. WLC.77.

18 John R. Bower, *The Larger Catechism*, 43.

존 라이트푸트(John Lightfoot, 1602-1675), 존 그린(John Greene, fl. 1639-1647), 빌립 델미(Philipe Delmy, d. 1653) 등이 그 위원으로 선택되었다.

이후 11월 9일에는 코르넬리우스 버지스(Cornelius Burges, d. 1665)와 다니엘 코드리(Daniel Cawdry, 1587/8-1664)가 초안의 검토(review)를 위한 위원으로 지명되었으며 존 월리스(John Wallis, 1616-1703)가 서기로 참석했다. 11월 16일에는 안토니우스 터크니(Anthony Tuckney, 1599-1670)가 초안의 검토 결과에 대한 최종보고서를 작성했고 다음 날인 17일에 총회는 수정된 '소교리문답'을 받아들이기로 결의한 후 25일에 '소교리문답'을 상, 하 양 의회에 송부했다. 총회는 위원회가 작성한 초안이 작성된 시점인 10월 21일부터 한 달 동안 지속해서 '소교리문답'의 내용에 관하여 토론했다.[19]

19세기 학자인 알렉산더 F. 미첼(Alexander F. Mitchell)은 총회가 '소교리문답'의 내용에 대해 토론한 내용 중의 하나에 주목한다. 총회는 '삼위일체'(6번)를 설명함에서 '본체'(substance)와 관련하여 초안에는 '본체에서 하나'(one in substance)로 된 표현을 '본체에서 동일하심'(the same in substance)으로 바꾸었는데 이에 따라 '대교리문답'(9번)도 동일하게 수정하였다.[20] 이러한 예는 총회가 '소교리문답'을 작성하면서 그 중요성을 깊이 인식하고 정확하게 내용을 진술하고자 노력하였음을 보여 주는 단면이라고 할 수 있다.

일반적으로 '소교리문답'은 두 부분으로 되어 있다고 이해됐다. 즉, '소교리문답' 3번의 질문과 대답에서 설명되고 있는 바에 따라, 사람이 하나

---

[19] MPWA. IV: 698-709. 또한, 헤더링턴은 웨스트민스터 신학자들이 '신앙고백'을 비롯한 '대교리문답'과 '소교리문답'을 작성함에 있어서 각 문단과 문장, 심지어는 단어까지도 신중하게 검토되었다고 말한다. Hetherington, *History of Westminster Assembly of Divines*, 345.

[20] Alexander F. Mitchell. *The Westminster Assembly*, 439.

님에 대해 믿어야 할 것(4번-38번)과 하나님이 사람에게 요구하시는 의무에 대한 것(39번-107번)이라는 이중적인 구조로 이해하는 것이다. 하지만 이러한 이해는 '소교리문답'의 전체적인 얼개를 언급하는 1-2번의 질문의 중요성을 간과한 것이다.

더욱이 1번은 '소교리문답'의 전체를 아우르는 열쇠가 되는 문장으로 이해해야 한다. 그러나 대부분의 '소교리문답'의 첫 번째 질문에 관한 연구들은 그 질문의 역사적 기원에 대한 추적이나 그 의미에 대한 신학적 해석에 머무는 한계를 드러났다.[21]

그리고 2번 또한 1번과 3번을 연결하는 역할을 하고 있음을 고려하여야 한다.[22] 즉 '소교리문답'의 첫 두 질문과 답은 '소교리문답' 전체를 포

---

[21] 대부분의 '소교리문답'에 대한 해설들은 주로 그 질문이 포함하는 신학적 의미에 대한 해설이었는데 대표적으로 다음과 같은 책들이 그러하다. Thomas Vincent, *The Shorter Catechism Explained from Scripture*, 1674, reprinted Edinburgh: Banner of Truth Trust, 1980), 13-17. John Flavel, "An Exposition of the Assembly's Shorter Catechism, 1688", in *The Works of John Flavel*, vol. VI (Crawley, Sussex: Banner of Truth Trust, 1968), 141-145. Thomas Watson, *A Body of Divinity* (1692, reprinted Edinburgh: The Banner of Truth Trust, 1997), 6-26. Thomas Boston, "An Illustration of the Doctrines of The Christian Religion", in *Complete Works of Thomas Boston*, Vol. I. (Wheaton, Illinois: Richard Owen Roberts, Publishers, 1980), 9-76. Alexander Whyte, *An Exposition on the Shorter Catechism* (T&T Clark, 1883, reprinted ross-Shier: Christian Focus Publication, 2004), 13-15. 20세기 초 B. B. 워필드(B. B. Warfield)가 '소교리문답' 1번에 대한 논문을 썼지만 그 또한 그것이 칼빈에게서 비롯되었으며 그의 영향을 받은 윌리엄 에임즈(William Ames, 1576-1633)와 존 볼(John Ball, 1585-1640)의 교리문답의 영향을 받았음을 밝혔을 뿐, 그 내용에 대한 심도 있는 연구는 없었다. B. B. Warfield, *The Westminster Assembly and its work* (New York: Oxford University Press, 1931, reprinted Grand Rapids: Baker Book House Company, 1991), 379-400. 최근에 서요한은 이 질문의 의미를 신학적, 인간론적, 역사적 측면에서 해설하면서 하나님 나라의 전개과정에서 그리스도가 진정한 통치자임을 주장한 것으로 해설하였다. 서요한, "웨스트민스터 새/소요리문답 소고: 성경과 신조의 관계, 웨스트민스터 대소요리문답 제1문을 중심으로" 「신학지남」 83-2 (2016), 213-224.

[22] John F. Cannon, "The influence exerted by The Westminster Symbols upon the individual, the family and society", in *Memorial Volume of The Westminster Assembly. 1647-1897*, eds,.

괄하고 이후의 전체의 내용을 이끄는 근간으로 구성되어 있음을 주목해야 한다.

그 첫 번째 질문, '사람의 최고의 목적이 무엇인가?'와 이에 대한 대답인 '사람의 최고의 목적은 하나님을 영화롭게 하고 영원토록 그를 즐거워하는 것이다'라는 설명은 이후의 '소교리문답'의 내용 전체를 통해 그 방법이 설명될 것이라고 함축하고 있음을 파악해야 한다.[23] 그리고 1번에서 제기된, 하나님을 영화롭게 하고 영원토록 그를 즐거워하는 것이 사람의 최고의 목적이라는 선언적인 문장은 이어지는 2번을 통해 그 실제적이고 실천적인 방법이 제시되고 있다. 2번에서는 그 목적을 실현하기 위하여 하나님께서 주신 '규칙'(rule)에 대해 말하는데 신구약 성경이 바로 하나님을 영화롭게 하고 즐거워함을 가리키는 '그 유일한 법칙'(the only rule)이라고 말한다.

그리고 성경이 가르치는 주요한 가르침을 설명하는 3번 질문의 대답의 두 번째 설명에서는 '하나님이 사람에게 요구하시는 의무'(duty God requires of man)를 언급한다. 이러한 하나님이 요구하시는 의무라는 표현은 이미 언약을 전제하고 있음을 나타내는 것이다. 이러한 표현은 '소교리문답'의 구조에서 중요한 뼈대로 기능하고 있는데, 이후 '하나님이 요구하신다는 표현이 14회 정도 반복해서 나타나는 것을 통해 확인할 수 있다.

즉, '소교리문답'의 두 번째 부분이 시작되는 39번과 이후 십계명 해설에서 46, 50, 54, 58, 61, 64, 68, 71, 74, 77, 80번 그리고 사람이 완전하게

Francis R. Beattie (Richmond: The Presbyterian Committee of Publication, 1897, reprinted by Bibliolife), 259. 캐넌은 다른 교리문답들이 그런 것처럼 '소교리문답'의 첫 번째 질문도 이후의 전체의 특징과 내용을 담고 있는 요지(keynote)가 된다고 하였다.

[23] Q: What is the chief end of man?
A: Man's chief end is to glorify God, and to enjoy him forever. WSC1.

계명을 지킬 수 없으므로 받게 될 진노와 저주에서 피하도록 하나님께서 제시하신 외적인 은혜의 방편에 대한 설명인 85번, 마지막으로 주의 만찬을 합당하게 받기 위한 태도를 설명하는 97번 등이다.

이렇게 볼 때 '소교리문답'은 처음부터 언약 관계 안에서 하나님에 대한 의무의 요구를 순종하는 것이 하나님을 영화롭게 하고 즐거워하는 것이라는 것을 제시하고 있다.[24] 따라서 '소교리문답'은 언약에 기초한 하나님의 요구에 대한 순종을 주요 주제로 하는 단일한 구조로 구성되어 있다고 보는 것이 타당하다.

'소교리문답'이 율법에 대한 설명에 많은 부분을 할애한 것도 매우 중요한 의미가 있다. '소교리문답'은 전체 107문항 중에 43개 문항을 율법에 대한 해설로 할당되었는데 이는 전체의 40퍼센트에 이른다.[25] 더구나 '소교리문답'은 율법을 다룰 때 당대의 신자들에게 직접 해당하는 것으로 이해하였기 때문에, 율법을 실질적으로 적용하여 순종하여야 하는 것으로 설명한다. 이는 앞의 3장에서 설명하였듯이 율법의 요약인 십계명을 해설하면서 '우리'라는 표현을 매우 빈번하게 사용하는 것을 통해 확인된다.[26]

특별히 '소교리문답'이 율법에 대해 매우 실제적이고도 현실적인 순종의 대상으로서 인식하고 있음을 보여 주는 것은 '믿음'과 '생명에 이르는 회개'에 대한 내용의 위치이다. '대교리문답'은 이 두 주제를 하나님께서 행하신 구원에 대한 서정을 다루는 앞부분에서 다룬다. 즉, 믿음은 '칭의'와 관련하여 설명되고(72-73번) '생명에 이르는 회개'는 '성화'(75번)와 관

---

[24] John F. Cannon, "The influence exerted by The Westminster Symbols upon the individual, the family and society, 261.
[25] Johnannes G. Vos, *The Westminster Larger Catechism; A Commentary*, xviii.
[26] 이 책 제III장 각주 141번을 참고하라.

련하여 바로 다음에서(76번) 설명되었다. 그러나 '소교리문답'은 이 두 주제를 하나님께서 인간에게 요구하시는 의무(39번)에 대한 설명인 십계명의 해설 이후에서(86-87번) 다룬다.

'믿음'과 '회개'에 대한 이러한 위치의 변동은 '소교리문답'이 '믿음'과 '회개'를 율법을 온전히 지키지 못한 신자들이 믿음으로 회개함으로써 '새로운 순종'(new obedience)을 하게 하는 방편, 수단으로 보고 있음을 의미한다. 물론 여기에서 '새로운 순종'은 처음부터 인간에게 주어졌으나(WLC.17, WSC.10) 타락하여 온전히 순종하지 못한(WLC.24, WSC.24) 도덕법(WLC.92,93, WSC.41)에 대한 '새로운 순종'이고(WLC.76, WSC.87) 그것은 십계명의 준수(WLC.102, WSC.42)로 나타나는 것을 의미한다.

이것은 '믿음'과 '회개'가 율법의 순종과 밀접하게 관련이 있는 것으로서, 신자들이 현재의 믿음의 삶에서 직면하는 문제들을 해결하는 방안으로 제시하는 것임을 의미한다고 볼 수 있다. '소교리문답'의 '믿음'과 '회개'의 이러한 위치 설정은 웨스트민스터 신학자들이 율법의 순종을 실제의 삶에서 매우 중요한 주제로 여기고 있음을 강조하여 보여 주는 것으로써, '소교리문답'의 중요성이 여기에 놓여 있음을 분명하게 보여 주는 것이라고 할 수 있다.

즉, '대교리문답'은 '신앙고백'의 내용을 문답식으로 풀어서 해설하는 특징이 두드러지는 반면에 '소교리문답'은 신자들의 믿음의 실제 생활에서의 가르침과 그에 따른 실천을 염두에 두었는데 그것은 바로 신자들이 성화의 삶을 살아가도록 가르치기 위함이다. 이를 위하여 '소교리문답'은 위의 두 문서의 교리의 핵심을 요약하여 간결하게 진술하였는데 그것은 학습자가 그 내용을 암기하도록 돕기 위함이었다.

2 '소교리문답'의 성화에 대한 설명

1) '소교리문답'에서의 죄와 구속

'소교리문답'의 성화에 대한 설명을 이해하기 위해서는 그에 앞서 죄에 대한 설명을 이해하는 것이 필요하다. 왜냐하면, 성화는 죄와 밀접하게 관계되어 있기 때문이다. 그리고 죄에 대한 '소교리문답'의 설명은 '대교리문답'과 '신앙고백'의 보다 포괄적이고 전체적인 설명을 통해 이해할 때 그 의미를 충분하게 이해할 수 있다.

그러므로 먼저 '소교리문답'에서의 죄에 대한 설명을 살펴본 후, 그에 대해 더 자세하게 설명한 '대교리문답'과 '신앙고백'에서의 죄에 대한 설명을 살펴보고자 한다.

'소교리문답'은 '죄를 하나님의 율법에 대한 순종의 결여이거나 그것에 대한 범죄'라고 천명한다.[27] '대교리문답'에서는 이와 동일한 설명에 '율법은 이성적인 피조물들에게 법칙으로 주어진' 것이라는 내용이 첨가되어 있다.[28] 하지만 그에 앞서 '대교리문답'은 죄에 대해 설명하기 전에 창조 상태의 인간의 '마음에는 하나님의 율법이 기록되어 있었다고 설명한다.[29] 즉, 사람을 창조하셨을 때에, 하나님은 처음부터 하나님의 법을 새겨 두셨다는 것이다. 따라서 죄는 그 하나님의 법에 대해 범과함으로 불순종하는 것이다.

---

27   Sin is want of confirmity unto, or transgression of, the law of God. WSC. 14.
28   law of God, given as a rule to the reasonable creature WLC. 24.
29   Having the law of God written in their heart WLC. 17.

그렇다면 창조 시에 첫 사람의 마음에 기록된 하나님의 법(율법)은 무엇을 의미하는가?

이에 대해 '대교리문답'과 '신앙고백'은 그에 대한 증명 성구로 전도서 7:29와 로마서 2:14-15을 제시한다.[30] 그렇게 볼 때 웨스트민스터 신학자들은 사람의 마음에 기록된 하나님의 율법을 사람이 '올바르게'(upright) 행하도록 이끄는 '양심'(conscience)으로 이해하고 있다고 볼 수 있다. 그리고 양심이 지시하는 방향은 '하나님의 뜻'[31] 혹은 '하나님의 전체 경륜',[32] 또는 '그 자기 뜻의 거룩한 경륜'에 대한 순종이다.[33]

그러므로 '소교리문답'은 죄를 바로 첫 사람 아담의 마음에 새겨진 하나님의 법의 지시와는 다르게 금지된 열매를 먹음으로 하나님의 뜻을 어긴 것이라고 설명한다.[34] 그리고 그의 모든 후손도 그 안에서 그와 함께 타락하여서[35] 죄와 비참의 상태에 처하게 되었다.[36] 그리하여 타락한 상태의 인간에게 죄는 '아담의 첫 범죄의 죄책'과 '원래의 의의 결핍'과 '본

---

[30] 로마서 2:14-15: 율법 없는 이방인이 본성으로 율법의 일을 할 때에는 이 사람은 율법이 없어도 자기가 자기에게 율법이 되나니 이런 일들은 그 양심이 증거가 되어 그 생각들이 서로 혹은 고발하며 혹은 변명하여 그 마음에 새긴 율법의 행위를 나타내느니 (For When Gentiles, Who do not have the law, by nature do what the law requires, they are a law to what to themselves, even though they do not have the law. They show that the work of the law is written on their heart, while their conscience also bears witness, and their conflicting thoughts accuse or even excuse them. ESV).
전도서 7:29: 내가 깨닫는 것은 오직 이것이라 곧 하나님은 사람을 정직하게 지으셨으나 사람이 많은 꾀를 낸 것이라(See, this alone I found, that God made man upright, but they have sought out many schemes. ESV).

[31] His will, WCF.I.1.
[32] The whole council of God, WFC.I.6.
[33] holy council of His own will, WCF.III.1,8.
[34] WSC.15, WLC.21, WCF.VI.1.
[35] WSC.16. WLC.22, WCF.IV.3.
[36] WSC.16, WLC.23.

성 전체의 부패'와 '실제로 범한 죄들'이다.³⁷ 그 결과 그들(아담과 하와)은 '하나님과의 교제에서 떨어졌으며, '죄로 죽은 자가 되었고', '영혼과 몸의 모든 기능과 부분들에서 전적으로 부패하였다'고 설명하는데,³⁸ '신앙고백'에서는 이를 '본성의 부패'(corruption of nature)라고 설명한다.³⁹

'소교리문답'은 그런 상태에 있는 인간들에 대해 하나님이 '구속자로 말미암아', '은혜언약으로 들어가셔서', '그들을 죄와 비참의 상태에서 나오게 하시고 구원의 상태에 이르게 하셨다'고 설명한다.⁴⁰ 이와 상응하는 부분에서 '대교리문답'은 행위언약과 은혜언약을 보다 더 자세하게 설명하였다. 그리고 은혜언약은 둘째 아담이시며 구속자이신 그리스도와 맺으신 것이고 그 안에서 모든 택한 자와 맺으신 것이라고 설명한다.⁴¹ 또한, 하나님은 죄인들에게 '그리스도의 중보와 관계를 맺는 조건으로써 믿음을 요구하신다'고 설명하며, '성령을 약속하고 주심으로써', 그들을 '거룩한 순종을 할 수 있게 하신다'고 설명한다.⁴² 이는 '신앙고백'의 설명을 풀어서 제시한 것이다.⁴³

이러한 일련의 설명들로 웨스트민스터 표준 문서의 죄와 구원에 대한 이해가 분명하게 드러난다. 즉, 구원은 은혜언약으로 말미암아 죄인이 죄와 비

37　the guilt of Adam's first sin, the want of original righteousness, the corruption of his whole nature, all actual transgressions WSC.18, WLC.25.
38　fell from ⋯ communion with God, became dead in sin, wholly defiled in all the faculties and parts of soul and body. WSC.19, WLC. 27-29, WCF.VI.2.
39　WCF.VI.5.
40　did enter into a covenant of grace to deliver them out of the estate of sin and misery, and to bring them into an estate of salvationby a Redeemer. WSC.20.
41　WLC.30-31.
42　⋯ and requiring faith as the condition to interest them in him, promiseth and giveth his Holy Spirit ⋯ to enable them unto all holy obedience, WLC.32.
43　WCF.VII.3.

참의 상태에서 벗어나게 된 것이고, 그럼으로써 이전에는 불가능했던 마음에 새겨진 하나님의 법인 양심의 지시를 따라 하나님의 뜻인 도덕법(십계명)에 온전히 순종하는 삶을 살아가게 되며, 점점 더 하나님의 형상을 따라 완전을 향하여 나아가는 것이다. 그렇게 볼 때 '소교리문답'의 죄에 대한 설명은 '대교리문답'과 '신앙고백'의 내용의 핵심을 요약하여 서술한 것이다.

2) 성화에 대한 '소교리문답'의 핵심적 진술

'소교리문답'은 35번에서 성화를 다음과 같이 간단하게 설명한다.

> **문:** 성화는 무엇인가?
> **답:** 성화는 하나님의 거저 주시는 은혜의 사역인데 이로써 우리는 하나님의 형상을 따라 전인격이 새로워지고, 죄에 대하여는 점점 더 죽고 의에 대하여는 점점 더 살게 된다.[44]

위의 대답에서 강조되는 것은 네 가지이다.

첫째, 성화는 하나님의 거저 주시는 은혜로 이루어지는 것이다.
둘째, 그 결과 신자는 인격적 변화를 경험하게 되는데 이는 그 특성상 수동적이다.

---

44 Q: What is sanctification?
A: Sanctification is the Work of God's free grace, whereby we are renewed in the whole man after the image of God, and are enabled more and more die to sin, and live unto righteousness. WSC.35.

셋째, 성화는 점진적이다.

넷째, 성화의 양상은 죄에 대해서는 죽고 의에 대해 살게 된다는 것이다.[45]

그런데 '소교리문답'의 이러한 간략한 설명은 '대교리문답'과 '신앙고백'의 성화에 대한 설명을 같이 보아야 그 의미가 더 분명해진다. 먼저 '대교리문답'은 성화(75번)에 대해 '소교리문답'과 동일하게 묻고는 다음과 같이 설명한다.

> 답: **성화는 하나님의 은혜 사역인데, 이로써** 창세전에 거룩하게 되도록 선택하신 자들에게 적당한 때에 그리스도의 죽음과 부활을 성령의 강력한 사역을 통해 적용하시는 것이다. 그럼으로써 그들은 **하나님의 형상을 따라 전인격이 새로워지고** 생명에 이르는 회개의 씨들과 모든 다른 구원하는 은혜를 그들의 마음에 두심으로 그 은혜들이 북돋워지고 증가되며 강화되게 하신다. 그리하여 그들은 **죄에 대해 는 점점 더 죽고 생명의 새로움에 대하여는** 일어난다[46](강조된 부분은 '소교리문답'과 동일한 문구임).

---

45 이렇게 문장의 처음부터 하나님의 은혜의 사역임을 강조하는 것은 율법폐기론의 오류에 대해 명백하게 반대하고 있음을 보여 주는 것이다. 그리고 신자의 변화는 성령의 주어지심으로 인한 인격적인 변화이되 점진적임을 강조하는 것이다. Robert Shaw, *The Reformed Faith Exposition of The Westminster Confession of Faith* (Ross-shire: Christian Focus Publication, 2008), 194.

46 A: **Sanctification is a work of God's grace, Whereby** whom God hath, before the foundation of the world, chosen to be holy, are in time, through the powerful operation of his Spirit applying the death and resurrection of Christ unto them, **renewed in their whole man after the image of God**; having the seeds of repentance unto life, and all other saving graces, put into their hearts, and those graces so stirred up, increased, and strengthen, as that they **more and more die unto si, and rise unto newness of life.** WLC.75.

'대교리문답'은 성화가 성령의 사역인 것을 강조하면서 그 대상인 신자들에 대해 3인칭 복수(they/them/their)를 사용함으로 객관적으로 설명하고 있다. 반면에 '소교리문답'은 1인칭 복수(we)를 사용함으로 성화가 실제적이라는 사실을 강조한다. 또 '대교리문답'에는 전인격이 새롭게 되는 것에 관한 내용에 대해 '소교리문답'이 생략한 부분이 있는데 곧 생명에 이르는 회개의 씨와 다른 은혜들이 신자들 안에 두어졌다는 것이다.

그리하여 그들은 은혜 안에 강건하게 되어 자신들 안에 있는 죄를 민감하게 인식하게 되어 기쁘게 순종의 삶을 살 의지를 갖게 된다는 것이다. 이에 대해 '대교리문답'은 하나의 문항(76번)을 별도로 할애하여 생명에 이르는 회개에 대해 자세하게 설명한다.

> **문**: 생명에 이르는 회개는 무엇인가?
>
> **답**: 생명에 이르는 회개는 구원하는 은혜로서 성령과 하나님의 말씀에 의하여 죄인의 마음에 역사하신 것이다. 이로서 자신의 죄의 위험성뿐 아니라 그 더러움과 추악함을 보고 느끼게 되고 또한 통회한다. 그로써 그는 그리스도 안에서 하나님의 자비를 이해하게 되어 자신의 죄에 대해 근심하고 미워하고 그 모든 것으로부터 떠나 하나님께로 돌이켜 새로운 순종의 모든 길에서 그와 함께 걷기를 목적하고 끊임없이 노력하게 된다.[47]

---

47 Q: What is repentance unto life?
   A: Repentance unto life is a saving grace, wrought in the heart of a sinner by the Spirit and word of God, whereby, out of the sight and sense, not only the danger, but also of the filthiness and odiousness of his sins, and upon the apprehension of God's mercy in Christ to such as are penitent, he so grieves for and hates his sins, as that he turns from them all to God, purposing and endeavouring constantly to walk with him in all the ways of new obedience. WLC.76.

이 부분에서 주목해야 할 것은 문장의 마지막에 있는 '새로운 순종'이라는 표현이다. 이것은 '대교리문답'이 성화를 생명에 이르는 회개를 통해 하나님이 최초의 인간 마음에 새기셨지만(WLC.17), 죄로 말미암아 순종할 수 없게 되었던(WLC.24) 하나님의 법(WLC.17), 즉 도덕법(WLC.93)에 대한 '새로운 순종'을 통해 하나님과 함께 동행하는 것으로 설명하는 것이다.

하지만 '대교리문답'은 그러한 순종의 삶이 완전하지 않음을 이어지는 77번에서 설명한다. '후자(성화)는 … 현세에서 결코 완성될 수 없으며 다만 완성을 향해 자라날 뿐이다.'⁴⁸ 그리고 다음 78번에서 그 이유를 설명한다.

> **문**: 신자 안에서의 성화의 불완전이 어디에서 일어나는가?
>
> **답**: 신자들 안에서의 성화의 불완전은 그들의 모든 부분에 남아 있는 죄의 남은 것들과 영을 대적하는 육체의 지속적인 욕망으로부터 일어난다. 그로써 그들은 종종 유혹에 싸여서 많은 죄에 떨어지고, 그들의 모든 영적 봉사에서 방해를 받으며, 그들의 일이 하나님의 목전에는 불완전해지고 더럽혀진다.⁴⁹

---

48 A: the other is … nor on this life perfect in any, but growing up to perfection. WLC.77.
데이비드 홀(David Hall)은 이러한 설명이 바울이 로마서7장에서 설명하는 것을 반영한다고 말한다. David Hall, *Windows on Westminster* (Norcross: Great Commission Publication, 1993), 97.

49 Q: Whence ariseth the imperfection of sanctification in believers?
A: The imperfection of sanctification in believers arises from the remnants of sin abiding in every part of them, and the perpetual lustings of the flesh against the spirit; whereby they are often foiled with temptations, and fall into many sins, are hindered in all their spiritual services, and their best works are imperfect and defiled in the sight of God. WLC.78.

이러한 '대교리문답'의 성화에 대한 설명은 '신앙고백'의 13장 '성화에 대하여'(Of Sanctification)의 진술에 따른 것이다. '대교리문답'의 75번은 '신앙고백'의 13장 1항을 설명한 것이고 78번은 '신앙고백'의 13장 2항을 설명한 것이다. 그러나 '신앙고백'에는 성화에 관해 설명이 하나 더 있는데 곧 신자의 내적 싸움에 대한 것으로 일시적으로 패배하는 것 같으나 결국 성화의 완성을 향하여 나아간다는 진술이다.

> 3. 이 싸움에서 잠깐은 남아 있는 부패한 부분이 매우 우세한 것 같을지라도, 그리스도의 거룩하게 하시는 영으로부터 능력의 지속적인 공급으로 말미암아 중생된 부분이 승리한다. 그리하여 성도들은 하나님을 경외하는 가운데 거룩함을 완전하게 하면서 은혜 안에 자라 간다.[50]

이렇듯 '신앙고백'은 신자의 구원이 하나님의 영원한 작정과 섭리 그리고 언약에 의한 것임을 강조하므로 성화에 대하여도 긍정적이고도 최종적인 것임을 강조하는 반면에 '대교리문답'은 신자의 실제적인 삶과 관련한 부분에 초점을 맞추고 있는 특성 상 이 부분을 언급하지 않은 것으로 추론된다. 이로 볼 때 웨스트민스터 신학자들은 '신앙고백'을 통하여서는 하나님의 작정과 사역으로서의 구원의 완전성에 대해 진술하는 한편, '대교리문답'에서는 인간의 반응으로서의 믿음의 불완전성에 대해 설명함으로서 신자의 믿음의 삶의 실제를 고려한 것으로 보인다. 그러나 '소교리문

---

50 In which war, although the remaining corruption, for a time, may much prevail; yet, through the continual supply of strength from the sanctifying Spirit of Christ, the regenerate part doth overcome; and so, the saints grow in grace, perfecting holiness in the fear of God. WCF.XIII.3.

답'의 성화에 대한 설명은 구조적으로는 '대교리문답'의 형식을 따르면서도 내용에서는 '신앙고백'의 설명을 따르고 있는 것으로 보인다. 즉, 비록 이 땅에서의 완전한 성화는 불가능할지라도 신자는 지속적으로 죄에 대하여는 죽고 의에 대하여는 살아나는 삶을 통해 성화를 향하여 나아간다는 것이다.

3. '소교리문답'의 율법에 대한 순종

1) 성화와 율법 순종의 관계

'소교리문답'은 성화를 율법에 대한 순종과 연결한다. 그것은 앞에서 설명하였듯이, 구원에 대한 전체적인 이해를 마음에 새겨진 하나님의 법과 관련된 죄와 그것을 해결하시고자 하시는 하나님의 은혜 사역이라는 은혜언약의 틀로 설명하고 있기 때문이다. 이것은 '대교리문답'이 구원의 서정에서 다룬 '믿음'과 '생명에 이르는 회개'를 '소교리문답'은 십계명에 대한 해설 이후로 위치를 바꾼 것에서 확인된 바이다.[51]

그럼으로써 '소교리문답'은 신앙과 회개를 신자의 삶에 있어서의 율법에 대한 지속적인 순종과 밀접한 관련이 있는 것으로 설명한다. 즉, '대교리문

---

[51] '대교리문답' 72, 73번에서 설명하는 믿음은 '신앙고백' 제11장에서 설명하는 '의롭게 하는 믿음'(justifying faith)과 관련된 믿음이다. 그러나 '대교리문답'은 '신앙고백' 제14장에서 설명하는 '구원하는 믿음'(Of Saving faith)에 대해서는 별도로 설명하지 않는다. 하지만 '신앙고백'의 '구원하는 믿음'이 말씀과 기도와 성례를 통해 자라고 강화된다는 표현이 '대교리문답' 154번에서 나타나는 것으로 보아 그에 상응하는 설명으로 이해할 수 있다. WCF.XIV.1. WLC.154. 또한, '소교리문답' 86번의 믿음에 대한 설명도 이와 같은 맥락이라고 볼 수 있다. WSC.86.

답' 76, 77번의 설명처럼, 신자들이 실제의 삶에서 부패한 부분들의 영향으로 종종 시험과 죄에 빠져서 성화에서 멀어질 때 신앙과 회개를 통해 다시금 성화의 길에 들어설 수 있음을 설명하고 있다는 것이다.

이러한 위치의 변화를 확인하기 위해서는 믿음과 회개에 대한 '대교리문답'과 '신앙고백' 그리고 '소교리문답'의 설명을 자세히 살펴볼 필요가 있다. 먼저 '대교리문답'은 하나님께서 그리스도 안에서 이루신 구원 사역의 적용으로서 구원 서정에 따라 믿음을 설명하기 때문에 객관적으로 설명한다.

그래서 '대교리문답' 72번은 '의롭다 하는 믿음이 무엇인가?'(What is justifying faith) 이렇게 묻고는, 이에 대한 대답으로 '의롭게 하는 믿음은 하나님의 성령과 말씀으로 말미암아 죄인의 마음속에 이루어지는 것으로 구원하는 은혜'라고 설명한다.[52] 그리고 이어지는 73번에서는 믿음이 어떻게 죄인을 의롭게 하는지에 대해 설명한다.

> **답**: 믿음은 하나님 앞에서 죄인을 의롭게 하는데 그것은 믿음에 동반하는 다른 은혜들 때문이거나 믿음의 열매인 선행에 의한 것이 아니며, 또한 믿음의 은혜 혹은 다른 어떤 행위를 의롭다 함을 위하여 그에게 전가함으로써가 아니라 오직 그리스도와 그의 의를 받고 적용하는 수단일 뿐이다.[53]

---

[52] A: Justifying faith is a saving grace, wrought in the heart of a sinner by the Spirit and word of God … WLC.72.

[53] A: Faith justifies a sinner in the sight of God, not because of those other graces which do always accompany it, or of good works that are the fruits of it, nor as if the grace of faith, or any act thereof, were imputed to him his justification; but only instrument by which he receiveth and applieth Christ and his righteousness. WLC.73.

이러한 설명은 '신앙고백' 제11장의 칭의에 대한 설명에서 비롯된 것이다. '신앙고백'은 믿음이 '신자들에 의하여 행해진 것이 아니며, 그들의 믿음 자체나 다른 어떤 믿음의 순종을 그들의 의로 전가시킴으로서가 아니라 그리스도의 순종과 만족을 그들에게 전가시킴으로 된 것'이라고 설명한다.[54]

또한, '생명에 이르는 회개'에 대해서도 '대교리문답'은 '신앙고백'과 동일하게 구원의 서정에서 성화 다음에 설명하는데(76번), 내용도 거의 동일하다. '신앙고백'은 '생명에 이르는 회개'(Of Repenance unto life)를 다루는 제15장 1항에서 그것이 복음의 은혜라고 말한 후에 2항에서는 이렇게 설명한다.

> 그것에 의하여 죄인은 하나님의 거룩한 본성과 의로운 율법에 상충 되는 것으로서 자신의 죄의 위험성뿐 아니라 더러움과 추악함을 보고 느낌으로써 그리고 통회하는 자로서 그리스도 안에 있는 그의 긍휼을 이해함으로써, 자신의 죄를 슬퍼하고 미워한다. 그리하여 그것들로부터 하나님께로 돌이켜서 그의 계명들의 모든 길에서 그와 함께 걷기를 목적하고 노력한다.[55]

그러나 '소교리문답'은 믿음과 생명에 이르는 회개를 구원 서정이 아닌 십계명 해설 이후에서 다루는데 율법에 대한 불순종으로 말미암은 하나님

---

[54] ··· nor by imputing faith itself, the act of believing, or any other evangelical obedience to them, ··· but by imputing the obedience and satisfaction of Christ unto them WCF. XI. 1.

[55] By it, a sinner, out of the sight and sense not only of the danger, but also of the filthiness and odiousness of his sins, as contrary to the holy nature and righteous law of God,; and upon the apprehension of His mercy in Christ to such as are penitent, so grieves for, and hates his sins, as to turn from them unto God, purposing and endeavouring to walk with Him in all the way of His commandments. WCF. XI. 2.

의 진노와 저주로부터 피하고자 하나님이 요구하시는 세 가지에 대한 순서에 따라 설명한다(85번). 믿음과 회개에 대한 이러한 자리매김이 바로 그것들이 율법과 밀접하게 관련이 있음을 전제한다. 그래서 '소교리문답'은 예수 그리스도를 믿는 믿음이 무엇인지(What is faith in Jesus Christ?) 묻고 이렇게 설명한다. '예수 그리스도에 대한 믿음은 구원하는 은혜인데, 이로써 그가 복음 안에서 우리에게 제시한 대로 우리는 구원을 위하여 그만을 받아들이고 의지한다'(86번).[56] 또한, 생명에 이르는 회개(87번)에 대해서는 이렇게 설명한다.

> 생명에 이르는 회개는 구원하는 은혜인데, 이로써 죄인은 그의 죄에 대해 참되게 느끼고 그리스도 안에 있는 하나님의 긍휼을 인식하여 자신의 죄에 대한 근심과 미움으로 그것으로부터 하나님께 돌이켜서 완전한 목적과 노력으로 새로운 순종에 힘쓴다.[57]

여기의 '새로운 순종'이라는 표현은 '대교리문답'(76번)에서 사용된 것을 그대로 사용한 것이다. 즉, 신자들이 율법에 순종하는 삶을 실패하는 경우에 그리스도를 믿는 믿음과 회개를 함으로서 새로운 순종의 힘을 얻어서 다시 성화의 삶의 길로 나아가게 된다는 것이다.

그런데 '신앙고백'은 율법의 순종을 통한 성화를 말할 때 '선행'도 그에 속한 것으로 설명한다. 먼저 '신앙고백'은 '선행에 대하여'(XVI. Of Good

---

56 A: Faith in Jesus Christ is a saving grace, whereby we receive and rest upon him alone for salvation, as he is offered to us in the gospel. WSC.86.

57 A: Repentance unto life is a saving grace, whereby a sinner, out of a true sense of his sin, and apprehension of the mercy of God in Christ, doth, with grief and hatred of his sin, turn from it to God, with full purpose of, and endeavour after, new obedience. WSC.87.

Works)를 '생명에 이르는 회개'에 이어 설명하는데 그 순서를 보아도 상호 관련성이 엿보인다. 하지만 그 내용에 있어서는 더욱 그러하다. '신앙고백'의 '선행에 대하여' 1항은 '선행은 오직 하나님께서 그의 거룩한 말씀 가운데서 명령하신 것'이라고 설명한다.[58]

그리고 2항에서 선행은 '참되고 살아 있는 믿음의 열매이자 증거'라고 하면서 '하나님의 계명들에 순종함으로서 행해진 것'이라고 말하고 '이로서 거룩함에 이르는 열매를 맺는다'고 설명한다.[59] 또한, 4항에서는 선행이 '그들의 순종 안에서'(in their obedience) 행해지는 일이라고 설명하고 5항에서는 그것이 '우리의 의무를 행한 것뿐'(we have done but our duty)이라고 말한다.[60]

성화가 율법의 순종을 통해서 이루어진다는 것은 '신앙고백'의 '하나님의 율법에 대하여'(XIX. Of the Law of God)에서도 확인된다. 그 1항은 '하나님이 아담에게 한 법을 주셨다'(God gave to Adam a law)라고 말하면서 그 법으로 하나님은 자신을 아담과 그의 모든 후손을 '그 성취에는 생명을 약속하시고 범과에는 죽음을 위협하시는 개인적이고 전체적이며 정확하고도 영속적인 순종으로 묶으셨다'고 설명한다.[61]

2항에서는 아담이 타락한 후에도 '이 법이 계속하여 의에 관한 온전한 법으로 남아 있게 되었고', 시내산에서 모세를 통해 주신 십계명으로 선포되었다고 설명한다.[62] 그리고 3항에서는 '이 법이 일반적으로 도덕법으로

---

58 Good Works are only such a God hath commanded in His holy Word WCF.XVI.1.
59 Done obedience to God's commandments, that, having their fruit unto holiness. WCF. XVI.2.
60 WCF.XVI.2, 4.5.
61 … by which He bound him and all his posterity, to personal, entire, exact, and perpetual obedience, WCF.XIX.1.
62 This Law, after his fall, continued to be a perfect rule of righteousness, WCF.XIX.2.

불린다'고 설명한다.[63] 그리고 5항에서는 '도덕법은 모든 사람을 영원히 묶는다'고 말한다.[64]

6항에서는 특별히 이 법이 신자들에게 '하나님의 뜻과 그들의 의무를 제공하는 생활의 법칙으로 그에 따라 살아가도록 지도하고 묶는다'고 자세히 설명한다. 그리하여 율법은 '그들의 본성과 마음과 삶의 죄된 부패를 발견하게 하며 그것으로 자신을 검증하며 죄를 더욱 깨닫게 하고 겸손하게 하며 죄를 미워하게 함으로 그들에게 그리스도가 필요함을 더욱 밝히 보게 한다'고 설명한다.[65]

이러한 설명에 대한 증명 성구로 제시된 로마서 6:14과 7:23-25 등은 성화에 대한 증명 성구로 인용되기도 하였는데 이로 보아 이러한 율법에 대한 설명은 성화에 관한 내용이라고 볼 수 있다.[66] 또한, 6항에서 율법을 '생활의 법칙'(a rule of life)이라고 표현한 것은 '대교리문답' 97번에서 도덕법을 설명하면서 그들의 '순종의 법칙'(the rule of their obedience)이라는 표현과 상응하는데, 이러한 표현은 '대교리문답'(76번)과 '소교리문답'(87번)의 '새로운 순종'(new obedience)이 의미하는 하나님의 법인 율법에 대한 순종과 맥을 같이 하는 것으로 볼 수 있다.

이러한 '대교리문답'과 '신앙고백'의 설명들은 '소교리문답'의 성화를 율법의 순종과 관련하여 이해하는 것에 대한 분명한 토대가 되며 그러한

---

[63] This law, commonly called moral, WCF.XIX.3.
[64] The moral law doth ever bind all, WCF.XIX.5.
[65] as a rule of life informing them of the will of God, and their duty, it directs and binds them to walk accordingly; discovering also the sinful pollutions of their nature, hearts, and lives; so as, examining themselves thereby, they may come further conviction of, humiliation for, and hatred against sin, together with a clearer sight of the need they have of Christ and the perfection of His obedience. WCF.XIX.6. 이러한 설명은 반율법주의에 대한 확고한 반대를 표명하는 것이다. Robert Shaw, *The Reformed Faith*, 258.
[66] WCF.XIII,3, XIX.6.

분석의 타당성을 보여 주는 것이라고 할 수 있다.⁶⁷

2) 성화에서의 성령의 사역과 신자의 책임

그렇다고 해서 웨스트민스터 신학자들이 성화를 전적으로 신자의 믿음과 순종으로서 이루어지는 것으로 이해한 것은 아니다. 그들은 율법폐기론뿐 아니라 율법주의의 위험을 알고 있었고 그것을 피하고자 하였다.⁶⁸ 그러므로 그들은 '소교리문답'과 '대교리문답' 그리고 '신앙고백'에서 성화가 성령의 사역으로 말미암은 것임을 우선적으로 강조하였다.⁶⁹ '소교리문답'과 '대교리문답'은 일관되게 성화가 하나님의 은혜의 사역으로 '하나님의 형상을 따라 전인격에서 새로워진' 것임을 먼저 강조한다.⁷⁰

'신앙고백'도 동일하게 '그리스도의 영이 행하도록 요구된 율법 안에 계시된 하나님의 뜻을 자유롭고 즐겁게 행하도록 사람의 의지를 억제하고

---

67 Robert Shaw, *The Reformed Faith*, 261.
68 루이스 벌코프(Louis Berkhof)는 율법주의를 로마 교회와 아르미니안주의가 칭의의 근거로 삼고 있다고 설명한다. 그들은 인간의 마음에 주입된 선천적인 의를 토대로 하는 인간의 선행이 칭의의 근거라고 주장한다. L. Berkhop, *Systematic Theology*, 523. 헤르만 바빙크(Herman Bavinck)는 16-17세기의 영국의 율법주의를 유대교의 율법주의와 구별하여 '신율법주의'라고 명명하여 설명한다. 신율법주의는 신자의 칭의의 근거를 그리스도의 전가된 의가 아니라 불완전할지라도 신자 자신의 신실한 의에 둔다고 주장한다. Herman Bavinck, *Gereformeerde Dogmatiek*, 박태현 역, 『개혁교의학』 3, 658-662.
69 '신앙고백'과 '대교리문답' 그리고 '소교리문답'에서 성령을 가리키는 용어들은 다양한데 다음과 같다. 영(The Spirit), 성령(The Holy Spirit), 그의 영(His Spirit), 거룩한 신(Holy Ghost), 그리스도의 영(The Spirit of Christ), 하나님의 영(The spirit of God) 그리고 그의 아들의 영(The Spirit of his Son). '신앙고백'의 성령론에 대하여는 O. 팔머 로버트슨(O. Palmer Robertson)의 "The Holy Spirit in the Westminster Confession of Faith", in *The Westminster Confession into the 21ˢᵗ Century vol.1*. 57-99를 보라.
70 renewed in the whole man after the image of God WLC.75. WSC.35.

가능하게 한다'고 강조한다.[71]

성화에 있어서 성령의 사역의 우선성을 이해하기 위하여서는 '소교리문답'에서 성령에 대해 언급하는 내용들을 살펴보는 것이 필요하다. 왜냐하면, '소교리문답'은 성령을 구원의 도리를 설명하는 앞부분에서부터 중요한 사역을 하시는 분으로 제시하기 때문이다.

'소교리문답'에서 성령에 대한 언급은 하나님의 '위격'에 대한 설명에서 처음 나온다.[72] 그리고 그리스도의 동정녀 마리아에게 잉태되신 것이 '성령의 능력으로' 된 것이라는 설명과 그리스도께서 선지자 직을 수행하신 것도 '말씀과 성령에 의하여' 하셨다는 설명으로 나온다.[73]

이후의 설명은 성령의 사역에 대한 것으로 주로 그리스도께서 이루신 구원을 택하신 자들에게 적용하시는 분으로 제시한다.

> 우리는 그의 거룩한 성령에 의하여 우리에게 구속을 효과적으로 적용하시는 그의 거룩한 성령에 의하여 그리스도께서 사신 구속의 참여자가 된다.[74]

그리고 이어서 성령께서 구속 사역을 적용하는 방법에 대해 설명한다.

71　The Spirit of Christ subuing and enabling the will of man to do that freely, and cheerfully, which the will of God, revealed in the law, requireth to be done. WFC.XIX.7.
72　WSC.6.
73　WSC.22,24.
74　We are made partakers of the redemption purchased by Christ, by the effectual application of it to us by his Holy Spirit. WSC.29.A.

성령께서는 우리 안에 믿음을 역사하심으로 그리고 그것으로 우리의 효과적인 소명 안에서 우리를 그리스도에게 연합하게 하심으로 그리스도께서 사신 구속을 우리에게 적용하신다.[75]

그리고는 효과적인 부르심 또한 성령께서 '우리의 죄와 비참을 깨닫게 하시고 우리의 마음을 밝혀 그리스도를 알게 하시며 우리의 의지를 새롭게 하시고 우리를 권하여 능히 복음 가운데서 우리에게 값없이 주신 예수 그리스도를 믿게 하시는' 일이라고 해설한다.[76]

'소교리문답' 35번 성화에 대한 설명에서는 성령을 직접 언급하지는 않고 '우리는 전인격에서 새로워진다'(We are renewed of the Whole man)라고만 말한다. 그러나 '대교리문답' 75번 성화에 대한 설명에서는 그 사역이 '그의 영의 강력한 사역으로 말미암은 것'(through the powerful operation of his Spirit)임을 분명하게 말한다. 또한, 이생에서의 칭의와 양자, 성화의 유익을 누리는 것에 대해 말하는 '소교리문답'의 36번 문답에서도 '성령의 기쁨'(joy in the Holy Ghost)을 말하고, 하나님의 말씀인 성경이 효력 있게 역사하는 것 또한 성령의 사역이라고 말한다.[77] 마지막으로 성례가 효력 있게 하는 것도 신자들 안에 역사하시는 성령의 사역이라고 말한다.[78]

---

[75] The Spirit applieth to us the redemption purchased by Christ, by working faith in us, and thereby uniting us to Christ in our effectual calling. WSC.30.A.

[76] Effectual calling is the work of God's Spirit, Whereby, convincing us of our sin and misery, enlightening our minds of the knowledge of Christ, and renewing our wills, he doth persuade and enable us to embrace Jesus Christ freely offered to us in the gospel. WSC.31.A.

[77] The Spirit of God maketh the reading, … an effectual means of convincing, and converting sinners, … WSC.89.A.

[78] The sacraments become effectual means of salvation, …; and the working of his Spirit in Them … WSC.91. A.

'대교리문답'에서는 '소교리문답'에서 언급한 내용들 외에도 성령의 사역에 대해 더 많이 말한다. 구원에 이르게 하시는 하나님의 존재하심을 나타내는 것은 말씀과 성령뿐이며, 성경이 하나님의 말씀임을 증거하는 것도 성령이시다.[79]

둘째 언약인 은혜언약에서 거룩한 순종을 할 수 있도록 신자들에게 약속되시고 주어진 분도 성령이시다.[80] 그리스도께서 중보자가 되심도 성령으로 충만하게 기름 부음을 받으셨기 때문이다.[81] 그리스도께서 구속하신 사람에게 적당한 때에 복음을 통해 그것을 적용하시는 이도 성령이시다.[82] 즉 의롭다 하시는 믿음과 양자 됨, 생명에 이르는 회개, 은혜의 상태와 확신에 대해 등이 모두 성령의 사역이다.[83] 그리고 부활도 성령의 역사에 의하여 일어날 것이며, 설교와 신자들이 드리는 기도 또한 성령께서 역사하심을 설명한다.[84]

79　His word and Spirit only do sufficiently and effectually reveal him unto men … WLC.2.A.
　　… but the spirit of God bearing witness by and with the scriptures in the heart of man WLC.4.A.

80　The grace of God is manifested in the second covenant, … promised and giveth his Holy Spirit to all his elect, … and to enable them unto all holy obedience, … WLC.32.A.

81　… Christ, because he was anointed with the Holy Ghost above measure; WLC. 42.A.

82　Who are in time by the Holy Ghost enabled to believe in Christ … WLC.59.A.

83　Justifying faith is a saving grace, wrought in the heart of a sinner by the Spirit and word of God … WLC.72.A.
　　Adoption is an act of the free grace of God, … the Spirit of his Son given to them, … WLC.74.A.
　　Repentance unto life is saving grace, wrought in the heart of a sinner by the Spirit and word of God, … WLC.76.A.
　　True believers, by reason of the unchangeable love of God, … and the Spirit and his seed of God abiding in them, can neither totally nor finally fall away from the stage of grace, … WLC.79.A.
　　Such as truly believe in Christ, … may … and by the Spirit enabling them to discern in themselves those to which the promises of life are made, … WLC.80. A.

84　… The bodies of the just, by the Spirit of Christ, …, shall be raised in power, … WLC.87.A.

이러한 '대교리문답'의 성령의 사역에 대한 설명은 '신앙고백'의 내용에 기초한 것이다. 그런데 '신앙고백'은 성령께서 구속의 은혜를 적용하시는 것에 대해 더욱더 자세하게 설명한다.

특별히 성화와 관련하여 성령께서 신자들 안에 행하시는 사역의 내용을 다음과 같이 설명한다.

> 효력 있게 부르심을 받고 중생하여 그들 안에 창조된 새로운 마음과 새로운 영을 가진 그들은 그리스도의 죽음과 부활의 덕과 그들 안에 내주하시는 그의 말씀과 성령에 의하여 더 성화된다. 즉, 죄의 전 몸의 지배는 멸하게 되고 그것의 몇몇 정욕은 점점 더 약화하고 죽게 되고, 모든 구원하는 은혜 안에 점점 더 일깨워지고 강건하게 되어, 그것 없이는 누구도 주님을 볼 수 없는, 참된 거룩함을 실천하게 된다.[85]

이렇게 볼 때 '소교리문답'과 '대교리문답'과 '신앙고백'은 구원사역 전반이 성령의 사역으로 말미암은 것임을 분명하게 보여 준다. 그런데 이

They That are called to labour in the ministry of the word, are preach sound doctrine, … but in demonstration of the spirit, … WLC.159.A.
the Spirit helpth our infirmities, … WLC.182.A.
we pray, that God would by his Spirit take away from ourselves and others all blindness, weakness, indisposedness, and perverseness of heart; … WLC.192.A.
or, if tempted, that by his Spirit we may be powerfully supported and enabled to stand in the hour of temptation; … WLC.195.A.

[85] They who are effectually called, and regenerated, having a new heart, and a new spirit created in them, are further sanctified, really and personally, through the virtue of Christ's death and resurrection, by His Word and Spirit dwelling in them: the dominion of the whole body of sin is destroyed, and the several lusts thereof are more and more weakened and mortified; and they more and more quickened and strengthened in all saving graces, to the practice of true holiness, without which no man shall see the Lord. WCF. XIII. 1.

와 관련하여 주목해야 할 부분이 있는데 바로 '소교리문답' 30번이다. 왜냐하면, 거기에서 '소교리문답'은 구원의 적용 사역이 성령의 사역임을 직접적으로 제시하기 때문이다.

> **30. 문**: 성령께서는 그리스도께서 사신 구속을 어떻게 우리에게 적용하시는가?
>
> **답**: 성령께서는 우리 안에 믿음을 일으키심으로써 그리고 효과적인 부름으로 우리를 그리스도에게 연합시키심으로 그리스도께서 사신 구속을 우리에게 적용하신다.[86]

이 부분은 '신앙고백'과 '대교리문답'에 정확하게 상응하는 부분이 없다. '신앙고백'과 '대교리문답'에서는 구원 사역의 적용이 성령의 사역이라는 것을 전체 내용에서 부분적으로 언급되었을 뿐이다. 하지만 '소교리문답'은 그것을 하나의 문답으로 제시함으로서 구원 사역의 적용이 성령께서 하시는 것임을 직접적으로 밝혔다.

이것은 '소교리문답'이 성령 사역의 중요성을 강조하는 두드러진 특징이라고 할 수 있다. 왜냐하면, 그 30번은 신자들이 믿음을 갖게 되고 효과적인 소명으로 그리스도에 연합되도록 하는 이가 성령이심을 구체적으로 설명하기 때문이다.

성령께서 완성된 그리스도의 구속 사역을 신자들에게 적용하시는 사역을 하신다는 것을 명시적으로 제시한 '소교리문답' 30번의 설명은 언약신

---

[86] Q: How doth The Spirit apply to us redemption purchased by Christ?
A: The Spirit applieth to us the redemption purchased by Christ, by working faith on us, and thereby uniting us to Christ in our effectual calling. WSC.30.

학에서 진일보한 면모를 보여 주는 것이라고 평가할 수 있다.

이와 함께 성화에 대한 '신앙고백'의 설명에 상응하는 '대교리문답' 77번의 설명에는 특별히 주목해 볼 부분이 있다. 즉, 칭의와 성화를 구별하여 설명하면서 '칭의에 있어서는 하나님께서 그리스도의 의를 전가하시고 성화에서는 은혜를 주입하신다'는 표현이 그것이다.[87]

'대교리문답'에서 은혜를 '주입하신다'는 표현을 사용한 것은 개혁신학에 있어서 이미 명료하게 정리된 사항이라고 할지라도 매우 담대한 표현이다. 왜냐하면, '주입'이라는 단어 자체의 사용이 오해의 소지가 있기 때문이다. 사실 이 단어는 주로 로마 가톨릭 교회에서 칭의를 설명하는데 사용한 단어이다.[88]

---

[87] That God in justification imfuteth the righteousness of Christ; in sanctification his Spirit infuteth grace. WLC.77.

[88] 종교개혁에 대응하기 위하여 소집된 로마 교회의 종교회의인 트렌트 회의(1545-1563)의 칭의에 대한 교령 제7장의 설명에 따르면, 칭의는 '죄의 사함뿐 아니라 인간 내면이 성화되고 쇄신되는 것'(quae non est sola peccatorum remissio, sed et sanctificatio et renovatio interioris hominis)이라고 설명한다. 또한, 교령 16장에서는 '그리스도께서 의화한 자들에게 지속적으로 당신의 능력을 주입해 주신다'(ille ipse Christus Iesus … in ipsos iustificatos iugitur virtem influat). G. alberigo, J. A. Dossetti, & P. P Joannon(Eds.), *Conciliorum Oecumenicorum Decreta III*, 김영국, 손희상, 이경상 역, 『보편공의회 문헌집 제3권-트렌트 공의회·제1차 바티칸 공의회』 (파주: 가톨릭출판사, 2013), 673, 679. 이에 대해 맥그라스는 로마 교회의 칭의를 '의의 전가'이면서 동시에 '은혜의 주입'이라는, 사건과 과정을 포함하는 것으로 평가하였다. 즉, 칭의는 그리스도의 의의 전가로 의롭다고 선언되는 사건일 뿐 아니라 성령의 계속적인 은혜의 주입으로 말미암아 실제로 의로운 사람으로 변화되는, 평생 동안의 과정이라는 것이다. Alister E. McGrath, *Christian Theology: An Introduction*, 김기철 역, 『신학이란 무엇인가?』(서울: 복있는사람, 2017), 882-884. 한편 멀러는 이에 대해 조금 다르게 설명한다. 그는 '전가된 의'(iustitia imputata, imputed righteousness)와 '주입된 의'(iustitia infusa, infused righteousness)와 '내주하는 의'(iustitia inhaerens, inherent or inhering righteousness)를 구별하여 설명한다. 그는 '전가된 의'가 그리스도의 의가 믿음을 근거로 하여 신자들의 것으로 간주되거나 전가된 것이라면, '주입된 의'는 은혜에 의해 죄인에게 주입된 의의 실제적인 선물이라고 설명하면서 16세기에 안드레아스 오시안더(Andreas Osiander)가 중세 스콜라주의의 모델을 따라서 칭의는 부분적으로 죄인에 대한 법정적 선언이며 부분적으로는 그리스도

당연히 웨스트민스터 신학자들은 로마 교회의 칭의 교리의 오류를 잘 알고 있었고 성화가 칭의 이후에 주어지는 은혜인 것을 분명하게 알고 있었다. 하지만 개혁신학자들 안에서 이미 성화와 관련하여 '주입'이라는 단어가 사용되고 있었는데 다음과 같은 청교도들이 그러한 실례를 보여주었다.

리처드 십스(Richard Sibbes, 1577-1636)는 고린도후서 3:17-18에 대한 설교에서 그리스도는 영이시라고 설명하면서 그리스도는 영적 생명의 보편적 원리인 영을 그의 모든 교회와 자녀들에게 주입하신다고 말했다.[89] 또한, 웨스트민스터 총회에 참석한 신학자인 토마스 굳윈(Thomas Goodwin, 1600-1680)도 고린도후서 12:1-3을 해설하는 가운데 성령께서는 그의 백성들에게 영적 은사들을 주입하신다고 말했다.[90]

그보다 조금 뒤의 인물인 존 오웬(John Owen, 1616-1683)은 성화에 있어서 성령의 사역에 대해 설명하면서 주입이라는 단어를 사용했다. 즉, 성화와 믿음의 관계를 다루면서 그 믿음은 영혼 안에 전달되고 주입되고 창조된 것이라고 하며, 데살로니가전서 5:23의 해설에서는 하나님께서 신자들

의 의의 주입이라고 주장했다고 한다. '내주하는 의'는 의의 전가 이후에 주어지는 성령의 은혜로 말미암아 신자들에게 주입되고 내주하는 의라고 멀러는 설명하면서 이 의는 은혜의 역사이며 그리스도의 의에 기초한 전가된 의와 다름 아니라고 하였다. 또한, 그는 내주하는 의는 의의 두 번째 종류의 의이며 성화로부터 구분되는 칭의 안에 이 있는 과정임을 주장할 수 있다고 하였다. Richard A. Muller, *Dictionary of Latin and Greek Theological Terms*, 185-186. 페스코는 '대교리문답'의 은혜의 주입에 대해 중세시대부터 근세 초기까지의 신학자들이 자주 사용하였던 아리스토텔레스의 니코마코스 윤리학의 용어인 '소질'(habitus)의 개념으로 설명하면서 은혜의 주입이라는 말이 개혁주의 신학에서 아주 생소한 것은 아니었다고 하였다. John V. Fesko, 『역사적 신학적 맥락으로 읽는 웨스트민스터 신앙고백서』, 330-336.

[89] Richard Sibbes, *Works of Richard Sibbes* vol. four, ed. Alexander B. Grosart (Edinburgh: The Banner of Truth Trust, 1983, reprinted 2001), 207.
[90] Thomas Goodwin, *The Works of Thomas Goodwin*, vol. 6 (Edinburgh: James Nichol, 1861-1866, reprinted by Tanski publication in California, 1996), 60.

안에 거룩함의 습성을 주입하신다고 말했다.[91]

스테판 차녹(Stephen Charnock, 1628-1680) 또한 하나님의 성품에 참여하며 하나님을 위하여 행동하게 하려고 하나님에 의하여 주입된 하나의 분명하고도 초자연적인 원리에 대해 말했다.[92]

동일한 시기의 유럽 대륙에서는 프란시스 투레틴이 칭의와 성화의 구분에 대해 말하면서 성화는 의와 내적 개선을 위한 물리적이고 도덕적인 주입이라고 설명했다.[93] 이로 보아 성화에 있어서 하나님께서 성령을 주입하신다는 개념이 당시의 개혁신학자들 안에 일반적으로 인정되고 있었음이 분명하다. 그렇기 때문에 웨스트민터 신학자들이 성령께서 신자의 마음을 변화시키신다는 사실을 설명하기 위해 '주입하신다'는 표현을 사용한 것이고, 그만큼 직접적이고 실제적인 마음의 변화를 강조하기 위한 것으로 추론된다.

그러나 웨스트민스터 신학자들은 주입이라는 단어를 사용하는데 매우 신중했던 것으로 보인다. 왜냐하면, 총회의 의사록에 따르면, 처음에는 '주입'이라는 단어가 아닌 '본래적인'이라는 단어로 설명한 내용으로 결의되었음을 보여 주기 때문이다.

문: 칭의와 성화는 어디에서 다른가?
답: 성화가 불가분리하게 칭의와 연결되어 있음이 그 자체로 분명할지라도, 그것들은 다음과 같이 다르다. 칭의는 전가된 의에 의한 것이고 성

91　John Owen, *The works of John Owen*, vol. 3 ed. William H. Goold (Edinburgh: The Banner of Truth Trust, 1965, reprinted 1994), 409, 421.

92　Stephen Charnock, *The Works of Stephen Charnock*, vol. 3 (Edinburgh: The Banner of Truth Trust, 1986, reprinted 2010), 88.

93　Francis Turretin, *Institutes of Elenctic Theology*, vol. 2 (Phillipsburg: P&R Publishing, c1992-c1997), 690-691.

화는 **본래적인** 은혜에 의한 것이다; 전자에서 죄는 사해지고 후자에서는 억제된다. 전자는 모든 신자에게서 동일하고 이생에서 완전하지만, 후자는 완전에 대한 정도에 의하여 그것 중의 각각에 자람에 있어서 모든 신자에게서 동일하지 않다[94](강조는 필자의 것).

그러나 최종적으로 확정되어 표준 문서로 출판된 '대교리문답'에서는 설명을 조금 더 추가하는 동시에 능동태문장으로 바꾸어 칭의와 성화의 주체가 하나님이심을 밝히면서 '본래적인'(inherent)이 아닌 '주입하신다'(infuseth)로 바꾸었다. 이것은 성화에 있어서 신자의 실제적인 변화를 위하여 성령께서 역사하시는 것을 강조하기 위한 것으로 볼 수 있다. 이러한 강조는 '소교리문답'의 성화에 대한 설명에서 '우리는 새로워지며, 할 수 있게 된다'는 표현으로 강조되었다.[95] 그만큼 웨스트민스터 신학자들에게 성화는 실제적인 측면에서 매우 중요한 주제였던 것이다.

그렇게 보면, 성화에서 하나님께서 '그의 성령을 주입하신다'(his Spirit infuseth)라는 '대교리문답' 77번의 설명은 성화가 '하나님께서 이루시는 은혜의 사역'이며, '하나님의 형상에 따라 그들이 전인격이 새로워진다'는 '대교리문답' 75번의 추가적인 설명이며,[96] 그 결과 신자들은 '실제적이고

---

94 Q: Wherein doth Justification and sanctification differ?
    A: Although Sanctification be inseperably Joyned with justification and is the evidence therof, yet they differ in that justification is by Righteousness Imputed, Sanctification by grace **inherent**; in the one sin is pardoned, in the other it is subdued; the one is equal in all believers and perfect in this life, the other not being equal in all believers growth up in everyone of them by degrees unto perfection. MPWA, IV: 570.

95 Hereby we are renewed in the whole man after the image of God, and are renewed more and more to … WSC.35.

96 Sanctification is a work of God's grace, renewed in their whole man after the image of God. WLC.75.

인격적으로 더욱 성화된다'는 '신앙고백' 13장의 설명을 해설하는 것으로 볼 수 있다.⁹⁷

또한, 이것은 성화가 전적으로 성령으로 말미암아 시작되는 것임을 강조하는 동시에, 성령의 역사가 있으면 신자는 실제로 변화되어 하나님의 법을 지킬 의무를 행할 수 있게 되는 것으로 이해하고 있음을 보여 준다고 할 수 있다.⁹⁸ 이와 같은 이해는 언약의 '일방성'(monopleuron)과 '쌍방성'(dipleuron)에 대한 개혁신학 내의 논쟁에 대한 웨스트민스터 신학자들의 조화로운 시도로 평가할 수 있다.⁹⁹

이것은 웨스트민스터 신학자들이 언약적인 삶을 '순종하는 사랑'(obedient love)으로 이해하고 요약하는 것으로도 확인된다.¹⁰⁰

따라서 성화에 대한 '대교리문답' 77번의 설명은 성화의 주체 혹은 패러다임에서의 중요한 전환이라고 볼 수 있을 것이다. 이것은 또한 성령의 주도성을 강조하면서 실천적인 측면에서 신자의 책임을 조화롭게 표현하려고 한 결과로 말할 수 있다.

---

97 They … are further sanctified really and personally. WCF.XIII.I.
98 O. 팔머 로버트슨(O. Palmer Robertson)은 신자를 변화시키는 성령의 사역을 성령께서 신자에게 '스며들어 정결케 하심으로'(by permeating and by purifying) 그렇게 하신다고 설명하며 '그리스도의 성령께서는 신자의 의지에 스며든다'(The Spirit of Christ so permeates the will of the regenerate saint)라고 설명한다. O. Palmer Robertson "The Holy Spirit in the Westminster Confession of Faith", 90-91.
99 R. C. 스프룰(R. C. Sproul)은 언약의 일방성과 쌍방성에 대해 요한복음11:43-44의 예수께서 죽은 나사로를 살리신 사건으로 설명한다. 즉, 죽은 나사로에 대해 예수께서 '나사로야 나오라'고 부르셨을 때에 그가 직접 움직여서 살아서 나온 것과 같다고 할 수 있다는 것이다. 이처럼 언약에 있어서 은혜의 우선성 혹은 일방성이 분명하지만 은혜가 역사하면 신자는 능동적으로 반응하여 순종하게 된다는 것이다. R. C. Sproul, *Truth We Confess* vol.2, (New Jersey: P&R Publishing, 2007), 87-88.
100 David Clyde Jones, "The Westminster Standards and the Structure of Christian Ethics", in *The Westminster Confession into the 21ˢᵗ Century vol.3*, ed. Ligan Duncan (Ross-shire: Mentor, 2009), 453.

'소교리문답'의 성화에 대한 설명은 '신앙고백'과 '대교리문답'의 내용들에 대한 핵심적인 요약이다. 그렇지만 '소교리문답'은 앞의 두 문서보다 성화의 주체가 성령이심을 더욱 강조하는 것으로 그 특징을 보여 준다. 즉, 성령께서는 신자에게 새로운 마음을 주입하셔서 신자가 즐거운 마음으로 하나님의 법인 율법을 새롭게 순종할 수 있게 하신다.

동시에 '소교리문답'은 성화에서의 신자의 책임도 강조한다. 그것은 신자가 이 세상에서 완전하게 성화되어 율법을 완전하게 지킬 수 있는 것은 아니며, 실제의 삶에서 신자들은 종종 율법을 범하게 되는 현실을 고려한 것이다. 신자들이 율법의 순종에서 실패할지라도 그들은 믿음과 회개를 통하여, 성령의 새롭게 하심을 입는다. 그리하여 신자들은 율법에 순종하고자 하는 결심과 노력으로 성화의 삶으로 나아간다.[101]

웨스트민스터 신학자들은 율법을 순종하는 신자의 행위를 은혜를 얻으려는 방편이 아니라, 은혜를 입은 사람의 마땅한 반응으로 기쁘게 순종하는 것으로 이해하였다. 그리고 그들에게 있어서 신자의 성화는 그러한 과정을 거치면서 평생에 걸쳐서 이루어지는 것이었다.[102] 이러한 이해는 신자의 성화를 향한 여정을 마치 나선형으로 확장되며 뻗어가는 궤적과 같다고 할 수 있다.

---

[101] 이와 관련해서는 본 연구자와 김요섭의 공동 연구 논문인 "신앙의 확신에 대한 칼빈과 웨스트민스터 표준 문서들의 일관성 연구"를 참조하라. 그 논문은 신앙이 마음의 확신에 있음을 밝히면서 그것은 성령의 사역으로 인하여 신자들의 회개와 믿음을 통해 성숙되고 강화됨을 밝혔다. 홍인택, 김요섭, "신앙의 확신에 대한 칼빈과 웨스트민스터 표준 문서들의 일관성 연구", 「신학지남」 340 (2019), 209-219.
[102] Charles E. Hambrick-Stowe, "Practical divinity and spirituality", in *The Cambridge Companion to Puritanism*, John Coffey and Paul C. H. Lim (eds.,) (Cambridge: Cambridge University Press, 2008), 203.

이러한 '소교리문답'의 성화와 율법의 관계에 대한 이해는 본 연구의 제2장에서 다룬 언약신학에 대한 일반적인 이해가 하나의 신학적 이론이 아니라 구원의 도리에 대한 이해와 적용에 있어서 성경적일 뿐 아니라 신자들의 믿음과 삶에 대한 실제적인 토대가 되고 있음을 보여 주는 것이라고 할 수 있다.

또한, 본 연구 제3장에서 보았듯이 웨스트민스터 신학자들은 언약신학을 자신들의 교회적 현실에서 실질적으로 구현하려고 시도하였다. 그들은 '소교리문답' 30번에서 성령의 사역을 하나의 문답으로 할애하여 설명함으로써 신자들의 믿음 시작과 성숙이 실제로 일어나는 일임을 강조하였다.

웨스트민스터 신학자들이 언약신학의 맥락에서 성령의 사역을 강조한 것은 21세기의 개혁신학에서 성령의 사역에 관한 관심과 연구를 위한 중요한 관점을 제시한다고 할 수 있다.

'소교리문답'은 웨스트민스터 표준 문서들 가운데 가장 나중에 작성되었고 신학적 진술에 있어서 압축적이고 요약적이다. 하지만 '소교리문답'은 '신앙고백'이나 '대교리문답'의 신학적 내용의 정수(精髓)를 담고 있다. 따라서 '소교리문답'은 위의 두 문서에 대한 부수적인 문서로 간주될 것이 아니라 오히려 가장 핵심적인 문서로 평가되어야 한다.

그것은 또한 이제까지 살펴본 것처럼 웨스트민스터 신학자들이 '소교리문답'에 신자들의 성화를 위한 실제적인 방편들을 진술한 것에서도 확인된 바이다. 그러한 웨스트민스터 신학자들의 실천적인 언약적 삶에 대한 이해는 '소교리문답'의 은혜의 수단에 대한 설명에서 더욱 분명하게 확인되는데 이에 대해서는 다음 장에서 다룰 것이다.

제5장

웨스트민스터 '소교리문답'의
십계명 제4계명 해설

　이제까지의 논의는 웨스트민스터 '소교리문답'이 성화에 전체적인 초점이 맞추어져 있으며, 신자의 삶이란 그리스도 안에서 하나님의 언약에 따른 하나님의 법을 순종하는 의무를 행함으로 점점 더 거룩함에 이르는 과정을 제시하고 있음을 논증하는 것이었다.

　그러므로 이제는 '소교리문답'에서 신자가 어떻게 구체적으로 하나님의 계명에 순종하며 살 것인지를 설명하는 부분을 살펴볼 단계에 이르렀다. 이를 위하여서 '소교리문답'의 율법에 대한 해설 부분을 살펴보는 것이 적절할 것이다.

　앞 장에서 언급한 것처럼, '소교리문답'은 전체 107개의 문답 중에서 40퍼센트에 해당하는 43개의 문답이 율법에 대한 부분으로 되어 있다.[1] 이것은 웨스트민스터 신학자들이 율법의 준수를 신자의 삶에 있어서 매우 중요한 요소로 간주하고 있었음을 보여 주는 것으로, 율법의 순종이 신자의 성화와 밀접하게 관련이 있음을 전제하고 있음을 증거한다. 그들이 '소교리문답'에서 율법을 그렇게 비중 있게 다룬 것은 언약신학의 이해에 따

---

[1] Johnannes G. Vos, *The Westminster Larger Catechism; A Commentary*, xviii.

른 것으로 율법이 신약의 신자들에게도 삶의 기준이 되고 있음을 확신하였기 때문이다.

'소교리문답'의 율법에 대한 설명에서 십계명에 대한 해설은 모두 39개의 문답으로 되어 있다. 각 계명에 대한 배분을 보면, 제1계명에서 제3계명까지와 제5계명은 각각 4개의 문답으로 구성되었고, 제6계명에서 제10계명까지는 각각 3개의 문답으로 구성되어 있다. 반면에 안식일에 대한 제4계명은 6개의 문답으로 구성되어 있는데 이것은 웨스트민스터 신학자들이 제4계명을 당시의 영국 교회의 상황과 관련하여 매우 중요하게 다루어야 할 부분으로 여기고 있었음을 보여 주는 것이라 할 수 있다. 그러므로 율법에 대한 순종의 삶을 신자의 생활 표준으로 이해하고 논의할 때 웨스트민스터 신학자들은 십계명의 제4계명이 매우 핵심적인 계명이 되는 것으로 간주했음이 분명하다고 할 수 있다.

청교도들은 안식일을 준수하면서 그날에 성경을 읽고 설교 되는 하나님의 말씀을 들으며 주어진 성찬에 참여하고 기도를 드리는 것을 통해 신자들이 더욱 견고한 믿음 위에 서게 되고 하나님의 뜻을 행하는 힘을 얻게 되는 것으로 이해하고 있었다. 그것은 그들의 언약신학에 대한 이해에 부합하는 실천이라고 생각하였기 때문이다. 그런 맥락에서 웨스트민스터 총회의 신학자들은 안식일(주일)의 준수를 은혜의 수단들을 바르게 사용하는 것과 연결해 강조했다. 이러한 청교도의 안식일 준수에 대해 존 프라이무스(John Primus)는 청교도들이 안식일을 지키는 것을 '삶의 방식'(a way of life)이자 '성화를 위한 최고의 수단'(the chief means of sanctification)으로 이해했다고 말했다.[2]

---

[2] John Primus, *Holy Time* (Georgia: Mercer University Press, 1989), 156.

이것은 웨스트민스터 신학자들의 생각을 정확하게 표현한 것으로 보이는데, 그들은 '대교리문답'에서 '안식일 계명을 지키는 것이 다른 모든 계명을 지키는 데 도움이 된다'고 설명했다.³ 따라서 이제는 십계명의 준수가 성화를 더욱 촉진하는 방편이 된다는 것을 논증하기 위한 첫 번째 경우로 '소교리문답'의 제4계명 해설을 살펴보고자 한다.

'소교리문답'의 제4계명의 해설의 초점을 적절하고도 충분하게 이해하기 위해서는 그에 앞서 웨스트민스터 총회가 소집되기까지 영국에서 안식일과 관련하여 진행된 논쟁들을 살펴보아야 한다. 왜냐하면, 이 주제는 영국에서 종교개혁이 시작될 무렵부터 매우 첨예한 논쟁을 일으켰던 주제이기 때문이다. 따라서 먼저 그 시기의 영국에서의 안식일에 대한 신학적 역사적 논쟁들을 검토하는 것이 논리의 전개상 합당할 것이다. 그리고서 '소교리문답'의 제4계명 해설을 그 작성 과정과 함께 그 핵심 내용을 살펴볼 것이다.

그 후에 마지막으로 '소교리문답'에서 제시한 제4계명의 준수의 목적과 그 방법에 대한 해설을 살펴보면서 웨스트민스터 신학자들이 안식일 준수를 성화와 관련된 은혜의 수단들과 매우 밀접한 관련이 있는 것으로 여기고 강조하였음을 논증할 것이다. 그 후에 그들의 이해가 청교도들의 일반적인 이해와 동일한 것임을 유력한 청교도들의 안식일을 성화와 관련한 주장을 통해 증명할 것이다.

---

3 In keeping it, better to keep all the rest of the commandments, WLC. 121.

1. 16-17세기의 영국에서의 안식일-주일 논쟁

안식일 혹은 주일(주의 날)에 대한 이해는 초대 교회 시대로부터 현대 교회에 이르기까지 격렬한 논쟁의 대상이었다.[4] 하지만 본 연구의 관심은 이

---

4   이 주제에 대하여, 각각 안식일과 주일의 연속성과 불연속성을 주장하는 신학자들에 의하여 개진되었다. 전자의 견해는 로저 T. 베크위드(Roger T. Beckwith)와 윌프리드 스토트(Wilfrid Stott)에 의하여 주장되었다. 그들은 기독교인들의 일요일에 대한 성경신학적 이해를 유대교와 초대 교회의 배경의 관점에서 연구하였다. 그들은 창조의 규례이면서 십계명의 개념에 따른 안식일은 주의 날로 이어졌다고 주장하였다. 비록 원초적인 안식일과 시내산의 십계명의 제정 그리고 할례와 세례, 유월절과 주의 만찬 등의 사이에 차이가 있을지라도 본질적인 연속성이 있으며 더 원숙하게 책임을 감당할 수 있게 되었다고 주장하였다. Roger T. Beckwith and Wilfrid Stott, *This is the Day; The Biblical Doctrine of the Christian Sunday in its Jewish and Early Church Setting* (London: Butler & Tanner Ltd, 1978), 2-144. 리처드 개핀(Richard Gaffin)은 칼빈의 안식일에 대한 주장을 검토하였다. 그는 4계명의 안식이 영적 안식의 상징이었음을 주장한 것에 주목하였는데, 신약의 신자들이 주의 날을 지키는 것은 그것의 선취로서의 의미임을 강조하면서 안식일와 주일의 연속성을 주장하였다. 그는 또한 히브리서 3:7부터 4:13에 대한 주석적 접근을 통해 신약에서는 안식을 종말적 안식의 표지로 보았음을 주장하며 '기독교 안식일'에 대한 이해는 신약의 가르침과 조화를 이룬다고 주장하였다. Richard B. Gaffin, Jr., *Calvin and the Sabbath* (Ross shire; Mentor, 1998), 141-145. 반면에 후자의 입장은 D. A. 카슨(D. A. Carson)이 직접 저술에 참여하고 편집한 *From Sabbath to Lord's Day*가 대표적이다. 이 연구에 참여한 D. A. 카슨(D. A. Carson)과 M, 맥스 B. 터너(M, Max B. Turner), D. R. 드 라시(D. R. de Lacey), A. T. 링컨(A. T. Lincoln) 그리고 교회사적인 조사를 시도한 A. T. 보캄(A. T. Bauckham) 등은 신약의 주일은 구약의 안식일과 완전히 다르다는 입장을 표명하였다. D. A. Carson(ed.), *From Sabbath to Lord's Day; A biblical, historical and theological investigation* (Grand rapids: Zondervan Publishing House, 1982), 13-343. 국내에서는 양낙흥이 『주일성수』를 통해 의견을 개진하였다. 그는 구약의 안식일과, 신약의 주일과 안식일에 대한 성경신학적 이해를 소개한 후에 역사신학적 접근을 통해 초대 교회와 중세 교회의 안식일과 주일에 관한 신학적 주장들을 소개하였다. 이어 16세기 종교개혁 시기의 루터와 칼빈의 주장들과 뒤이은 유럽 대륙과 영국에서의 안식일 논쟁들을 개괄적으로 소개하였다. 또한, 현대의 안식일 신학에 대한 복음주의자들의 견해를 소개하면서 전반적으로 청교도들의 안식일 신학을 긍정하면서도 주일은 안식일이 아니라고 하는 입장을 표명한다. 그는 주일은 교회와 국가의 규정에 의해 공적 효력이 인정된 것이지만 거기에는 섭리에 의해 정착되었다는 다소 중도적인 입장을 취한다. 그러므로 주일을 어떻게 지켜야 할 것인지에 대해서도 현대 교회가 직면한 상황을 충분히 고려하는 듯한 중도적인 면

논쟁에 대한 전체적인 역사를 살펴보는 데 있지 않고 웨스트민스터 표준 문서들에 나타난 안식일 이해를 살피는 데 있으므로 여기서는 16세기와 17세기 영국에서 진행된 '안식일-주일'(Sabbath-Lord's Day) 논쟁으로 한정하여 살펴볼 것이다. 그런데 이 논쟁은 본질에서 복합적인 성격을 띤다. 그 시대 영국 교회의 변화가 신학적인 면과 정치적인 면이 함께 엮여서 진행되는 특징을 보이기 때문이다. 그런 까닭에 그 논쟁의 양쪽 측면을 동시에 살피면서 진행하는 것이 적절할 것이다.

1) 16세기의 논쟁

16세기에 이르기까지 영국 교회는 중세 로마 교회의 영향 아래 놓여 있었기에 안식일에 대한 이해도 그에 따르고 있었다. 중세 교회는 엄격한 안식일주의를 가르쳤는데 일요일은 종교에 드려져야 하는 날이며 일상적인 노동은 유예되어야 한다고 가르쳤다.[5] 중세 교회는 그들의 교령에 따른 교회의 권위로 '일요일'(Sundays)과 '성일들'(holy days)을 매우 엄격하게 준수하도록 가르쳤다.[6]

모를 보여 준다. 양낙흥, 『주일 성수』(서울: 생명의말씀사, 2004), 25-219.

5 James T. Dennison, Jr. *The Market Day of the Soul; The Puritan Doctrine of the Sabbath in England, 1532-1700* (PA: Soli Deo Gloria Publications, 2001), 1.

6 그러나 한편 후기 중세 교회는 매우 엄격하게 율법적으로 일요일을 지키도록 하면서도 '기독교 안식일'(Christian Sabbath)을 많은 비 성경적 요소 중의 하나로 간주하고 있었다. 토마스 아퀴나스는 안식일에 대해 하나님의 명령에 의한 날이 아니라 경건을 위한 날로 구별된 날로 가르쳤다(*Summa Theoliae*, 1a 2ae 100, 5,8, 11: 103, 3:2a2ae. 122). 또한, 영국의 초기 개혁자인 윌리엄 틴데일(William Tyndale, 1494-1536)은 당시의 로마 교회의 가르침이 유대인이 행위로 의로움을 얻으려는 것처럼 신체적인 노동을 금함으로 날의 종이 되게 하였다고 비판하였다. Kenneth L. Parker, *The English Sabbath; A Study of Doctrine and Discipline from the Reformation to the Civil War* (Cambridge; Cambridge University Press, 1988). 8, 17, 33.

하지만 이론적 엄격과는 달리 실제에 있어서는 많은 방종으로 소란스러웠다. 경건과 헌신의 마음으로 주일(Lord's day)을 보내는 대신에 여흥과 오락이 만연했다.

헨리 8세(Henry VIII, 1509-1547 재위)에 의해 영국 교회의 관할권이 로마 교황청에서 영국의 왕에게 귀속된 이후에도 그러한 상황은 크게 달라지지 않았다. 그래서 영국에서는 그러한 행동들을 제한하고 경건한 활동을 장려하기 위하여 수많은 안식일 법령이 공포되곤 했는데 1537년에 요크의 가톨릭 대주교가 발표한 금지 명령이 대표적이다.

> 성일들을 준수하고 지키기 위한 날들에 대해 양 떼에게 가르치라. 그들은 완전히 그들의 모든 세상적인 일들과 육체적인 업무와 직업들 그리고 경기와 놀이의 집들, 특별히 모든 죄로부터 완전히 물러나야 하고, 사람의 영혼을 위한 영적인 일들에 완전하고도 전체적으로 자신을 사용하도록 하여야 한다. 그리하여 선술집과 음식점들은 이날들에 이용되거나 사용되어서는 안 된다. 다만 여행과 같이 그들에게 필수적인 일은 예외로 한다.[7]

그러나 교회의 성일들은 여전히 대중의 여가를 위한 날이 되어서 교회의 성일들(holy-days)은 휴일들(holidays)이 되고 있었다. 사람들은 일요일 스포츠에 매혹되었으며 교회는 세속 정신에 포로로 잡혔고 교회의 뜰은

---

[7] "Instruct (the) flock that in those days which be observed and kept for holy days, they must utterly withdraw themselves from all worldly and fleshly business and occupations, and houses of games and plays, specially from all sin, and entirely and wholly employ themselves to ghostly works behovable for man's soul: and that therefore taverns victualling houses may not these days be used and excised, and specially in the time of Divine Service, unless necessity otherwise require for them that travel in journey", On Archbishop Edward Lee, James T. Dennison, Jr., *The Market Day of the Soul*, 2에서 재인용함.

지역 축제의 장소로 변질되었다.

교회는 민속춤(folk-dancing), 게임(games), 연회(banquets), 스포츠(sports), 익살(buffoonery), 축제(festivals), 장날(fairs)과 시장(markets)들이 열리는 공간이 되었고 결과적으로 교회의 안식일은 왁자지껄하고 흥정거리는 장소가 되곤 했다. 그리하여 '즐거운 옛 잉글랜드'(merry old England)라는 말이 나올 정도가 되었다.

헨리 8세의 승인하에 같은 해에 출간된 '왕의 책'(King's Book) 혹은 '감독의 책'(Bishop' book)이라고 불린 『기독교인의 규칙』(the Institution of Christian man)은 제4계명을 도덕법이라고 불리는 십계명의 다른 부분과 분리했다.[8] 그 책의 제4계명에 대한 부분에서 안식일은 그리스도인에게 휴식과 경건으로 묶이는 날이라고 하면서 기독교인이 반드시 지켜야 하는 휴식의 본질은 죄로부터의 물러나는 영적인 휴식이라고 설명되었다.

그리고 신체적인 휴식에 대해서는 예배를 위한 경우를 제외하고는 오직 유대인들에게만 해당된 것이므로 그리스도인들에게는 폐지되었다고 했다. 그리하여 안식일이라는 용어는 토요일에 적용되었고 복음 아래 있는 사람들에게는 일요일이라는 용어가 선호되었다. 일요일의 준수를 결정하는 권한을 가진 교회는 축제의 날들과 다른 성일을 제정하는 특권도 가진 것으로 인정되었다.

금지된 날들에 영국민들은 추수와 같은 절대적으로 필수적인 일들을 제외하고는 자신들을 하나님을 예배하고 거룩한 일을 하는 날로 드려야 했다. 그 책의 제4계명의 해설은 성일에 게으름과 폭음, 폭식, 방탕, 놀이 그리고 다른 허황되고 한가로운 여가시간을 보내는 것에 대한 저주로 마무

---

8   Kenneth L. Parker, *The English Sabbath*, 36.

리되었다.[9]

　1539-1552년의 시기에도 제4계명에 대한 이해는 위와 동일한 모호함이 지속하였다. 하지만 동시에 그 시기의 영국 교회는 칼빈의 안식일에 대한 3가지 요점에 영향을 받기도 했다. 즉, 안식일은 그리스도 안에서의 영적 안식을 나타내며, 안식일은 예배를 위한 날로 도움이 되고, 종과 가축들의 휴식을 위한 날로 유용하다는 것이다.[10] 이러한 칼빈의 영향은 그 무렵의 영국에서 나온 교리문답서들에서 나타나는데 안식일에는 사람들이 자신의 신체적인 일들을 중지하고 하나님의 말씀을 부지런히 공부하고 듣고 읽는 일에 보내야 한다고 했다. 안식일을 옳게 보내려면 죄를 멀리하고 하나님이 그들 안에서 일하시도록 하여 그의 말씀에 순종하고 찬송가 부르고 이웃들을 돕도록 하여야 한다고 했다.

　이 무렵에는 제4계명에서의 안식을 영적 안식과 외적 안식의 두 유형으로 구분하였는데 영적 안식을 위해서는 신자들의 삶에서 지속해서 죄를 죽이고 자신을 하나님께 드리는 것이 요구되었고, 외적 안식을 위해서는 교회에 출석하여 성찬을 받고 하나님의 말씀과 가난한 이들을 봉사에 힘쓸 것이 요구되었다.[11]

　1553년에 에드워드 6세(Edward VI, 1547-1553 재위)의 권위로 출판된 『작은 교리문답』(*A Short Catechism or playne instruction, conteynynge the sume of Christian learning*)에서는 '안식'(sabbath)이 '휴식'(rest)으로 정의되었지만, 그날은 그리스도인들이 하나님을 예배하기 위한 활동에 묶이는 날이라고 설명되었다.

9　James T. Dennison, Jr., *The Market Day of the Soul*, 5-6.
10　John Calvin, *Institutes*, II, viii, 28-34.
11　James T. Dennison, Jr. *The Market Day of the Soul*, 6-8.

그리고 제4계명의 안식은 그리스도 안에 있는 안식의 상징으로서 신실한 그리스도인들은 거룩한 일들에 시간을 보내야 하고 거룩하지 않은 일들은 미루어놓아야 한다고 했다.[12]

이 시기에 활동하였던 토마스 크랜머(Thomas Cranmer, 1489-1556)와 토마스 비콘(Thomas Becon, ?-1570)도 제4계명을 죄를 멀리하고 하나님께로 돌이키는 내적이고 영적인 안식과 신체적인 휴식과 모든 노동을 중지하는 외적이고도 의식적인 안식으로 구분하여 설명했다. 그들은 도덕법은 유대인과 그리스도인 모두에게 동일한 것으로 받아들이지만 의식적인 부분은 그리스도의 죽음으로 폐지되었다고 했다.

그들은 중세 교회의 흔적인 교회의 규칙에 따라 교회에 출석하여 말씀을 듣고 성찬을 받는 것을 열심히 지키도록 강조하면서도 유대인의 '토요일 안식일'(Saturday-Sabbath)을 피하려고 노력했다. 결과적으로 그들은 요일이 바뀌었다는 이유로 제4계명을 십계명의 다른 계명들과 동등하게 도덕적인 것으로 보지 않았다. 그렇게 그들은 안식을 영적이고 내면화하는 일에 초점을 맞추었다.

그들과 같은 영국에서의 종교개혁 초기의 인물들은 제4계명의 도덕적 측면이 핵심이라고 주장했다. 그들은 하루를 경건의 일과 자비의 일에 힘쓰며 오락으로부터 자유로운 날로 믿었다. 또한, 그들은 주의 날과 다른 성일의 남용에 대해 의미심장한 도전을 했으며, 그리스도인들에게 부과된 하루를 제4계명의 안식일과 동일화하기 시작했다.[13]

---

[12] *A Short Catechisme, or playne instruction, conteynynge the sume of Christian Learninge, sett fourth by the kings maiesties authroritie of all Schoolmasters to teache*(1553). James T. Dennison, Jr., *The Market Day of the Soul*, 9.

[13] James T. Dennison, Jr., *The Market Day of the Soul*, 13, 15.

1558년 즉위한 엘리자베스 1세(Elizabeth I, 재위 1558-1603)는 주일의 예배참석을 독려하기 위한 법령을 의회에 보냈다. 그것은 반포되지는 않았지만, 그 당시의 형편이 어떠하였는지를 보여 주는데, '음식점과 가게들이 거룩한 예배 시간에 열렸으며 수공예품 제작자들은 그들의 일을 계속하고, 다른 이들은 다른 날처럼 자신들의 세상일을 위하여 나갔다'고 말한다. 그리고는 '이러한 종교적인 문란을 교정하고 공동기도와 성찬 그리고 설교가 성행하기 위하여' 법령이 제정되도록 법안을 의회에 보낸다고 했다. 그러나 주의 날에 대한 이론적인 엄격한 강조는 그날을 휴일로 생각하는 대중의 정서를 극복하지 못했다. 교회의 뜰은 여전히 마을 축제(ales)와 헌당 기념 전야제(wakes)와 여러 가지 축제와 춤의 장으로 이용되고 있었기 때문이다.[14]

1563년에 이르러 안식일 남용에 대한 완전한 개혁에 대한 목소리가 점점 더 커지면서 안식일은 다른 성일들과 다르다는 생각들이 나타나기 시작했고, 1580년대에 이르러서는 안식일의 남용에 대한 불만이 교회와 국가 양측으로부터 점증 되었다. 하지만 그 원인은 근본적으로 빈 회중석의 증가로 인한 것이었다. 이 시기의 불평들은 고위성직자들로 이루어진 국교회의 관점에서 나타난 것이고 그때까지 청교도들은 자신들의 입장을 공식적으로 표명하지는 않았다.

그런데도 만연한 오락으로 인한 교회의 장기 결석에 대한 관례들이 이 주제에 대한 청교도들의 도약을 위한 발판으로 준비되고 있었다. 청교도들은 '절반 정도 개혁된'(halfly reformed) 안식일 교리와 전체적으로 세속화되고 있는 실제적인 안식일의 관계를 주목하였다. 그리하여 그들은 세속

---

[14] James T. Dennison, Jr., *The Market Day of the Soul*, 21.

적인 오락으로부터 자유로우며 거룩한 예배를 위한 하루에 대해 보다 본질적인 토대가 마련되어야 하는 것을 인식하기 시작했다.[15]

이 무렵 안식일에 대한 교리가 더욱 정밀화되었는데 그것은 특별히 1572년에 출판된 에드워드 데링(Edward Dering, c. 1540-1576)의 제4계명에 대한 해설을 통해 이루어졌다.

> 안식일을 거룩히 지키는 것은 우리에게 설교된 하나님의 말씀을 듣기 위하여 경건하고 존경하는 마음으로 함께 모이는 것이다. 또한, 믿음과 회개로 그의 성찬을 받으며 한마음과 목소리로 함께 기도하는 것이다. 우리의 내적 안식을 외적 행함으로 보이는 것이다. 즉, 우리가 죄와 악함으로부터 쉬며, 하나님의 영이 우리 안에 거하시게 하여 이곳의 생활에서 우리의 영원한 안식을 시작하도록 일하시게 하는 것이다.[16]

데링은 또한 히브리서 4:4-10까지에 대한 강의에서 구약의 안식은 그리스도의 죽음으로 폐지되었지만 제4계명의 목적은 남아 있는데 이는 유대인에게 그런 것처럼 성도의 총회인 그리스도인들에게도 해당하기 때문이라고 주장했다. 그의 주장에는 모호한 점이 남아 있기는 하지만 그는 분명하게 '그리스도인의 주일'(Christian Sunday)을 제4계명의 '안식일'

---

15 James T. Dennison, Jr., *The Market Day of the Soul*, 17-18.
16 "To keepe holye the sabboth day, is to come together, and with feare and reverence to heare the word of God preached unto us to receaue his Sacraments with fayth and with repentance: to pray together with one heart and voyce: to shew in outwarde doyng our inward sabboth, that we rest from sinne and wickedness: that the spirit of God dwelleth in us, and worketh in this lyfe the beginnyng of our everlasting rest." Edward Dering, *A Briefe & necessary instruction, very needful to bee known of all householders* (1572). James T. Dennison, Jr., *The Market Day of the Soul*, 27에서 재인용함.

(the Sabbath)과 동일시했다.[17]

    1577년에 존 뉴스텁(John Knewstub, 1544-1624)은 주일의 예배에 대한 책, 『출애굽기 20장에 대한 강의』(Lectures upon the Twentieth chapter of Exodus)를 발표했다. 거기서 그는 많은 사람이 주일을 다른 6일과 같은 날로 여기며, 그날을 단지 신체적인 휴식을 취하고 여행과 노동에 뒤따르는 오락의 날로 여기고 있지만, 하나님께서는 그날을 말씀과 기도를 실행하기 위하여 안식일을 제정하셨다는 것을 강조했다. 그러면서 그는 그날이 뒤따르는 날들을 위해 제공된 '영혼의 장날'(the market day of the soule)이 되도록 지정하셨다고 설명했다.[18]

    1583년에 필립 스텁스(Philip Stubbes, c. 1555-c. 1610)는 『영국에서의 남용에 대한 해부』(Anatomy of Abuses in England)를 썼다. 거기서 그는 하나님이 일곱째(seventh Sabbath) 날을 구별하신 이유를 다음과 같이 논증했다.

    즉, 그날은 신자들이 창조를 기억하게 하고 공적이고 개인적인 예배를 준비하도록 하며, 사람과 짐승을 위한 육체적 노동으로부터 쉬도록 하며 하늘에서의 성도들의 안식을 나타내기 위함이라고. 비록 그날이 다른 날과 다르지 않을지라도 하나님께서 그날을 성별하여 지키도록 명령하셨음으로 신자들은 하나님을 사랑하기 위하여 그 명령에 복종하여야 한다고 주장했다.[19] 이렇게 점차 주일을 제4계명과 직접 연관 지어 설명하는 것이 청교도들에 의하여 점증하고 있었다.

---

[17] James T. Dennison, Jr. *The Market Day of the Soul*, 28.
[18] John Knewstub, *Lectures upon the Twentieth chapter of Exodus* (1577), James T. Dennison, Jr., *The Market Day of the Soul*, 29.
[19] James T. Dennison, Jr., *The Market Day of the Soul*, 30-32.

그러던 중 그해에 안식일 논쟁에 중요한 변곡점이 되는 사건이 일어났다. 그 사건은 1583년 1월 13일 주일에 일어났는데 오후 공동기도가 행해지는 시간에 사우스워크의 파리가든(Paris Garden South-wark)에서 '곰-골리기'(bear-baiting, 묶어놓은 곰에게 개를 덤비게 하고 구경하면서 이기는 동물에게 돈을 거는 놀이)를 구경하던 사람들의 좌석이 무너진 것이다.

그 사건으로 적어도 7명이 죽고 많은 사람이 상처를 입었다. 이 사건으로 경건한 설교자들은 안식일을 더럽히는 것에 대해 개혁의 목소리를 내었고 잘못된 오락을 즐기는 것에 대해 비난하였으며, 청교도들은 안식일을 범하는 것은 악명 높은 범죄라고 비난했다. 그 사건으로부터 9개월 뒤에 의회는 주일을 더욱더 잘 지키도록 하는 법령을 엘리자베스 1세 여왕에게 제출하였지만, 여왕은 서명을 거부했다.

바로 그 해에 거베이스 바빙턴(Gervase Bavington, 1549/1550-1610)이 십계명을 강해 한 『계명들에 대한 매우 유익한 강해』(*A Very fruitful Exposition of the Commandments*)를 출간했다. 그 책에서 그는 안식일 계명이 모든 사람을 영속적으로 묶고 있음을 논증하려 했다.

즉, 안식일을 거룩히 하는 것은 우리의 모든 직업적인 노동으로부터 쉬는 것이며 동시에 예배를 위하여 모이고, 우리의 평생에 지속하는 죄로부터 쉬는 것이라고 주장했다. 그는 이레 중의 하루는 주를 섬기기 위한 것으로, 그날에 일과 오락을 중지하는 것은 그날의 본디 성별을 위한 의무로서가 아니라 그날을 경건과 성화의 일로 보내도록 하기 위함이라고 말했다.

그러면서 날의 변화는 신약성경(행 20:7; 고전 16:2; 계 1:10)에서 명백하게 보이는 바라고 주장했다. 그러므로 안식일의 의무는 설교 된 하나님의 말씀을 듣고 읽는 것과 성찬을 받으며 기도하고 가난한 이들과 병든 이들에

게 구제를 행하는 것 그리고 창조의 사역을 묵상하는 것이라고 했다.[20]

1583년의 사건은 영국의 경건한 사람들에게 안식일의 남용에 대한 분노를 일으켰으며 동시에 청교도들이 안식일(주일)에 대한 자신들의 주장을 펼칠 계기가 되었다. 그 일은 윌리엄 퍼킨스와 리처드 그린햄(Richard Greenham, 1542-1594) 그리고 니콜라스 바운드(Nicholas Bownd, 1551/2-1613)를 중심으로 한 케임브리지 출신 청교도 신학자들과 목회자들의 활동을 통해 서서히 그 모습을 드러내기 시작했다.

윌리엄 퍼킨스는 안식일이 창조의 규례라고 주장했다. 사람은 죄가 세상에 들어오기 전에도 그 안식일을 성별하는 의무 아래 놓여 있다고 그는 믿었다.

> 만일 죄가 세상에 들어오기 전에 주님의 안식일을 성별하는 것이 아담의 의무였다면, 타락 후의 사람에게는 주님의 날을 거룩하게 하는 것이 더욱 의무가 되지 않겠는가?[21]

퍼킨스는 『사도신경 주석』에서 제4계명의 특별한 요구들에 대해 말하는데 노동으로부터의 쉼과 함께 그 쉼을 거룩하게 하는 것이 매우 중요하다고 주장했다. 하나님께서 노동을 위하여 6일을 허락하셨음으로 하나님을 예배하기 위하여 하루를 요구하시는 것이 하나님께는 합당하다는 것이다. 그러므로 안식일 전날이나 다음날 할 수 있는 일은 그날에 중단되어야 한다고 그는 주장했다.

---

20 Gervase Bavington, *A Very fruitful Exposition of the Commandments* (London, 1583), James T. Dennison, Jr., *The Market Day of the Soul*, 34-35.
21 *A Golden Chaine*, 17-18.

퍼킨스는 안식일 규례에는 도덕법과 의식법의 두 측면이 있음을 인정했다. 신자의 죄로부터의 안식을 나타내는 유대인들의 토요일 안식의 준수는 폐지되었지만, 신약의 교회뿐 아니라 구약의 교회에서 하나님을 섬기고 예배하기 위하여 구별된 일곱째 날은 절대 폐지되지 않았다는 것이다.[22]

그러면서 그는 이 목적의 성취를 위해서는 하루 전체(a whole day)가 요구되고, 또한 장(fairs)이나 연회(banquets), 오락(recreations)과 같이 하나님을 섬기는 것으로부터 마음을 멀리하게 하는 어떤 것이라도 금지되어야 한다고 했다.[23]

그린햄은 1559년에 『안식일에 대한 논문』(A Treatise of the Sabbath)을 집필하였는데 안식일은 창조의 규례라는 것으로부터 논의를 시작했다.

> 범죄 전에 그것(안식일)을 지키는 것이 죄를 경계하는 효과적인 수단이었다면 사람의 타락 후에는 그것이 죄로부터 견디게 하는 힘으로 반드시 필요할 것이다.[24]

그는 하나님께서 에덴동산에서 안식일을 정하셨고 시내산에서 그것을 새롭게 하셨다고 주장했다. 처음부터 사람에게 부과된 의무는 도덕적이며 취소할 수 없다.

22　William Perkins, *An Exposition of the Creed* (1595), in *Works*, I:46-48.
23　William Perkins, *An Exposition of the Creed* (1595), in *Works*, I:49.
24　Richard Greenham, *A Treatise of the Sabbath*, in *The Works of The Reverend and Faithful Servant of Iesus Christ* (London:1599), 292-294. James T. Dennison, Jr., *The Market Day of the Soul*, 39.

첫 번째 목적이 무엇이든 간에 그것은 최고의 목적이다. 그러나 안식일을 거룩하게 하는 것은 첫 번째 목적이다. 왜냐하면, 그것은 무죄 상태에서의 아담에게 제정된 것이기 때문이다. 어느 때에든지 그것은 상징(의식)이 아니다, 왜냐하면 세상에 죄가 들어오기까지는 어떤 상징도 없었기 때문이다.[25]

그는 안식의 날이 변경된 것은 그리스도의 부활을 기억하는 사도들에게 행사된 신적인 영감으로 된 것이라고 했으며, 안식일의 쉼을 거룩하게 하는 것은 공적이고 개인적인 예배와 긍휼과 필수적인 일을 하는 것으로 이루어진다고 설명했다. 안식일에 일을 하거나 즐거움을 추구하는 것은 그것이 직업이거나 합법적인 오락일지라도 금지함으로써 안식일을 하나님을 섬기는데 온전히 드려질 수 있다고 주장했다.[26]

바운드는 1595년에 안식일에 관한 책, 『안식일 교리』(the Doctrine of the Sabbath)를 출판했다.[27] 이 책의 출판으로 청교도들의 안식일에 대한 이해가 절정에 이르렀다. 이 책에서 바운드는 제4계명에 대해 전체 2부로 나누어 설명했다. 제1부에서는 하나님에 의하여 명령받은 안식의 유형에 대해 다루고

---

25 : Whatsoever is the first end is the chiefest end; but to sanctifie the Sabbath is the first, because it was ordained so to Adam in time of his innocencie, at What time it could not bee a figure(ceremony), because … there were no figures untill sin came into the world…" Richard Greenham, *A Treatise of he Sabbath*, 298. James T. Dennison, Jr., *The Market Day of the Soul*, 40에서 재인용.

26 James T. Dennison, Jr., *The Market Day of the Soul*, 41.

27 바운드는 1586년에 행한 설교들을 모아서 『안식일 교리』(the Doctrine of the Sabbath)라는 책으로 출판하였고 1606년에는 그것을 확장 보완해서 『안식일과 신약성경: 또는 참된 안식일 교리』(SABBATHUM VETIRIS ET NOVI TESTAMENTI: or The True Doctrine of the Sabbath)라는 책으로 출판하였다. 여기에서는 뒤에 나온 책을 중심으로 살펴 볼 것이다.

제2부에서는 그날을 어떻게 거룩하게 할 것인지를 다루었다.

첫 부분은 14개의 장으로 구성되어 있는데 가장 먼저 제4계명이 다른 계명들과 다른 점을 설명하고 이어서 안식일은 지속하여야 함을 논증하고 그에 대한 반대들을 자세히 다루었다. 그리고 일곱 번째 날에서 첫째 날로 바뀐 이유와 그날의 이름이 바뀐 것을 설명했다. 다음에는 직접 제4계명을 해설하였는데 그 계명의 첫 부분인 쉼의 의미와 그 이유 그리고 그 명령은 모든 계층의 사람에게 쉼이 명령받았음을 강조했다. 이어서 그는 6일간의 노동의 충분함과 안식일에 적당한 여행에 대해 논한 뒤에 안식일에 모든 노동이 금지된 것이 아니라고 설명하면서 가능한 종류의 일들과 필수적이고 긍휼에 관한 일에 대해 설명했다.[28]

마지막에는 그리스도인도 유대인과 같이 이 법에 엄격하게 묶여 있음을 논증했다. 제2부에서는 제4계명의 두 번째 부분을 다루는데 안식일을 어떻게 거룩하게 지킬 것인지를 설명했다. 이 부분 또한 결론을 포함하여 14장으로 구성되어 있다. 안식일은 엄정하게 지켜야 하는데 공적인 예배와 개인적인 예배를 드리는 것으로 지켜야 함을 강조하면서 각각의 예배를 어떻게 드릴 것인지를 설명했다.

마지막 부분에서는 안식일을 지킴에서 윗사람의 책임에 대해 설명했다. 방대한 그 책의 내용 가운데서 안식일 논쟁에서 중요하게 다뤄지고 있는

---

[28] 바운드는 자신의 생명과 다른 사람들의 물건들이나 다른 피조물의 보존을 위한 행동들은 불가피하고 필수적인 일들이라고 설명하면서 전쟁이 발발했을 때와 위험한 질병이 발생했을 때 그리고 홍수와 화재와 강도를 당한 경우 그리고 가축을 보살피는 일 등을 실례로 든다. 또한, 긍휼에 관한 일들은 병자들과 상처를 입은 사람들을 위한 외과 의사의 치료행위와 약사의 조제 행위들을 들었다. Nicholas Bownd, *SABBATHUM VETIRIS ET NOVI TESTAMENTI: or The True Doctrine of the Sabbath* (Grand Rapids: Reformation Heritage Books ,2015), 225-233, 249-250. 이하 *The True Doctrine of the Sabbath*로 표기함.

부분들을 보다 자세하게 살펴볼 필요가 있다.

바운드는 안식일이 아담에게 주어진 창조의 규례이며 뒤에 시내산에서 모세에 의하여 강화되어 설명된 것이라고 주장하였다.[29]

> 실로 이 법은 자연의 빛에 의해서는 그렇게 많은 정도는 아니지만(마치 다른 아홉 개의 계명이 그런 것처럼), 말씀에 표현됨으로써 시작부터 주어진 것이다. 어떤 날들이 하나님을 예배하기 위하여 구별되어야 한다는 이것이 자연의 법에 있을지라도(이방인의 행습에 의하여 나타난 것처럼) 그것은 마땅히 일곱 번째 날이 되어야 한다. 그것은 하나님 자신이 첫 번째로 그날을 축복하시고 복을 주셨을 때의 말씀(창 2:3)에서 구별하신 것이기 때문이다.[30]

바운드는 제4계명은 자연의 법에 속한 것이라고 주장했다. 그러므로 안식일은 모든 의식법에 선행한다. 만일 로마교회주의자들이 날을 구별하는 것을 의식법에 속한 것이라거나 어떤 사람들이 일곱 번째 날을 지키는 것은 의식적인 것이며 복음 아래 있는 교회가 날을 바꿀 자유를 가지고 있다고 주장하는 것에 대해 그는 토요일은 제4계명에 명령된 것이 아니며 6일간의 노동의 주기 안에 일곱 번째 날을 범할 수 없다는 뜻이라고 대답했다.

---

29 *The True Doctrine of the Sabbath*, 44.
30 "And indeed this law was given in the beginning not so much by he light of nature (as the rest of the nine commandments were) but by the express word, when God *Sanctified* it. … For though this is in the law of nature, that some days should be separated to God's worship (as appears by the Lord Himself set down in express words, when He *sanctified* and bless it at the first, as Moses says *so God blessed the seventh day, and sanctified it*(Gen 2:3)." *The True Doctrine of the Sabbath*, 45.

또한, 일곱 번째 날은 도덕법이며 그 개념에 있어서 본질에 속하기 때문에 교회가 바꿀 수 있는 것이 아니라고 그는 주장했다.[31] 초대 교회에서 안식의 날이 토요일에서 일요일로 변경된 것은 사도들 자신에 의하여 변경된 것인데 그들은 성령의 지혜에 따라 행한 것으로서, 성령의 인도와 영감으로 행한 것이지 그들의 개인의 임의로 바꾼 것이 아니라고 그는 주장했다.

> 그들이 이렇게 한 것은 단지 그들을 진리로 인도하시는 성령으로부터 지도를 받은 것만이 아니라 부활하신 후에 그 자신의 입으로부터 그들에게 하나님 나라에 관한 교훈들을 주신 그리스도의 지도에 의한 것이다(행 1:3). 그래서 그것은 그리스도께서 하신 것 같은 그들 자신의 행위가 아니다. 그 날을 변경하신 것은 그리스도이시다.[32]

이러한 바운드의 표현은 그가 제4계명을 자연의 법으로 설명하는 동시에 언약의 틀 안에서 이해하고 있음을 보여 준다. 즉, 안식일 준수에 대한 명령은 창조의 규례에 속한 것이지만, 그리스도의 은혜언약으로 말미암아 더욱 강화되고 온전한 형태로 제시되었음을 주장하는 것이다. 그럼으로써 그는 안식일 준수의 명령을 자연의 법인 동시에 언약의 규례인 것으로 연결하고 있다.

바운드는 또한 주의 날의 노동은 중지되어야 한다고 주장했다. 그렇게 하는 이유는 그날이 게으름이나 정적인 상태로 있도록 함이 아니라 경건

---

31 *The True Doctrine of the Sabbath*, 72-73.
32 "This that they did, they did it by the direction of Christ, and that not only from His Spirit, which led them into all truth, but from his own mouth, who after His resurrection gave them precepts concerning the kingdom of God(Act 1:3). And it was not doing so much as Christ's, and He it was that changed the day." *The True Doctrine of the Sabbath*, 110.

하고 필수적이고 긍휼에 관한 활동을 독려하기 위함이기 때문이라고 설명했다. 그날은 오직 하나님만을 위한 거룩한 예배를 드리기 위한 쉼의 날로서 이것이 제4계명에서 두 번째로 제시될지라도 사실은 그 계명의 으뜸이며 원리가 되는 사항이라고 바운드는 주장했다.

이 일을 위하여 하나님께서 노동으로부터의 물러남을 언급하신 것이고 그것이 없이 안식일은 완전하게 되지 않는다고 그는 주장했다. 그는 로마교회가 한 주간을 세 종류의 날, 즉 거룩한 날, 노동의 날 그리고 중간의 날들로 구분하고 하루를 여러 시간으로 나누면서 주의 날을 개인적인 즐거움을 취하도록 허용하는 것을 비판하면서 그것은 성경과 교회 역사에도 없는 일이라고 비판했다.[33] 그는 또한 그리스도인의 안식일은 온전한 하루, 즉 낮과 밤의 공간에서 그리고 24시간 지속하여야 한다고 주장했다.[34]

바운드의 책은 국교회(The Prelates) 사람들에 의하여 유대주의를 가르치는 것이라는 격렬한 반대를 받았다. 그 가운데 대표적인 인물이 토마스 로저스(Thomas Rogers, ?-1616)인데 그는 바운드의 교리가 교회의 권위를 파괴하는 것이며 다른 휴일들을 제정하려는 시도라고 비난했다. 그는 만일 안식일이 단지 교회의 거룩한 날일 뿐이라면 교회가 자신의 한계를 넘어 다른 축제의 날들을 수립하는 것이냐고 비난했다.

전체적으로 그는 바운드를 갈라디아 교회의 이단과 다름없다고 비판하면서 바운드의 책이 금지되어야 한다고 단언했다. 이어서 대주교 존 위트기프트(John Whitgift, 1530-1604)와 대법관 존 팝햄(John Popham, 1531-1607)이 로저스의 주장에 동의하며 동일한 주장을 펼쳤다.[35]

---

33 *The True Doctrine of the Sabbath*, 358-359.
34 *The True Doctrine of the Sabbath*, 362.
35 James T. Dennison, Jr., *The Market Day of the Soul*, 49.

그러나 바운드의 책은 청교도들 사이에서 안식일 준수에 대한 논쟁의 종지부를 찍는 동시에 정점에 이른 것으로 평가되었고 이후 국교회파와 청교도 사이의 분명한 차이를 드러내는 표지가 되었다.[36] 16세기 영국에서의 안식일 논쟁은 기존의 주장을 반복하는 국교회파에 대항하여 청교도의 이해가 점점 더 부각되는 과정이었으며 니콜라스 바운드의 등장으로 청교도의 안식일 주장이 확립되기 시작했다.

2) 17세기 전반(웨스트민스터 총회 이전까지)의 논쟁

1603년 엘리자베스 1세가 사망하고 뒤를 이어 스코틀랜드의 왕 제임스 6세(James VI)가 영국의 제임스 1세(James I, 1603-1625 재위)로 즉위하자 안식일에 대한 논쟁에서 청교도들의 주장이 우위를 차지하기 시작했다. 그가 런던으로 입성할 때 청교도들은 '천명의 청원서'(Millenary Petition)를 제출했는데 거기에는 주일의 세속화를 금지할 것을 요청하는 내용도 포함되었다.

제임스 1세는 1604년에 케임브리지의 5마일 안에서는 유익하지 않은 여가를 위한 어떠한 경기와 놀이나 활동들이 억제되거나 금지된다는 법령을 시행했다. 그러나 그것은 청교도들의 요청 때문이 아니라 시민들의 질서를 위한 것이었다. 1615년에는 의회에 의하여 아일랜드 신조(The Irish Articles of Religion)가 승인되었는데 그 56조는 다음과 같이 되어 있다.

---

36 John Primus, *Holy Time*, 73; 양낙흥, 『주일 성수』, 133.

주일인 주간의 첫날은 하나님께 예배하기 위하여 온전히 거룩하게 드려져야 한다. 그러므로 우리는 우리의 평상적이고 매일의 일들로부터 쉬고 개인적이고 공적인 거룩한 활동에 사용하도록 매여 있다.[37]

이 신조를 통해 의회는 그들의 신학적 경향성을 보여 주었고 청교도들의 안식일에 대한 견해가 점점 더 대중적으로 되었다.

그 무렵 루이스 베일리(Lewes Bayly, c. 1575-1631)의 『경건의 연습』(The Practice of Piety)이 대중들에게 거대한 영향력을 끼치기 시작했다.[38] 이 책에서 베일리는 그리스도인의 안식일의 교리와 의무 등에 대해 100페이지 이상을 할애하여 설명하였는데 니콜라스 바운드의 영향이 다분히 보인다. 베일리는 제4계명은 영속적인 안식일로서 특별한 일곱째 날이 아니라 7일 중의 하루를 규정하였기 때문에 제4계명의 도덕성을 침해함이 없이 특별한 날로 변경되었다고 주장했다. 그리스도는 성령을 보내심으로 그의 제자들에게 그러한 변화를 일으키는 권한을 주었다고 하였다.[39]

---

[37] 아일랜드 신조(The Irish Articles of Religion)는 아일랜드 감독 교회에서 사용하기 위하여 아르막(Armagh)의 주교인 제임스 어셔(James Ussher, 1581-1656)에 의하여 초안되었는데 모두 104개 항으로 되어 있다. 전체적으로 개혁주의적인 면모가 두드러지는 이 신조는 1615년 아일랜드의 총독에 의해 제임스1세의 이름으로 승인되었다. 56항은 다음과 같다. "The first day of the week which is the Lord's Day, is wholly to be dedicated unto the service of God, and therefore we are bound therein to rest from our common and daily business, and to bestow that leisure upon holy exercise, both public and private." James T. Dennison, Jr., *Reformed confessions of the 16th and 17th centuries in English Translation*, vol.4 (Grand Rapids: Reformation Heritage Books, 2016), 100.

[38] 『경건의 연습』(The Practice of Piety)은 1611년에 처음으로 출판된 이후 선풍적인 인기를 얻어 1613년에는 3판이 인쇄되어 팔렸고 1643년에는 34판이 인쇄되었다. 1620년에 독일어로 번역된 이후 네덜란드어(1625), 웨일즈어(1629), 독일어(1629), 폴란드어(1647) 등으로 번역되어 출판되었다. 그 이후도 지속적으로 읽혔는데 그만큼 이 책이 당시의 영국인들에게 많은 영향을 끼친 것으로 평가된다.

[39] Lewis Bayly, *The Practice of Piety* (London: Hamilton, Adams, and Co., 1842, reprinted by

또한, 제4계명의 의미와 유익에 대해 다음과 같이 말했다.

> 안식일은 한 주간의 공급을 위한 하나님의 장날이다. 그날에 하나님은 우리를 자신에게 나아오도록 하신다. 그리고 금과 은이 없이(사 55:1, 2) 천사들의 빵과 생명수와 성찬의 포도주와 우리의 영혼을 먹이는 말씀의 젖을 사라고 하신다. 또한, 우리의 믿음을 부요하게 하기 위하여 금을 사고 우리의 영적 어둠을 위하여 안약을 사고 우리의 더러운 벌거벗음을 덮기 위하여 그리스도의 의의 흰옷을 사라고 하신다(계 3:18).[40]

그는 또한 안식일은 의식법일 수 없는데 이는 그것이 어떤 의식법도 필요하지 않던 무죄 상태에서 지키라고 주신 명령이기 때문이라고 주장했다. 그는 모든 노예적인 노동을 억제하고 경건한 일들로 하나님을 섬기는 일에 헌신함으로 안식일을 거룩하게 하여야 한다고도 말했다. 그는 또한 그날에는 모든 오락과 스포츠가 허용되지 않는다고 주장했는데 그것들이 하늘에 속한 것들을 묵상하는 데 방해가 되기 때문이라고 했다.[41] 그러나 한편으로 그는 안식일을 거룩하게 지키기 위하여 세 가지를 들어서 설명했다.

첫째, 하나님을 예배하는 일인데 이에 대해 그는 주일이 되기 전날 저녁부터 준비할 것을 말하고 주일날 아침의 기도로부터 시작하여 교회에서의

Soli Deo Gloria Publications, n. d.), 160-164.

[40] "The Sabbath-day is God's market-day, for the Week's provision; wherein He will have us to come to him, and buy of him without silver or money (Isa lv. 1, 2), the bread of angels, and water of life, the wine of the sacrament, and milk of the word to feed our soul; tried gold to enrich our faith (Rev. iii. 18)" Lewis Bayly, *The Practice of Piety*, 170.

[41] Lewis Bayly, *The Practice of Piety*, 188-189.

공적인 예배에 참석하여 주의를 기울여야 할 사항들에 대해 그리고 귀가 후의 경건한 활동 등에 대해 자세히 설명했다.[42]

둘째, 자비에 대한 일로서 사람과 가축의 생명을 보전하기 위하여 음식과 물을 공급하는 것, 가축을 돌보는 것 그리고 자신의 기운을 회복시키는 것과 가난한 사람을 구제하고 병든 사람을 위하여 방문하거나 모금을 하는 것 등을 예로 들었다.[43]

셋째, 가장(假裝)이 없이 현재적이고 임박하여 늦출 수 없는 필수적이고 불가피한 일들을 수행할 수 있다고 했다. 그는 그에 대한 구체적인 예들로 적과 강도의 침입에 대응하는 것, 화재를 진압하는 것, 부상자의 출혈을 멎게 하거나 심각한 질병에 대한 의사의 치료행위, 출산하는 여인을 돕는 일 그리고 선원의 일과 공격을 당한 군인의 전투행위 등을 들면서 그러한 일들은 합법적이라고 말했다.[44]

바운드와 베일리의 영향으로 안식일에 대한 청교도의 이러한 이해는 느리지만 조용하게 영국 사회에 스며들었다. 하지만 그러한 견해가 국교회 안에서의 진정한 뼈대로 형성될 수는 없었다. 그것은 제임스 1세가 청교도들을 국교회를 질식시키는 선동자로 간주하고 있었기 때문이다.

그러던 가운데 안식일 논쟁의 역사에 중요한 전환점이 되는 또 하나의 사건이 일어났다. 1617년 8월 11일 제임스 1세 왕은 스코틀랜드에서 런던으로 돌아가던 중 잉글랜드 북서부 지역인 랭카셔(Lancashire) 지역의 장원(莊園)인 호튼타워(Houghton Tower)에 들렀다. 그곳에서 사냥하고자 함이었

---

42 Lewis Bayly, *The Practice of Piety*, 191-201.
43 Lewis Bayly, *The Practice of Piety*, 202-203.
44 Lewis Bayly, *The Practice of Piety*, 203.

다. 그런데 그곳에서 농업과 장사를 하는 일단의 무리가 왕 앞에 나타나서 청원했다. 그것은 그곳 사람들이 관례로 행하던 안식일에 합법적인 오락들이 그 지역 관리들의 명령으로 제지당하고 있으니 그것을 해결해달라는 것이었다.[45]

그 명령은 1616년에 랭카셔 치안판사에 의하여 발표된 것으로 피리 불기(piping), 춤추기(dancing), 볼링(bowlings), 곰과 황소 때리기(bear and bull beating), 또는 안식일과 그날 일부분을 더럽히는 다른 것들을 금지한다는 내용이었다.[46] 청원자들은 피리 불기와 춤추는 것은 안식일에 허용된 것임에도 금지함으로써 자신들의 자유가 박탈당하고 있다고 불평했다.

그러자 제임스 1세는 법원 구성원들의 지원을 받으면서 청원을 받아들이고 피리 불기와 춤추는 것과 같은 주일에 합법적인 오락을 하는 것은 그리스도인의 자유에 속한 것이라는 담화문을 발표했다. 그러나 다음 일요일 호튼 타워 근처의 교구 예배당에서 예배가 진행되는 동안 교회당 밖에서 피리를 불며 춤을 추는 일이 발생했다. 그 일은 또 다른 사람들의 항의를 야기했다.

그곳의 주교인 모튼(Bishop Morton)으로부터 이 소식을 들은 제임스 1세는 자신은 그러한 행위들을 정당화하는 어떤 생각이나 의도도 없었음을 천명하면서 그 사건을 주교에게 일임하였다. 주교는 이전에 유사한 행위로 족쇄를 채웠던 주동자를 찾아내어 자신의 잘못을 공개적으로 인정하고

---

45 당시에 그곳에서는 일요일에 사람들을 교회에 출석하도록 유도하려는 방편으로 교회 마당에서 여러 종류의 오락들이 행해지곤 했으며 장(場)(market)이 서거나 바자회(fair)를 열기도 했다. G. H. Tupling, "The Causes of the Civil War in Lancashire", *Transactions of the Lancashire and Cheshire Antiquarian Society*, LXV-1955 (Manchester, 1956), 1-32. James T. Dennison, Jr., *The Market Day of the Soul*, 65에서 재인용.
46 James T. Dennison, Jr. *The Market Day of the Soul*, 66.

그것에 대해 참회할 것을 명령하는 관례적인 형벌을 부과했다.

하지만 왕의 일부 수행원이 주교의 처사가 엄격하고 폭압적이라고 비난하면서 그들은 다만 순수하게 오락을 즐기고자 한 것뿐이며 일요일 외에는 그런 오락을 즐길 수 없는 하층민임을 주장했다.

또한, 이러한 오락을 즐기는 것은 이 지역 사람들에게는 일반적인 일이라고도 했다. 그러자 왕은 주교에게 그들이 자유를 남용하지 않도록 하면서도 동시에 그들의 욕구를 만족하게 해줄 방안을 모색하도록 했다.

다음날 주교는 일요일에 오락을 즐기는 사람들을 위한 6개의 제한과 조건으로 된 초안을 작성하여 왕에게 제출했다. 왕은 그 초안을 '합법적 스포츠에 대한 포고문'(Declaration of Lawful Sports)으로 승인하고 주교의 이름이 아니라 왕의 이름으로 발표할 것을 명했다.[47]

거룩한 예배가 끝난 뒤에는 남녀 간에 우리의 선한 백성들이 다음과 같은 합법적인 오락에 대해 어떤 방해를 받거나 권유를 받거나 좌절되어서는 안 된다. 남자를 위하여서는 활쏘기(archery), 높이뛰기(leaping), 장대높이뛰기(vaulting) 또는 해가 되지 않는 오락들, 오월의 축제(May-games), 성령강림축제(Whitsun-ales), 모리스댄스(Morris-dances) 등 그리고 메이 폴(May-poles)과 같은 기존의 다른 스포츠들. 이것들은 거룩한 예배를 방해하거나 게을리함이 없이 정당하고 편리한 시간에 행해져야 한다. 여자들은 그들의 오랜 관습에 따라 장식을 위한 골풀(rushes)을 가지고 교회당에 갈 수 있다. 그러나 동시에 우리는 여전히 일요일에만(upon Sunday only) 합법적이지 않았던 모든 놀이를 금지한다고 밝힌다. 그것들은 곰과 황소 골리기(bear and

---

47 Kenneth L. Parker, *The English Sabbath*, 149-150.

bull-baiting), 촌극(interludes) 그리고 볼링(bowling)과 같이 법에 따라 항상 금지된 저속한 놀이다.⁴⁸

이어서 교회에 출석을 거부하는 자들을 제지하고 거룩한 예배가 끝나기 전에 합법적인 오락들을 즐기던 교구 관리들에게 예배에 출석할 것을 명령했다. 또한, 거룩한 예배에 먼저 참석하도록 요구된 일요일의 스포츠를 즐기는 이들에게 놀이하는 중에 공격적인 무기를 착용하는 것이 금지되었고 오직 그들의 교구 안에서만 오락을 할 수 있다고 허용했다.⁴⁹

왕의 포고문은 1617년 8월 27에 랭카셔에서 반포되어 인쇄되었고 1618년에는 영국 전체에 적용되도록 요구되었다. 왕은 이 포고문으로 안식일에 관한 논쟁이 일단락되기를 기대했지만, 오히려 문제를 복잡하게 했고 새로운 긴장이 대두되었다. 청교도들은 경악하면서 이에 대응했다. 그들이 보기에 『스포츠 포고문』은 무엇보다도 하나님의 도덕법에 반하는 것이었으며 왕이 1603년에 발표한 포고문과 배치되는 것이었기 때문이다.⁵⁰

---

48 "after the end of divine service our good people be not disturbed, letted or discouraged from any lawful recreation, such as dancing, either men or women; archery for men, leaping, vaulting, or any other such harmless recreation, nor from having of May-games, Whitsun-ales, and Morris-dances; and the setting up of May-poles and other sports therewith used: so as the same be had in due and convenient time, without impediment or neglect of divine service: and that women shall have leave to carry rushes to the church for the decorating of it, according to their old custom; but withal we do here account still as prohibited all unlawful games to be used upon Sundays only, as bear and bull-baitings, interludes, and at all times in the meaner sort of people by law prohibited bowling", "The King's Majesty's Declaration to His Subjects concerning Lawful Sports to be Used, A. D. 1633", Henry Gee and William John Hardy (eds.) *Documents Illustrative of the History of the English Church* (London: Macmillan and Co. Limited, 1914), 530-531.
49 Henry Gee and William John Hardy(eds.) *Documents Illustrative of the History of the English Church*, 531.
50 1603년 포고문에서는 곰 골리기, 볼링과 피리 불기와 춤추기 등을 일절 금지하고 있었

1618년은 제7일 안식일주의자인 존 트라스키(John Traske, c. 1585-1636)의 등장으로 주목할 만한 해가 되었다. 그는 토요일 안식일이 제4계명에서 문자로 선포된 창조의 규례라고 주장하면서 돼지고기와 검은 푸딩(black pudding, 돼지 선지가 들어간 소시지)을 먹는 것은 율법을 범하는 것이라고 주장하였는데, 그로 말미암아 그는 '유대주의적인 기독교인'(Jewish Christian)으로 규정되어 체포되어 옥에 갇혔다.

그는 목사직을 박탈당하고 런던의 플리트 감옥에서 평생 갇혀 지내야 하며 1,000파운드의 벌금을 물어야 한다는 선고를 받았다. 또한, '왕을 모독하고 유대교적 주장을 펼쳤다'는 내용이 기록된 종이옷을 입고 감옥에서 웨스트민스터 거리까지 채찍질을 당하며 걸어야 했고 한쪽 귀를 형틀에 못 박히고 이마는 'J' 글자로 지져져야 했다.[51]

8개월 후에 트라스키는 자신의 오류를 철회했고 1620년에는 『유대주의로부터의 자유에 관한 논문』(*A treatise of Libertie from Judaism*)을 출판했다. 거기서 그는 제4계명의 도덕적 특성을 확언했고 일요일의 신적 제정을 주장했다 그 후 그는 석방되어 설교할 권한을 인정받았다.[52]

하지만 그의 아내를 포함한 그를 따르는 추종자들은 자신들의 정당성을 지속해서 주장하다가 투옥되어 그곳에서 죽었으며 몇몇은 네덜란드로 도피하여 유대교로 개종하였다.[53] 트라스키와 같은 인물은 안식일 논쟁에 있어서 극단적인 주장을 펼친 대표적인 사례가 되었다. 그의 심문은 『스포츠 포고문』을 1618년에 국가적으로 공표하도록 하는 중요한 요인이 되

기 때문이다. Kenneth L. Parker, *The English Sabbath*, 153.
51 Kenneth L. Parker, *The English Sabbath*, 163.
52 Kenneth L. Parker, *The English Sabbath*, 163.
53 Kenneth L. Parker, *The English Sabbath*, 164.

었으며 안식일에 대해 신학적인 논쟁을 심화시키는 계기가 되었다.

1620년대에는 그린햄과 바운드의 주장을 지지하는 청교도들을 반대하여 반 안식일주의자(anti-sabbatarians)의 입장을 주장하는 사람들의 활동이 있었다. 그들 중에는 예수회(The Jesuit) 소속인 존 팔코너(John Falconer, 1577-1656)가 있었다. 그는 『존 트라스키의 유대주의적이며 새로운 경향에 대한 간략한 논박』(Briefe Refutation of John Traske's Judaical and Novel Fancyes)에서 일요일에 대한 개신교도들의 주장이 일관되지 못함을 주장했다.

또한, 그는 제4계명의 본질과 그것의 궁극적인 의도는 7일 가운데 하루를 거룩하게 지키는 것이라고 하면서 트라스키와 청교도들이 엄격한 방식으로 안식일을 지키는 것은 유대인들을 흉내 내는 것에 다르지 않다고 비판했다. 그러면서도 그는 7일 중의 하루를 지키는 것은 도덕적 교훈으로서 모든 그리스도인에 의해 거룩하게 지켜져야 한다고 하면서 그날은 주님 자신의 날(his own day)로 불려야 한다고 주장했다.[54]

존 프리도(John Prideaux, 1578-1650) 또한 아퀴나스를 인용하면서 제4계명의 도덕성을 변호했다. 그는 신적 제정으로서의 일요일에 관한 주장에 의혹을 표시하면서도 일요일을 지키는 것은 신적 권위에 의한 것이라는 것에 동의했다. 그는 팔코너와 같이 그 시대의 안식일주의자들의 주장은 유대주의를 끌어들이는 것이라고 비판했다. 그리피스 윌리엄스(Griffith Williams, c. 1589-1672)는 그리스도인들의 일요일 준수는 그리스도에 의해 수립된 것으로 결코 변경될 수 없다고 주장하면서도, 음식을 준비하거나 안락함을 취하거나 초를 켜는 것과 가려운 곳을 긁는 것조차 거부하며 지나치게 엄격하게 지키는 것을 비판했다.[55]

---

54 Kenneth L. Parker, *The English Sabbath*, 166.
55 Kenneth L. Parker, *The English Sabbath*, 168.

또한, 토마스 브로드(Thomas Broad, 1577/1578-1635)와 에드워드 브레어우드(Edward Brerewood, 1565-1613)와 같은 사람은 일요일의 제정이 사람들의 협의 때문에 된 것으로, 교회 때문에 수립되고 유지되는 것이라고 주장했다. 이들은 일요일 대신에 토요일을 지켜야 한다고 주장하는 안식일주의자들과 일요일을 엄격하게 지켜야 한다고 주장하는 청교도들을 유대주의자라고 비판했다.[56]

1625년 제임스 1세의 뒤를 이어 찰스 1세(Charles I, 1626-1647 재위)가 즉위하자 청교도들은 안식일에 대한 개혁이 더욱 진척을 이룰 것으로 기대했다.[57] 실제로 찰스 1세는 '곰 또는 황소 골리기'(bear-bull baiting)와 '촌극'(interlude)과 같은 악명 높은 불법적인 여흥이 여전히 행해지는 것을 목도하고는 주일에 이러한 오락들을 즐기는 것을 금지하는 법령을 공포하기도 했다.[58]

그러던 가운데 1627년에 데오필러스 브래번(Theophilus Brabourne, 1590-1662)이 『안식일에 대한 강론』(*A Discourse upon the Sabbath Day*)을 출판하여 '토요일 안식일'(Saturday-Sabbath)을 변호했다. 그러자 청교도와 국교회 양측에서 모두 이를 비판했다. 청교도들은 이 책이 갈라디아교회의 이단인 유대주의 이단이라고 했고, 국교회파에서는 그의 주장이 청교도의 주장과 다름이 없다고 비판했다.

---

56 Kenneth L. Parker, *The English Sabbath*, 169.
57 제임스 1세의 통치 마지막 시기인 1621년부터 1624년까지 상, 하 양 의회는 저녁 기도 이후의 오락들에 관한 규정들을 단단히 하는 등의 안식일 오용을 개혁하고자 하는 법안을 마련하였으나 왕은 그 법안들이 자신이 발표한 『스포츠 포고문』과 배치된다는 이유로 서명을 거부하였다. Kenneth L. Parker, *The English Sabbath*, 174-175.
58 그 법령은 '주일에 불법적인 여흥을 위한 모임이 있어서는 안 됨'(There should be no assemblies for Unlawful Pastimes upon the Lords-Day)이라는 제목으로 반포되었다. James T. Dennison, Jr., *The Market Day of the Soul*, 78.

실제로 그의 주장은 안식일이 창조의 규례이며 제4계명의 도덕적 본질은 바뀔 수 없다는 점에서는 청교도들과 일치하지만, 제4계명의 안식일은 창조로부터 일곱 번째 날이기 때문에 토요일이어야 한다는 것이나, 그리스도와 사도들의 활동에 의한 '기독교 안식일'(Christian Sabbath)은 신적 제정으로 간주할 수 없으며, 주의 날은 교회의 전통이라고 말했다. 이와 같은 그의 주장은 실질적으로는 국교회의 주장과 더 잘 어울리는 것이었다.[59]

청교도들의 기대와는 달리 찰스 1세는 이전의 왕들과 같이 자신에 대한 신적 권리와 그것을 이행할 수단으로써 감독 교회를 고집했다. 또한, 그의 사치스러운 성향은 거둬들이는 세금보다 지출이 더 많게 만들었고 이로써 의회와의 긴장이 더 심화하였다. 하지만 찰스 1세는 자신의 목적을 이루기 위하여 1628년에 윌리엄 로드를 런던의 주교로 임명하였고 1633년에는 캔터베리 대주교로 임명했다.

로드는 대주교에 오르자 즉각적으로 그의 '철저한 일치'(Thorough confirmity) 정책을 펼치기 시작했다. 즉, 성찬 테이블을 교회당의 동쪽 끝에 배치하도록 하고 의식과 복식에 관한 규정과 국교회식 예배가 준수되도록 했다. 특별히 1633년에 찰스 1세의 이름으로 『스포츠 포고문』을 재출판한 것은 청교도들을 직접 공격하기 위한 것이었다. 찰스 1세는 그의 아버지의 포고문을 재반포하는 이유를 다음과 같이 말하였는데 이를 실질적으로 기획 주도한 사람은 로드 대주교였다.

> 하나님을 예배하기 위한 경건한 관심으로부터 그리고 진리를 반대하는 어떠한 우스꽝스러움을 억제하고, 자격이 충분한 사람들의 오락을 쉽게 하

---

[59] James T. Dennison, Jr., *The Market Day of the Soul*, 79-82.

고 격려하기 위하여 우리는 우리의 아버지의 포고문을 승인하고 출판한다. 더욱이, 우리는 최근에 우리 왕국의 어떤 지역에서 오용을 없앤다는 명목으로 일반적인 모임뿐 아니라 웨이크(wakes)로 불리는 교회의 헌당 축제조차 금지하는 것을 발견하였다. 이제 우리가 기꺼이 즐겁게 표현하고자 하는 것은 이것이다. 곧 다른 축제들과 함께 이것들이 준수되어야 하며, 여러 단계에서 평화를 지키는 재판관들은 모든 무질서가 금지되고 형벌에 처하도록 그리고 모든 선린(善隣)과 자유가 남자들처럼 합법적인 행사들이 유지되도록 지켜보아야 한다.[60]

이 포고문이 재출판된 직접적인 이유는 헌당 축제의 부도덕을 억제하기 위하여 대법관 토머스 리처드슨(Thomas Richardson, 1569-1635)이 공표한 조치를 무효화 하기 위한 것이었다. 리처드슨은 1632년에 서머셋주(Somershtshire)에서 헌당 전야 축제(wakes)와 떠들썩한 잔치(revels)와 교회 축제(church ales)의 문란한 행동들을 목격하고는 그것을 억제하는 법령을 시행하고자 했다.[61] 그러나 로드는 이 법령이 자신의 권위에 도전하는 것으로

---

60 "Now out of a like pious care for the service of God, and for suppressing of any humours that oppose truth, and for the ease, comfort, and recreation of our well-deserving people, we do ratify and publish this our blessed father's declaration: the rather, because of late in some counties of our kingdom, we find that under pretence of taking away abuses, there hath been a general forbidding, not only of ordinary meetings, but of the feasts of the dedication of the churches, commonly called wakes. Now our express will and pleasure is, that these feasts, with others, shall be observed, and that justices of the peace, in their several divisions, shall look to it, both that all disorders there may be prevented or punished, and that all neighbourhood and freedom, with manlike, and lawful exercises be used:" "The King's Majesty's Declaration to His Subjects concerning Lawful Sports to be Used, A. D. 1633", Henry Gee and William John Hardy (eds.) *Documents Illustrative of the History of the English Church*, 532.
61 Kenneth L. Parker, *The English Sabbath*, 183. 헌당 전야축제(wakes)는 중세시대의 교회당과 마당들을 성별하여 봉헌하는 축제였다. 그 기간 중에 종종 술 취함과 잔혹행위와

판단하고 헌당 전야축제와 같은 축제들이 품위 있고 질서 있게 오랫동안 지켜온 축제들이라는 주교의 답변을 근거로 리처드슨을 소환하여 그의 명령을 취소하도록 명령했다.

리처드슨은 매우 유감을 표명하면서 그 명령에 따르는 한편 대법원은 자신들의 명령을 확인하도록 찰스 1세에게 청원했다. 그러나 그들의 청원이 제출되기 전에 『스포츠 포고문』이 재공표되었다. 그 포고문은 모든 목사에게 그들의 회중에 읽어주도록 요구되었다. 그에 따라 많은 청교도는 그것을 거부하였고 보류했다.[62]

결과적으로 그 포고문은 온건한 오락을 즐기는 것에 대해 사람들을 만족하기보다는 방종을 정당화하는 왕의 칙령으로 해석되었다. 그리하여 리처드 백스터(Richard Baxter, 1615-1691)가 그 시절 자신의 고향에서의 일요일의 풍경을 다음과 같이 묘사한 것과 같은 일들이 많은 지역에서 자유롭게 행해졌다.

> 그 책(스포츠 포고문)에 의해 사람들에게 공 예배 시간 외에 놀이와 춤이 허용되었을 때, 사람들은 그들의 운동을 거의 중단하지 않았으며 낭독자(the reader)는 피리와 놀이꾼들이 끝내기까지 기꺼이 기다려주는 일이 많았다. 그리고 가끔 모리스 댄서(morrice-dancers)들은 속옷 차림으로 스카프를 두르거나 옛 복장을 한 채, 다리로는 모리스 종들을 돌리면서 예배당 안으로 들어오곤 하였다. 그리고 공동기도서를 읽기 시작하자 그들은 다시금 놀이를 위하여 서둘러서 나갔다.[63]

살인, 난잡한 성행위 등이 행해지곤 하였다.
62　James T. Dennison, Jr., *The Market Day of the Soul*, 88-89.
63　"And when the people by the book (of Sports) were allowed to play and dance out of public service-time, they could so hardly break off their sports, that many a time the reader was

그 포고문은 안식일 논쟁에서 청교도와 국교회파 사이의 틈을 넓혔는데 그들 사이의 궁극적인 논점은 권위가 어디에 속하는가 하는 것이었다. 청교도들은 종교와 도덕에 관한 최종 권위가 성경에 있다고 주장했지만, 국교회파는 교회가 성경과 함께 권위를 가지고 있다고 주장했다.

1629년에서 1640년까지 의회가 모이지 않았으므로 청교도들은 자신의 견해를 책의 출판을 통해서 밝히는 수밖에 없었다. 하지만 1635년부터 1639년까지 출판된 책들은 주로 안식일에 대한 국교회파의 책들이었다. 그리하여 일요일은 안식일도 아니고 신적으로 제정된 것도 아닌 것으로 간주하였다.

또한, 그날을 엄숙하게 지키는 것은 유대주의적인 것이며 미신적인 것이 되었다. 그리고 오월제 경기(May-games), 헌당 전야축제(wakes), 떠들썩한 잔치(Revels), 춤(dancing), 촌극(Interludes)과 같은 놀이와 여흥들은 합법적일 뿐 아니라 편리하고도 필요한 것이어서 제한되기보다는 장려되었다. 그리하여 공 예배와 설교를 위한 두 시간만 거룩하게 지키면 되었고 나머지는 오락이나 일상적인 직업적인 일을 해도 되었다.[64]

로드는 왕의 『스포츠 포고문』을 보다 더 적극적으로 방어할 필요를 느꼈다. 이에 국교회파에서는 안식일에 대한 청교도들의 주장을 반박하고 『스포츠 포고문』의 정당성을 위하여 많은 책을 출판했다.[65]

---

fain to stay till the piper and players would give over; and sometimes the morrice-dancers would come into the church in all the linen and scarfs, and antic-dresses, with morrice-bells jingling at their legs, And as soon as common-prayer was read, did haste out presently to their play again." Richard Baxter, "the Divine Appointment of the Lord's Day" in *The Practical Works of The Rev. Richard Baxter* (London, 1830), XIII:444. James T. Dennison, Jr., *The Market Day of the Soul*, 89에서 재인용함.

64 James T. Dennison, Jr. *The Market Day of the Soul*, 91.
65 그것들은 다음과 같은 책들이다. Christopher Dow, *A Discourse of the Sabbath and the Lords Day* (London, 1635). John Pocklington, *Sunday No Sabbath* (London, 1636). David

그들의 주장들은 다음과 같이 정리될 수 있다.

첫째, 안식일은 창조의 규례가 아니라 시내산에서 시작된 모세의 규정이다.

둘째, 제4계명은 세상의 모든 사람에게가 아니라 유대인에게만 주어진 것이며, 주간의 안식일은 자연법에서 추론된 도덕법이 아니므로 예배를 위한 특별한 시간은 교회 때문에 바뀔 수 있다.

셋째, 그리스도인을 위한 안식의 날은 안식일로 불리기보다는 주의 날로 불려야 한다.

넷째, 그날의 지속 시간은 24시간이 아니라 교회와 치안판사의 권한으로 남겨두어야 한다.

다섯째, 주의 날은 신적 권위에 의하여 제정된 것이 아니고 사도들과 교회와 정치적인 측면에서 사람들에 의하여 제정된 것이므로 주의 날은 어떤 그리스도인도 속박하지 않는(not binding) 편리를 위한 시간이다.

여섯째, 주의 날은 전적으로 실용적이고 환경적이므로 교회의 질서를 위하여 편리한 하루로 선택된 것이다. 그러므로 최소한 공적 예배 시간에는 세상의 노동은 중단되어야 하지만 종교의 공적 시행을 방해하지 않는 한 세상의 일과 합법적 오락은 주의 날에 허용된다. 교회와 국가가 일요일의 오락을 승인하였으므로 그에 대한 반대는 반역과 다름없다.

Primerose, *A Treatise of the Sabbath and the Lord's Day* (1636). Peter Heylin, *The History of the Sabbath* (1636), in *The Historical and Miscellaneous Tracts*; Francis White, *An Examination and Confutation of a Lawlesse Pamphlet, Instituted, A Brief Answer to a late Treatise of the Sabbath-Day* (London, 1637). Gilbert Ironside, *Seven Questions of the Sabbath Briefly Disputed, after the manner of schools* (Oxford, 1637).

일곱째, 주의 날에 합당한 거룩한 의무는 예배이다. 그리고 필수적인 일들도 허용되지만, 그것들이 그리스도인들을 묶어서는 안 된다.⁶⁶

이러한 국교회파의 주장에 대해 헨리 버튼(Henry Burton, 1578-1648)과 윌리엄 프린(William Prynne, 1600-1669)이 반박하는 책자들을 출판하였는데 그들은 하나의 기본적인 논점에 초점을 맞추었다. 즉, 주교들이 영국 교회의 교리를 창안했는데 특별히 안식일에 관한 교리가 그렇다는 것이다.

버튼은 『최근에 실행된 거룩한 비극들』(*A Divine Tradigie Lately Acted*)이란 책자에서 국교회파들이 주의 날에 제4계명을 직접 범하는 놀이와 오락들을 허용하였다고 비판하면서 그의 책자 뒤에 안식일을 범한 사람들에 대한 신적인 심판의 56가지 사례를 첨부했다 프린 또한 『입스위치로부터의 소식』(*News From Ipswich*)이라는 글을 통해 동일한 주장을 펼쳤다.⁶⁷

그로 인하여 그는 고등치안 판사에게 소환되어 5,000파운드의 벌금형과 'S. L'(Seditious Libeller, 반란적인 중상자)이라는 글자의 낙인(烙印)형을 받았다. 그 두 사람은 종신토록 옥에 갇혀 있어야 했고 귀를 잃어야 했다. 그뿐만 아니라 그들의 주장에 동의하는 수백 명의 사람이 옥에서 형틀로 가야 했고 외국의 섬들로 유배되었다.⁶⁸ 이러한 사건들은 니콜라스 바운드와 루이스 베일리의 신학적 주장들이 청교도들에 의하여 확고한 이해와 실천으로 형성되고 있었음을 보여 주는 증거라고 할 수 있다.

66　James T. Dennison, Jr., *The Market Day of the Soul*, 92-107.
67　William Pryne, "News From Ipswich" in *The Winthrop Papers, Collections of the Massachusetts Historical Society*, VI-Fourth Series (Boston, 1863). James T. Dennison, Jr., *The Market Day of the Soul*, 108.
68　Henry Burton, *A Divine Tradegie Lately Acted* (London, 1641), 2-26. James T. Dennison, Jr., *The Market Day of the Soul*, 108-111.

그러한 일련의 사건들은 왕과 의회의 대립을 심화시켰다. 청교도 진영인 의회는 1637년 찰스 1세가 '공동 기도서'(The Common Prayer)를 스코틀랜드에 강제적으로 실행할 것을 강요하는 것에 대항하는 스코틀랜드의 반대자들에게 고무되어 1640년 장기의회를 개회했다. 의회는 대주교 로드를 투옥하였고 고등재판소를 철폐했다. 1641년에 하원은 '주의 날은 의무적으로 지켜져야 하고 성별되어야 하고 거룩한 예배 전후의 모든 춤과 스포츠는 금지되며 억제되어야 한다'고 결의했다. 이듬해인 1642년에 런던 시장은 상, 하 양원으로부터 주의 날의 더 나은 준수를 위한 법령을 송부받았다.

1643년 5월 5일에는 '스포츠에 관한 책'(book of Sports), 즉 『스포츠 포고문』이 공개적으로 불살라졌고 1644년 4월 6일에는 주의 날을 위한 가장 포괄적인 법령이 인쇄되었다.

그리하여 물건들을 사고파는 것은 금지되었고 불필요한 여행도 금지되었다. 레슬링(Wrestling), 총 사냥(shooting), 볼링(Bowling), 유흥과 여가를 위하여 종을 치는 것(Ringing of Bells for pleasure or pastime), 가면극(Masque), 헌당 전야축제(Wakes)와 같은 교회 축제(Church ale), 춤(Dancing), 게임들(Games) 그리고 스포츠나 여가를 위한 어떤 것이든지 엄격하게 금지되었다.[69]

의회는 또한 청교도들에게 책을 자유롭게 출판하도록 허락하였는데 이때 안식일에 관한 책들이 대거 출판되었다.[70] 청교도들은 안식일에 관하

---

[69] *An Ordinance of the Lords and Commons Assembled of Parliament, for the better observation of the Lords-Day* (1664). James T. Dennison, Jr. *The Market Day of the Soul*, 112-113.
[70] 이 시기에 출판된 대표적인 청교도들의 책들은 다음과 같다. Hamon L'Estrange, *God's Sabbath the Law, Under the Law and Under the Gospel*; William Gouge, *The Sabbath Sanctification*; George Walker, *The Doctrine of the Holy Weekley Sabbath*; George Hakewill, *A Short, But Cleare, Discourse, of the Institution, Divinity, and End of the Lords-Day*; William Twissie, *Of the Morality of the fourth Commandment, As Still in force th Binde Christians*;

여 국교회파의 주장과는 정반대되는 주장을 펼쳤는데 다음과 같다.

첫째, 안식일은 창조 시에 제정되었다. 그러므로 타락 전의 사람이라도 하나님을 예배하기 위하여 언급된 시간에 묶이는 것은 자연스러운 일이다. 하나님은 모든 인간에게 그의 안식일을 지키기 위하여 특별히 일곱 번째 날을 두셨다. 죄 없는 사람에게 안식일이 필요하였다면 죄 가운데 있는 사람에게는 더욱 그러하다.

둘째, 제4계명은 자연적 도덕법과 실정법적 도덕법으로 구분되지만, 신약의 복음 아래서 철폐되거나 만료된 것이 아닌 한 둘 다 영속적이다. 그러므로 하나님의 법은 예배의 시간을 결정하는 기능을 한다. 그것은 교회에 남겨진 것이 아니다. 하나님과 사람에 관한 이유의 원리들은 자연의 빛에 있으며 거기에서 나온 실제적인 결론이 자연법이다. 그러므로 자연의 빛 또는 자연의 법에 따라 칠 일 중 하루가 하나님을 위하여 구별되어야 한다. 그러나 자연법은 어느 날이 적합한 날인지를 지정하지 않았고 십계명에서도 칠 일 중의 하루가 적합하다고 했다.

셋째, 그리스도인들의 안식일에 적합한 이름은 주의 날이나 일요일, 안식일이 다 적합하지만 '안식일'이 영적인 의무를 위한 날일 뿐 아니라 휴식을 위한 날이므로 제4계명과 창조의 규례에 따라 주의 날을 안식일로 부르는 것도 타당하다.

넷째, 안식일의 지속 시간은 24시간의 하루 전체로, 그렇게 하는 것이 하나님을 예배하는데 합당하다.

Arthur lake, *These de SAbbato*; John Lay, *Sunday a Sabbath*; Richard Bernard, *A Threefold Treatise of he Sabbath*; George Abbot, *Vindiciae Sabbathi*.

다섯째, 주의 날은 칠 일 중의 하루의 요구를 만족하게 한다. 기독교 안식일로서의 할당된 특별한 하루는 신약성경에서 발견된다. 즉, 그리스도의 부활 이후 그리스도의 교회는 주의 날을 제4계명에 해당하는 날로 지켰다.

여섯째, 안식은 쉼을 의미하기 때문에 안식의 휴식을 방해하는 것은 무엇이든지 불법적이다. 그러나 불을 끄는 것이나 홍수를 막는 것이나 위험에 처한 동물을 구해내는 것 같은 절대적으로 필수적인 일들은 안식일에도 합법적이다.

일곱째, 주의 날에 합당한 거룩한 의무들은 경건과 자비와 필수적인 일을 하는 것이다. 그러나 그날은 한가로운 날이 아니므로 그날의 성별을 방해하는 스포츠나 오락들은 금지되어야 한다. 물론 그것들 자체가 죄 된 것은 아니지만 하나님의 계명을 범하게 할 때는 죄가 되는 것이다. 주의 날은 즐거움을 억제하는 날이 아니라 하나님 창조의 선함을 즐거워하는 날로 인식해야 한다.[71]

이처럼, 1643년 영국 의회로부터 웨스트민스터 총회가 소집되기까지 영국에서는 안식일에 대한 논쟁이 빈발했다. 거기에는 관습과 왕권을 중심으로 한 국교회파의 주장과 그에 반대하여 개혁자들의 신학적 이해에 따르고자 하는 청교도들이 있었고 그사이에 유대교와 같은 토요일 안식일을 주장하는 사람들이 있었다. 그런 와중에 교회는 안식일-주일의 문제에 있어서 혼란스러운 가운데 처해 있었다.

그러므로 장기 의회는 목사들과 신학자들의 총회인 웨스트민스터 총회를 소집함으로 영국 내 교회의 신앙에 대한 사항들이 성경적으로 바르게

---

[71] James T. Dennison, Jr., *The Market Day of the Soul*, 115-137.

수립되고 실천되기를 희망했다. 이런 역사적 맥락 가운데서 웨스트민스터 표준 문서들이 작성되었으므로 그 문서들의 주일-안식일에 대한 진술은 청교도적인 이해를 명확히 하는 동시에 국교회파의 주장에 대한 분명한 반대가 표명되는 것은 자연스러운 일이었다.

2. 웨스트민스터 '소교리문답'의 십계명 제4계명 해설

'대교리문답'과 '소교리문답'의 모든 내용은 웨스트민스터 총회의 전체회의에서 논의되고 결정되었다. 하지만 '회의록'은 그것들의 각 부분은 몇몇 위원에 의해서 사전에 작성되었음을 보여 준다. 웨스트민스터 총회는 교리문답의 작성을 위해 계속 논의를 하던 1647년 6월 23일 제868차 전체회의(Plenary session)에서 십계명의 각 계명의 해설과 해석의 원리들을 도출하기 위하여 24명의 위원을 임명했고 안토니 터크니(Anthony Tuckney, 1599-1670)를 위원장으로 임명했다.[72]

---

[72] '회의록'은 다음과 같이 각 계명에 대한 위원의 명단을 보여 준다.
제1계명: 심슨(Mr. Simpson)과 그린힐(Mr. Greenhill)
제2계명: 버제스(Mr. Burges)와 칼라미(Mr. Calamy)
제3계명: 프라핏(Mr. ProFitt)과 가우어(Mr. Gower)
제4계명: 팔머(Mr. Palmer)와 코드리(Mr. Cawdrey)
제5계명: 호일(Mr. Hoyle)과 그린(Mr. Greene)
제6계명: 코빗(Mr. Corbet)과 깁슨(Mr. Gibson)
제7계명: 세즈윅(Mr. Sedgwicke)과 굳(Mr. Good)
제8계명: 볼튼(Mr. Bolton)과 스트롱(Mr. Strong)과 펀(Mr. Perne)
제9계명: 메이나드(Mr. Maynard)와 깁스(Mr. Gippes)
제10계명: 델미(Mr. Delmy)와 솔웨이(Mr. Salway)와 스미스 박사(Dr. Smith) 그리고 계명들에 대한 일반적인 해설을 위해서는 구지 박사(Dr. Gouge)와 워커(Mr. Walker)가. 그리고 터크니(Mr. Turkney)가 의장(the Chaire)이었다. MPWA, IV:608.

그 가운데 제4계명의 해설은 허버트 팔머(Herbert Palmer, 1601-1647)와 다니엘 코드레이(Daniel Cawdrey, 1587/8-1664)에게 맡겨졌는데 그것은 그 두 사람이 2년 전인 1645년에 안식일에 관한 책,『재건된 안식일』(Sabbatum Redivivum: or The Christian Sabbath Vindicated)을 출판하였으므로 제4계명의 해설을 담당하기에 적합하다고 판단했을 것이다.[73] 이후 터크니(Anthony Tuckney)에 의해서 작성된 각 계명의 해설에 관한 토론이 전체회의에서 이루어졌는데 제4계명에 대한 토론은 제899차 회의(1647년 8월 13일, 금)에서 제901차 회의(1647년 8월 17일, 화)까지 3회에 걸쳐 이루어졌다.[74]

'소교리문답'의 제4계명 해설은 '대교리문답'의 제4계명 해설에 기초해 있으며 '대교리문답'의 해설은 다시 '신앙고백' 21장의 '종교적 예배와 안식일에 관하여'(Of Religious Worship, and the Sabbath Day)의 7, 8항에 토대를 두고 있다.

그뿐만 아니라 총회가 1644년 12월에 작성하고 1645년 4월 17일에 의회에 의하여 승인된 '예배모범'(A Directory for The Public Worship of God)의 '주일의 성별에 대하여'(of the Sanctification of the Lords Day) 또한 동일한 토대가 되고 있다.[75] 그러므로 '소교리문답'의 제4계명 해설을 살펴보기 위해서는 '대교리문답'과 '신앙고백' 그리고 '예배모범'의 안식일에 대한 설명을 함께 고찰하여야 한다.

웨스트민스터 '소교리문답'의 제4명 해설은 57번부터 62번까지 모두 6개의 질문과 대답으로 구성되어 있고 그 내용은 '대교리문답'의 축소 및

---

[73] John R. Bower, *The Larger Catechism*, 33.
[74] MPWA, IV:674-681.
[75] '*A Directory for The Publique Worship (1648)*' in *The Westminster Standards* (New Jersey: Old Path Publications, 1997). 26-27. 이하 DPW로 표기함.

요약이라고 할 수 있지만 '대교리문답'의 내용을 전부 포함한 것은 아니다. 왜냐하면, '대교리문답'의 제4계명 해설의 7개의 문답(115번부터 121번) 중에 118번과 121번의 내용이 '소교리문답'에서는 생략되어 있기 때문이다.[76]

---

[76] '대교리문답'의 118번과 121번은 각각 다음과 같다.
문: 왜 가정의 주관자들과 다른 윗사람들에게 안식일을 지킬 책임이 특별하게 지시되었는가?(Q: Why is the charge of keeping the sabbath more specially directed to governors of families, and the other superiors?)
답: 안식일을 지킬 책임은 가정의 주관자들과 다른 윗사람에게 지시되었다. 왜냐하면, 그들은 그것을 자신들만 지킬 뿐 아니라 그들의 책임 아래 있는 모든 사람에게서도 지켜져야 하는 것을 보도록 묶여 있기 때문이다. 그리고 그들은 자신들의 일로 말미암아 그들을 방해하는 일이 종종 있기 때문이다(A: The charge of keeping the sabbath is the more specially directed to governors of families, and other superiors, because they are bound not only to keep it themselves, but to see that it be observed by all those that are under their charge; and because they are prone ofttimes to hinder them by employment of their own). WLC. 118.
문: 왜 제4계명의 시작에 기억하라는 말이 놓여 있는가?(Why is the word Remember set in the beginning of the fourth commandment?)
답: '기억하라'는 단어가 제4계명의 처음에 놓여 있는 것은 부분적으로는 그것을 기억하는 것의 큰 유익 때문인데, 우리가 그것을 지키는 것을 준비하는데 도움을 받으며 또한 그것을 지킴으로 계명들의 남은 모든 부분을 더 잘 지키게 되기 때문이다. 그리고 종교의 간략한 요약을 담고 있는 창조와 구속의 큰 유익에 대해 감사하며 지키게 되기 때문이다. 그리고 부분적으로는 그날을 잊기를 자주 하기 때문인데, 그날에 대한 자연의 빛은 부족하며 다른 날에는 합법적인 일들에 대한 우리의 본성적인 자유를 제어하기 때문이다. 그날은 일주일에 한번만 오고 많은 세상적인 일들이 그 시기에 그리고 자주 그것을 생각하는 것으로부터 우리의 생각을 빼앗아가기 때문이다. 그렇지 않다면 그날을 준비하고 거룩하게 할 것이다. 그리고 사탄은 그의 수단으로 그 영광과 그날의 기억조차 지워버리려고 하고 모든 비종교적이고 불경건한 일로 끌어들이려 하기 때문이다(The word Remember is set in the beginning of the fourth commandment, partly, because of the great benefit of remembering it, we being thereby helped in our preparation to keep it, and in keeping it, better to keep all the rest of the commandments, and to continue a thankful remembrance of the two great benefits of creation and redemption, which contain a short abridgement of religion; and partly, because we are very ready to forget it, for that there is less light of nature for it, and yet it restraineth our natural liberty in things at other times lawful; that it comes but once in seven days, and many worldly business come between, and

그렇게 한 이유는 '소교리문답'의 분량을 고려한 것일 수도 있으며, 또는 '소교리문답'에서는 안식일과 관련하여 본질적인 부분들만 다루고자 하였기 때문으로 생각할 수도 있다.

'소교리문답'의 제4계명의 해설은 57번에서 다른 계명들에서와같이 '제4계명은 무엇인가?'라는 질문으로 시작되고 그에 대한 답으로 출애굽기 20:8-10을 제시한다. 이어지는 내용은 그 계명과 관련한 중요한 주제들을 다룬다. '소교리문답' 58번은 제4계명에서 요구되는 것은 무엇인지를 설명하는데, 하나님이 그의 말씀에서 지정하신 것처럼 일정한 시간, 특별히 7일 중의 하루를 하나님께 거룩한 안식일이 되도록 거룩하게 지키는 것이라고 한다.[77]

이것은 '대교리문답' 116번의 전반부 문장을 거의 그대로 옮겨놓은 것이며, 또한 '신앙고백' 21장 7항의 중간 부분의 일부 내용을 요약한 것이다. 여기서 '소교리문답'이 강조하는 것은 제4계명에서 지키도록 명령받은 날은 토요일이 아니라 7일 중의 하루라는 것이다. 이것은 1618년의 존 트라스키(John Traske)를 따르는 자들과 1627년의 데오필러스 브래번(Theophilus Barbourne)의 주장한 것과 같은 유대주의적인 안식일의 주장에 대한 분명한 반대를 표명하는 청교도들의 이해를 나타내는 것이다.[78]

---

too often take off our minds from thinking of it, either to prepare for it, or to sanctify it; and that Satan with his instruments much labour to blot out th glory, and even th memory of it, to bring in all irreligion and impurity). WLC.121.

[77] "The Fourth Commandment requireth the keeping holy to God, such as set times as he has appointed in his word; expressly one whole day in seven, to be a holy sabbath to himself." WSC.58.

[78] James T. Dennison, Jr., *The Market Day of the Soul*, 70-71, 79-81. John Calvin, *Institutes*, II·8.30.

또한, '온종일'(one whole day)이란 표현은 국교회파가 지속해서 주장한 것같이 예배가 드려지는 시간만이 아니라, 바운드로 대표되는 청교도들의 이해, 즉 아침부터 저녁까지의 온전한 하루를 안식하는 날로 보내야 함을 강조한 것이다.[79] 이는 또한 코드레이와 팔머가 자신들의 책,『재건된 안식일』(Sabbatum Redivivum)에서 주장한 내용과 동일하다.[80]

'소교리문답' 59번은 '하나님은 7일 중의 어느 날을 안식일로 주간의 안식일로 지정하셨는지'에 대해 설명한다. '세상의 처음부터 그리스도의 부활까지는 하나님이 주간의 일곱 번째 날을 주간의 안식일이 되도록 지정하셨고, 그 후로는 주간의 첫날을 세상의 끝날까지 안식일로 지정하셨는데 그날은 그리스도인의 안식일이다.'[81] 이러한 내용은 '대교리문답' 116번의 후반부와 '신앙고백' 21장 7항의 후반부 설명을 요약한 것으로 안식일 규례가 시내산에서 모세로부터 주어진 규례가 아니라 하나님의 창조 사역으로부터 주어진 '창조의 규례'라는 것을 뜻하며, 또한 구약의 토요일 안식일이 신약의 일요일 안식일로 변화된 것은 그리스도의 부활 때문에 그리고 그에 따른 사

---

79 *The True Doctrine of the Sabbath*, 358-362.
80 Daniel Cawdrey and Herbert Palmer, *Sabbatum Redivivum or The Christian Sabbath Vindicated* (London: Thomas Maxcy, 1652, reprinted Grand Rapids: Reformation Heritages Books, 2011), 10. 이하 *Sabbatum Redivivum*으로 표기함. 그들은 안식일의 하루 시작과 끝에 대한 다섯 가지 견해를 소개한다.
  1. 사람들의 관습에 따라 낮이 시작될 때
  2. 일출부터 일몰까지
  3. 아침 빛이 비치는 시간부터 어둠이 덮일 때까지
  4. 자정부터 다음 자정까지
  5. 저녁부터 저녁까지. 그들은 옛 안식일은 저녁부터 저녁까지 지키지만, 주일은 아침부터 저녁까지 지키는 것이 합당하다고 설명한다. 349.
81 "From the beginning of the World to the resurrection of Christ, God appointed the seventh day of the week to be the weekly sabbath; and the first day of the week ever since, to continue to the end of the world, which is the Christian sabbath. WSC.59.

도들의 실행 때문에 이루어진 것임을 확언하는 것이다.[82]

거기에서 표현된 '그리스도인의 안식일'(Christian Sabbath)이라는 표현이 영국의 교회에서 사용되기 시작한 것은 『설교집』(The Book of Homilies)에서이다.[83] 『설교집』은 하나님께서 안식일을 거룩하게 하도록 명하셨을 뿐 아니라 그 의무를 감당하도록 하나님 자신을 실례로 보이셨다고 말하면서 '그러므로 우리가 하늘 아버지의 순종하는 자녀가 되려면 우리는 그리스도인의 안식일, 즉 일요일을 주의해서 지켜야 한다'고 말했다.[84] 이후 17세기가 시작되면서 이 표현은 '예배와 오락의 날로서 일요일의 준수'를 강조하는 국교회파에 대항하여 '주의 날을 거룩하게 하는' 것을 강조하는 개혁신앙을 가진 청교도 목사와 신학자들에 의하여 일반적으로 통용된 것으로 보인다.[85]

코드레이와 팔머는 자신들의 책에서 이에 대해 한 장을 할애하여 더욱 자세히 설명한다. 그들은 주의 날과 안식일을 같이 사용하는 것이 타당함을 인정한다. 그러면서도 그들은 안식일이 거룩한 안식을 상징하고 주일이 거룩한 안식으로 지켜져야 한다면 그것은 미신과 교만과 어떠한 소란도 없이 안식일로 불릴 수 있다고 주장하면서 이렇게 말한다.

---

82 *The True Doctrine of the Sabbath*, 42, 104, 131.
    Lewis Bayly, *The Practice of Piety*, 160-161.
    Sabbatum Redivivum, 228.
83 『설교집』(the Book of homilies)은 에드워드 6세(Edward VI, 1547-1553 재위)가 1547년 처음으로 출판하고 1563년 엘리자베스 1세가 다시 출판한 것으로 영국 교회의 39개 신조를 개혁신앙의 교리에 따라 발전시켜 설명한 것으로 두 권으로 되어 있다. 첫 번째 책은 토머스 크랜머(Thomas Cranmer, 1489-1556)에 의하여 저술되었으며 두 번째 책은 존 조웰(Bishop John Jowel, 1522-1571) 감독에 의하여 저술되었다.
84 "So if we will be obedient children of our heavenly Father, we must be careful to keep the christian sabbath-day which is the Sunday." John Griffith, ed., The Book of Homilies (1859), 361. James T. Dennison, Jr., *The Market Day of the Soul*, 23에서 재인용.
85 James T. Dennison, Jr., *The Market Day of the Soul*, 25, 55.

우리는 그 둘 다가 합당하다고 말하며 둘 다가 필요하다고 말한다. 여러 관점에서 볼 때, 제정(institution)의 관점에서는 주일이라는 이름이, 그것의 준수(observation) 관점에서는 안식이라는 이름이 합당하다. 만일 우리가 그 날을 안식일이라고만 부른다면 우리는 그것의 제정을 잃는 것이고 동시에 그날을 주일이라고만 부른다면 우리는 그것의 준수를 잃는 것이다. 그러므로 우리는 이렇게 질문에 대답한다. 주일은 우리의 (그리스도인의) 안식일이라고 불릴 수 있다. 그리고 모든 것이 올바르게 고려된다면 그것은 매우 적절하며 불필요하지 않다면 그렇게 부르게 하자.[86]

그러면서 그들은 주일이라는 이름은 그리스도의 부활을 기념하게 하고 교회와 모든 피조 세계에 대한 그의 주 되심(Lordship)을 나타내며, 안식일이라는 이름은 거룩함을 위한 휴식과 거룩함을 위한 의무들을 강조하는 측면에서의 중요성이 있다고 하면서 그 둘 다 합법적으로 사용될 수 있다는 결론을 내린다.[87]

'소교리문답' 60번은 어떻게 안식일을 성별되게 할 수 있는지에 대해 설명한다. '안식일은 그날 모두를 거룩하게 쉼으로써 성별 되는 데 다른 날에는 합법적인 세상의 일들과 오락들로부터도 쉬고, 필수적이고 긍휼의 일들을 제외하고는 전체 시간을 공적인 예배와 하나님을 섬기기 위한 개인적인 활동으로 보내는 것이다' 라고 설명한다.[88] 이러한 설명 또한 '대교

---

[86] *Sabbatum Redivivum*, 664.
[87] *Sabbatum Redivivum*, 682.
[88] "The sabbath is to be sanctified by a holy resting all that day, even from such worldly employments and recreation as are lawful on other days; and spending the whole time in the publick and private exercise of God' worship, except so much as to be taken up in the works of necessary and mercy." WSC.60.

리문답' 117번의 앞부분의 설명을 거의 그대로 요약한 것이다.

웨스트민스터 신학자들은 여기서 '세상의 일'뿐 아니라 '오락들'도 쉬어야 함을 강조한다. 앞에서 보았듯이, 국교회파에서는 그것들을 허용할 뿐 아니라 장려하였던 반면에 이전의 청교도들과 같이 웨스트민스터 신학자들은 그것들을 금지해야 한다고 분명한 반대 입장을 표명했다.[89]

하지만 '소교리문답'은 안식일을 성별하는 것과 관련해서 생활을 영위하기 위하여 필수적으로 하는 일들과 함께 긍휼의 일들도 강조한다. 비록 '소교리문답'이나 '대교리문답'에서 필수적인 일들이 무엇인지는 자세하게 설명하고 있지 않지만, 그것은 바운드와 베일리가 주장하였던 다음과 같은 내용이다.

(1) 사람과 동물의 생명 보존을 위한 행동들
(2) 전쟁이 발발했을 때 군인의 직무를 감당하는 것
(3) 위험한 질병이 발생했을 때 병자를 돌보는 의료 행위
(4) 홍수와 화재 같은 재난과 강도를 당한 경우
(5) 가축을 보살피는 일

이런 것들을 의미하는 것으로, 이미 웨스트민스터 신학자들 사이에 공감대가 형성되었기 때문이다.[90]

또한, 긍휼에 관한 일들은 병자들과 부상을 당한 사람들을 위한 외과 의사의 치료행위와 약사의 조제 행위들을 의미하는 것이었다. '소교리문답'은 이것을 '일들'(works)로 표현했지만 '신앙고백'에서는 '의무들'(duties)로

---

89 *Sabbatum Redivivum*, 37, 531.
90 각주 27번과 43번을 참고하라.

표현했고 '예배모범'에서도 사랑(charity)과 긍휼(mercy)의 '의무들'(duties)이라고 표현했다. 특별히 '예배모범'은 목사가 행할 일로서 설명하기는 하지만 병든 이들을 방문하는 것에 대한 태도와 방법에 대해서도 자세하게 기술했다.[91]

이렇게 볼 때 웨스트민스터 신학자들은 기독교 안식일을 온전히 성별하는 방법으로서 이웃들을 향한 사랑의 실천 또한 매우 중요한 일들로 간주하고 권장하였음을 알 수 있다. 그것은 또한 '신앙고백' 제16장의 '선한 일들에 대하여'(of Good Works)와 관련해 볼 때 더욱 의미가 깊다고 할 수 있다. 그 2항은 '하나님의 계명들에 순종함으로 행해지는 선한 일들은 참되고 살아 있는 믿음의 열매와 증거이며, 그것들로 말미암아 신자들은 자신들의 감사를 나타내며, 그들의 확신을 강화하며 형제들의 믿음을 세우는 것'이라고 설명했다.[92]

그러므로 안식일의 성별은 세상의 일과 오락의 금지와 하나님께 드리는 영적인 봉사와 더불어 병자와 가난한 이들을 돌보는 것과 같은 이웃들에 대한 봉사로 이루어지는 것이었다.

'소교리문답'이 생략한 '대교리문답' 117번의 후반부는 안식일을 준비하는 것과 관련하여 설명하는데, '그 목적을 위하여 우리는 우리의 마음을 준비하고 우리의 세상의 일들을 미리 부지런히 적절하게 배치하고 신속하게 처리함으로써 우리가 더욱 자유로워지며 그날의 의무들에 합당하게 될 것이다'고 해설했다.[93] 이러한 설명은 '신앙고백' 21장 8항의 설명을 확장

---

91 WCF.XXI.VIII. DPW.27, 31-34.
92 "These Good works, done in obedience to God's Commandments, are the fruits and evidences of a true and lively faith: and by Them believers manifest their thankfulness; strengthen their assurance, edify their brethren." WCF.XVI.II.
93 "And, to that end, we are to prepare our hearts, and with such foresight, diligence, and

해서 설명하는 것이며 '예배모범'의 '주일의 성별에 대하여' 설명하는 첫 번째 문단에 상응하는 것이다.[94]

'소교리문답' 61번은 제4계명에서 금지된 것에 관하여 묻고는 이렇게 설명한다. '제4계명은 요구된 의무들을 행하지 않거나 부주의하게 하는 것 그리고 게으름이나 그 자체로 죄가 되는 것을 행하거나, 우리의 세상 일들과 오락들에 대해 불필요한 생각과 말과 행동함으로써 그날을 더럽히는 것을 금한다.'[95] 이 또한 '대교리문답' 119번의 문장을 거의 그대로 인용한 것인데 '부주의한'이란 표현 뒤에 '소홀히 하는'(negligent)과 '무익한'(unprofitable)이란 표현 그리고 '그것들에 싫증을 내는'(being weary on them) 등의 표현과 생각과 말과 행동과 관련하여 '모든 불필요한'(all needless)이란 표현만 생략했을 뿐이다.

이러한 표현은 '예배모범'의 두 번째 문단에 상응하는 설명이다.

이와 관련하여 존 라이트푸트(John Lightfoot, 1602-1675)가 자신의 『신학자들의 총회 의사록 일지』(The Journal of the Proceedings of the Assembly of Divines)에서 기술한 내용은 흥미롭다. 그는 웨스트민스터 총회는 전체 회의에서 '예배모범'에 대한 내용을 작성하면서 그에 대해 큰 토론이 있었다고 말한다. 먼저 제목에 관한 토론이 있었고 결국 '그리스도인의 안식일인 주일을 선별하는 것을 위하여'(For the sanctifying of the Lord's Day, the Christian Sabbath)로 결정되었다고 그는 말한다.

---

moderation, to dispose and seasonably dispatch our worldly business, that we may be the more free and fit for the duties of that day." WLC. 117.
94　WCF.XXI.8, DPW. 27.
95　"The fourth commandment forbidth the omission or careless performance of the duties required, and the profaning the day by idleness, or doing that which is in itself sinful, or by unnecessary thoughts, words, or works, about our worldly employments or recreations." WSC.61.

다음에는 안식일을 지키는 방법에 대한 것들을 '예배모범'이나 '교리문답' 그리고 '신앙고백'에 첨가할 것인지에 대해 토론하였는데, 한편으로는 유대주의의 실수를 범하지 않으면서 다른 한편으로는 그날을 더럽히지 않게 하려고 '예배모범'에 그것을 기술할 것을 결정하였다고 한다. 또한, 총회는 '예배모범'의 6개의 문단을 하나씩 축조하여 토론하였다고 하는데 자신을 비롯한 몇 사람은 첫 문단의 '그 전에 기억되어야 한다'(ought to be so remembered beforehand)라는 표현은 이전에 들어본 적이 없다고 말하면서 반대했다.

또한, 두 번째 문단의 세상일과 오락을 금지하는 데 있어서 '생각'(thoughts)까지 포함하는 것은 사람의 생각까지 속박하는 것으로 웃음거리가 될 수 있다며 반대했지만 결국 포함되었다고 증언한다.[96] 이러한 진술은 웨스트민스터 총회가 매우 뜨거운 논쟁 가운데 진행되었음을 보여 주는 단면이라고 할 수 있다.

'소교리문답' 62번은 제4계명에 부가된 근거들에 관하여 묻고는 이렇게 설명한다. '제4계명에 부가된 근거들은 하나님이 우리 일을 위하여 주간의 6일을 허용하신 것, 일곱째 날에 특별한 범절을 촉구하신 것, 그 자신의 모범 그리고 안식일을 복 주신 것이다.'[97] 이러한 설명 또한 '대교리문답' 120번의 내용을 간략하게 압축하여 진술한 것이다.

---

[96] John Lightfoot, *The Journal of the Proceedings of the Assembly of Divines*, 327-329. 아마도 그가 이러한 반대를 표명한 것은 그가 교회에 대해 국가교회주의자(Erastian) 입장에 있었기 때문에 총회가 지나치게 엄격하게 규정하는 것으로 생각하였기 때문인 것으로 보인다.

[97] "The reasons annexed to the fourth commandment are, God's allowing us six days of the week for our own employments, his challenging a special propriety in the seventh, his own example, and his blessing the sabbath-day." WSC.62.

그런데 '소교리문답'이 각 계명을 준수하게 하려고 그 계명을 지키라고 명하신 근거들을 제시하고 설명하는 때도 있는데 제2계명과 제3계명, 제4계명 그리고 제5계명이 그 계명들이다. 그리고 그것들의 출처가 되는 '대교리문답'의 제2계명과 4계명과 제5계명에서는 '그것을 더욱 강조하기 위하여'(the more to enforce it)라는 문구가 첨가되었다. 이것은 웨스트민스터 신학자들이 그 계명들에 대해 매우 큰 관심을 두고 있으며 중요하게 간주하고 있었음을 보여 준다.[98] 그러므로 제4계명에 대한 해설의 마지막 부분인 62번에서 그 근거들을 제시한 것은 그들이 제4계명의 준수를 더욱 촉구하고 강조하기 위함임을 추론할 수 있다.

'소교리문답'은 제4계명의 해설을 위하여 '대교리문답'의 118번과 121번을 생략하였음에도 모두 6개의 문답을 할애한다. 이것은 그만큼 웨스트민스터 신학자들이 제4계명의 이해와 실천이 신자들에게 중요함을 인식하고 있었음을 반증한다고 할 수 있다.

그렇다면 그들은 무엇 때문에 그렇게 제4계명을 강조한 것인가?

그것은 바로 '그리스도인의 안식일'인 주일을 거룩하게 지키는 것이 바로 신자들이 하나님의 법을 순종하는 것이고, 그로써 다른 계명들을 순종할 새로운 힘을 얻어 더욱더 거룩함에 이르게 되는 것으로 판단하였기 때문이다. 그들이 이러한 결론에 다다르게 된 것은 앞의 제4장에서 살펴본 것처럼 성령께서 신자들의 마음에 은혜를 주입하시는 역사를 하시기 때문임을 확신하였기 때문이다.

---

[98] 총회가 '대교리문답'을 작성하면서 십계명의 각 계명들에 관한 내용을 확정하는 데는 보통 한 번이나 두 번의 전체회의(session)로 이루어졌다. 그러나 제2계명에 대해서는 6번의 전체회의를 했으며 제3계명과 제4계명은 세 번의 회의를 했다. 이는 총회가 그 계명들을 매우 중요하게 생각하고 신중하게 결정하고자 하였음을 보여 준다. John R. Bower, *The Larger Catechism*, 34.

성령께서는 은혜의 수단들을 통해 그러한 은혜를 주입하신다. 그러므로 이제 '소교리문답'에서 은혜의 수단들에 대해 어떻게 설명하는지를 살펴볼 것이다.

3. 성화와 안식일 준수

1) '소교리문답'에서 은혜의 수단들

'소교리문답'은 십계명 해설을 한 후 아무도 하나님의 계명을 완벽히 지킬 수 없다고 설명한다.[99] 그러므로 신자들은 계명들을 범한 죄로 인하여 받게 될 하나님의 진노와 저주에서 피할 수 있도록 하나님이 제공하시고 순종을 요구하시는 것들을 힘써 실천해야 한다고 말한다.

그것은 바로 88번에서 설명하는 것으로서, 그리스도께서 그의 구속의 유익을 신자에게 전하는 '모든 외적이고 일반적인 수단들'(the outward and ordinary means)로써 곧 말씀과 성례와 기도인데, '소교리문답'은 그것들이 '택한 자들에게 구원의 효력이 있도록 만들어진 것'(are made effectual to the elect of salvation)이라고 설명한다.

---

99 문: 누구라도 하나님의 계명들을 완전하게 지킬 수 있는가?(Is any man able perfectly to keep the commandments of God?)
    답: 타락 이후 그 어떤 사람이라도 이 세상에서 하나님의 계명들을 완전하게 지킬 수 없고 매일 생각과 말과 행동에서 그것들을 매일 범한다(No mere man since the fall is able in this life perfectly to keep the commandments of God, but doth daily break them in thought, word, and deed). WSC.82.

이것은 명시적으로 표현하지는 않았을지라도 '소교리문답'이 성화를 염두에 두고 설명한 것으로 볼 수 있다. 왜냐하면, 그 세 가지는 신자들이 이 세상에 살아가는 동안 지속해서 순종하여 참여하고 실천해야 하는 것으로서 그것들을 통해 그들의 구원의 효력과 확신이 더욱 강화되는데 그것이 바로 성화를 뜻하는 것이기 때문이다. 이러한 이해는 '신앙고백'이 '성화'에 대해 설명하는 13장에 이어 바로 '구원하는 신앙'(Of Saving Faith)을 설명하는 14장에서 이 세 가지를 제시하는 것으로도 확인된다.

> 믿음의 은혜는 … 말씀의 사역 때문에 일반적으로 이루어지며 또한 성례의 시행과 기도 때문에 이루어져서 믿음이 증가하고 강화된다.[100]

그러므로 '소교리문답'이 설명하는 세 가지의 은혜의 수단을 신자의 성화를 위한 방편으로 이해하는 것은 타당하다.

'소교리문답'은 세 가지의 외적 수단들에 대해 자세하게 설명한다. 먼저 말씀에 대하여는, 88번에서 신자들은 성경을 읽는 것과 특별히 말씀의 설교를 통해 그들의 거룩함과 위로가 더해지며 구원에 이르게 된다고 설명한다.[101]

그리고 이어지는 89번에서 신자들은 하나님의 말씀이 구원에 이르는 효력이 되게 하도록 부지런히 설교가 행해지는 예배에 참석하여야 하고, 그

---

[100] The grace of Faith, … is ordinarily wrought by th ministry of the Word, by which also, and by the adminstration of the sacraments, and pray, it is increased and strengthened. WCF. XIV.I.

[101] A: The Spirit of God Maketh the reading, but especially the preaching of the word, an effectual means of convincing and converting sinners, and of building them up in holiness and comfort, through faith, unto salvation. WSC.89.

것을 위하여 준비하고 기도해야 하며, 믿음과 사랑으로 받아 마음에 두어야 하고, 생활에 실천하여야 한다고 해설한다.[102]

이러한 설명은 '소교리문답' 60번의 안식일을 거룩하게 하는 것과, 그에 대한 더 포괄적인 설명인 '대교리문답' 117번의 두 번째 설명에 상응한 설명이며 더욱이 '신앙고백' 21장 5항에 상응하는 설명이다.[103]

다음으로 '소교리문답'은 성례에 대하여, 6개의 문항을 할애하여 설명한다. 세례에 대해서는 94번에서 '은혜언약의 여러 가지 유익에 참여하는 것'을,[104] 그리고 96번에서는 성찬을 신자의 '영적 자양분이 되어 은혜 속에서 성장하게 하는' 것이라고 설명한다.[105] 그리고 97번에서 성찬에 참여하는 신자는 스스로 '새로운 순종'(new obedience)을 할 의향이 있는지 살펴야 한다고 강조한다.[106]

마지막으로 '소교리문답'은 기도에 대해 10개의 문항을 할애해 설명한다. 먼저 98번에서 기도란 신자들이 '하나님의 뜻에 합당한 것들'을 간구

---

102 That the word may become effectual to salvation, we must attend thereunto with diligence, preparation, and prayer; receive it with faith and love, lay it up in our hearts, and practice it in our lives. WSC.90.
103 The sabbath is to be sanctified by … and spending the whole time in the publick and private exercises of God's worship, … WSC.60. and, to that end, we are to prepare our hearts, and with such foresight, diligence, and moderation, … WLC.117. V. The reading of the Scriptures with godly fear, sound preaching, and conscionable hearing of the word, in obedience unto God, … WCF.XXI.V.
104 Partaking of the benefits of the covenant of grace. WSC.94.
105 To their spiritual nourishment, and growth in grace. WSC.96.
106 성찬에 대해 '대교리문답'171번은 보다 더 자세하고 구체적으로, '그리스도를 갈망하는 마음과 새로운 순종의 마음으로 그리고 이 은혜의 시행을 새롭게 하며, 진지한 묵상과 간절한 기도로'(of their desires after Christ, and of their new obedience; and by renewing the exercise of these graces, by serious meditation, and fervent prayer) 참여해야 한다고 설명한다.

하는 것이라고 해설한다.[107] 또한, 103번에서 기도에 대한 '특별한 지도의 규칙'(the special rule of direction)으로서 주기도문을 해설하는데 하나님께서 신자들에게 '모든 일에서 그의 뜻을 알고 그의 뜻을 알고 즐거이 순종하여 복종할 수 있게 하시기를' 기도하라고 가르친다고 설명한다.[108]

이렇게 볼 때, '소교리문답'은 외적인 은혜의 수단들을 통해 신자들이 하나님의 법인 십계명을 온전히 순종할 힘을 얻으며 더욱더 성화된 삶을 살아가는 것으로 이해하고 설명하고 있음이 분명하다. 즉, 예배에 참석하여 말씀을 들으며 성찬에 참여하고 기도에 힘쓰는 삶을 통해 점점 더 거룩한 신자로 성화되는 것을 강조하는 것이 분명하게 드러난다.

2) 청교도에서 은혜의 수단들과 주일 성수

'소교리문답'의 이러한 견해는 17세기 당시의 청교도들에게는 일반적이었다. 그들은 모든 은혜의 수단들에 대한 설명을 제4계명, 즉 안식일 계명의 준수와 관련하여 설명했다. 왜냐하면, 그들은 그렇게 하는 것이 신자들이 거룩하게 되는 길이요 방편이라고 생각했기 때문이다.

웨스트민스터 표준 문서의 안식일에 관련한 부분의 작성에 가장 큰 영향을 끼친 사람이라는 평가를 받는 니콜라스 바운드(Nicholas Bownd)는 십계명의 제4계명에 따른 안식일 준수의 지속성에 대해 설명한 후에 안식일이 없는 곳에서는 예배도 함께 없어질 것이라고 경고하면서 '안식일이 제정된 하나의 중요한 목적은 그날에 하나님께 드리는 순전한 예배를 통해

---

[107] For things agreeable to his will. WSC.98.
[108] Would make us able and willing to know, obey and submit to his will in all things. WSC.103.

신자들이 거룩하게 되는 것'이라고 말했다.[109]

앞에서 이미 설명했듯이, 그는 자신의 책 『참된 안식일 교리』(The True Doctrine of the Sabbath)의 2부 전체를 어떻게 안식일을 거룩하게 지킬 것인지에 관한 내용으로 할애했다. 거기에서 바운드는 신자들은 안식일을 거룩하게(성별) 해야 하는데 그 방편으로 가장 먼저 제시하는 것이 바로 공적인 예배(public worship)라고 했다. 그리고 예배에는 반드시 하나님의 말씀 설교가 있어야 하며 신자들은 말씀의 읽기와 성례에 반드시 참여한다고 주장했다.[110]

또한, 사적인 예배(private worship)에 대한 설명에서도 성경 읽기와 하나님의 말씀 묵상을 강조했다. 더욱이 그는 공적인 예배에서 설교 된 하나님의 말씀을 중심으로 목사와 교우들 또는 가족들끼리 그리고 교우들이 서로 대화를 나누는 모임(conference)을 해야 한다고도 했다.[111] 그럼으로써 들은 말씀에 대한 지식과 기억이 증진된다고 했다.[112]

바운드는 그렇게 안식일 준수를 강조하면서 '하루를 하나님의 예배를 위한 목적으로 성별하였을 때 안식일 안에서 성도들은 거룩하게 된다'고 말했다.[113] 그는 또한 '하나님이 안식일을 주신 것은 그 안에서 신자들이 전체적이고도 합당하게 종교에 관한 일을 실행함으로써 성령으로 말미암아 하나님께서 그들에게 요구하시는 믿음과 순종을 하게 하시는 것을 알게 하심이다'라고도 말했다.[114]

---

109 *The True Doctrine of the Sabbath*, 77.
110 *The True Doctrine of the Sabbath*, 313, 324, 328, 332.
111 *The True Doctrine of the Sabbath*, 368, 370-375.
112 *The True Doctrine of the Sabbath*, 382.
113 *The True Doctrine of the Sabbath*, 290.
114 *The True Doctrine of the Sabbath*, 346.

그 책의 결론 부분에서 그는 이렇게 말했다. '만일 우리가 다른 모든 날 보다도 주의 날에 참되고 경건하게 하나님을 섬긴다면 우리의 태도가 그 것을 보여 주며, 우리 생활의 거룩함이 그것을 증거하고 우리의 일들이 그 것을 증명할 것이다'라고 말했다.[115] 그렇게 그는 안식일을 잘 지키는 것 이 신자의 성화와 밀접한 관련이 있음을 강조했다.

17세기 중엽에 가장 보편적으로 알려졌던 『경건의 연습』(The Practice of Piety)의 저자인 베일리(Lewis Bayly)도 안식일의 준수가 신자의 거룩한 삶에 지대한 영향을 끼치는 것을 강조하면서 '한 사람 전체의 인생은 안식일에 의해 평가된다'고 말했다.[116] 그러면서 안식일은 전체로 하나님을 예배하 기 위한 날이므로 그날을 거룩하게 지키는 방법은 교회에서의 공적인 예 배에 참석하는 것임을 강조하면서, 공적인 예배를 위하여 사적으로 아침 과 저녁에 기도의 시간을 갖는 것에 대하여도 자세하게 설명했다.[117] 더욱 이 그는 공적 예배에서 하나님의 말씀이 설교 될 때 어떤 태도로 들어야 하는지도 설명한다. '주의를 집중하여 설교자를 바라보며 설교를 들어야 한다.'[118]

예배가 끝난 후에 집으로 돌아가서는 가족들이 함께 모여 들은 설교를 검사하고, 교리문답을 가르치고 시험하여야 하며, 저녁에 산책하면서 하 나님의 하신 일을 묵상하면서 기도함으로 주일을 마치라고 권고했다.[119] 또한 성찬에 참여하는 자세에 대하여서도 베일리는 자세하게 설명했는데 자신의 무가치함을 인식하고 죄를 고백하며, 신실한 믿음으로 참여해야

---

115 *The True Doctrine of the Sabbath*, 446.
116 Lewis Bayly, *The Practice of Piety*, 177.
117 Lewis Bayly, *The Practice of Piety*, 191-196.
118 Lewis Bayly, *The Practice of Piety*, 197.
119 Lewis Bayly, *The Practice of Piety*, 197-203.

한다고 말했다.[120]

이렇듯 베일리도 신자의 경건하고 거룩한 삶을 말씀과 기도 그리고 성례의 참여와 밀접히 연결하는데 제4계명의 요구, 즉 주의 날의 준수를 통해 이루어지는 것을 강조했다.

리처드 십스도 종종 설교에서 신자의 거룩한 삶을 주일과 예배와 밀접하게 연결해 설명했다. 고린도전서 11:28-29을 본문으로 한 '성찬을 바르게 받음'(the right receiving)이란 설교에서 주일을 지키는 것과 성찬을 받는 것을 연결해 강조했다. 그는 성찬에 참여하는 사람이 자신을 살펴보고 준비하여야 하는데 만일 성찬에 참여하는 사람이 사탄의 진영으로 달려가면서도 성찬에 참여한다면 그것은 안식일을 범하는 것이며 주의 이름을 모독하는 것이라고 경고했다.[121]

또한, 빌립보서 2:12을 본문으로 한 '그리스도인의 일'(Christian work)이라는 제목의 설교에서는 신자들이 주일을 자신의 부름을 묵상하는 날로 특별히 주의를 기울여야 하는 날임을 강조하면서 그날의 의무들을 긍휼과 필수적인 일들 외에 다른 날의 일들과 섞어서는 안 된다고 권고했다.

또한, 하나님이 신자들에게 그의 뜻을 행하도록 하시도록 기도와 다른 규례를 주셨다고 하면서 그러한 수단을 씀으로 하나님의 일을 할 수 있게 된다고 했다.[122] 또 다른 설교인 골로새서 3:2-4을 본문으로 한 '감춰진 생명'(the hidden life)이란 설교에서는 성령에 의한 성화의 삶, 즉 거룩함은 신자들에게 순종을 격려하고 고무한다고 했다.[123]

---

120 Lewis Bayly, *The Practice of Piety*, 219-215.
121 Richard Sibbes, *Works of Richard Sibbes*, ed. Alexander B. Grosart, vol. 4 (1862, reprinted Edinburgh: The Banner of Truth Trust, 2001), 72.
122 Richard Sibbes, *Works of Richard Sibbes*, vol. 5, 9-15.
123 Richard Sibbes, *Works of Richard Sibbes*, vol. 5, 209.

웨스트민스터 총회의 일원으로 활동하였던 윌리엄 구지(William Gouge, 1575-1653)는 『하나님의 세 화살』(God's Three Arrows)이라는 책에서 하나님이 재앙을 내리시는 12가지의 상황들 가운데 두 번째에서 거룩한 일과 시간들을 세속화하는 것, 즉 주일을 거룩하게 준수하지 않는 것과 기도와 설교와 성례를 무시하거나 부주의하게 대하는 것을 언급하면서 경고했다.[124]

그 또한 주일을 말씀과 기도와 성례가 행해지는 날로 강조한 것이다. 그리고 주기도문을 해설한 『하나님께로 가는 안내서』(A Guide to goe to God)란 책에서 그는 여섯 번째이자 마지막 간구인 '우리를 시험에 들게 하지 마시고 다만 악에서 구원하소서'를 해설하면서 그것은 신자의 성화를 위한 간구라고 설명하였다. 그는 신자가 악에 빠질 수도 있음을 인정하지만, 그로부터 회복할 수 있다는 희망으로 기도할 것을 권면하면서 그것이 바로 신자의 성화 과정이라고 주장했다.[125]

또한, 그는 『안식일 성별』(The Sabbaths Sanctification)이라는 소책자에서 안식일을 거룩하게 지키는 방법에 대해 여섯 가지의 질문과 대답으로 설명했는데, 그날은 교회에서 모이는 공적 예배에 참석하여 설교 되는 말씀과 성례에 참여하여야 하고 목사와 함께 기도하여야 함을 강조했다. 또한, 가족들이 사적으로 모이는 예배에서도 하나님의 말씀을 읽고 기도하고 공적 예배에서 들은 설교를 회상하여 거룩한 담화를 나누며 교리 교육을 시행

---

[124] William Gouge, *God's Three Arrows: Plague, Famine, Sword* (London: Printed by George Miller for Edward Brewster, and are to be sold at his shop at Fleet-Bridge at the signe of the Bible, 1636), 79.

[125] William Gouge, *A Guide to goe to God: or, an Explanation of the Perfect Patterne of Prayer, The Lords Prayer* (London: Printed by G. M[iller] for Edward Brewster, and are to be sold at his shop at Fleet Bridge, at the signe of the Bible, 1636). 227-253. Eric Rivera, *Christ is Yours* (Bellingham, WA: Lexam Press, 2019, 157-158.

하고 시편을 찬송하여야 한다고 했다. 그렇게 하는 것으로 하나님이 그들 가운데 계시며 축복하신다고 말했다.[126]

웨스트민스터 총회에 참석하지는 않았지만 17세기에 활발하게 활동하였던 청교도인 리처드 백스터 또한 『실제적인 지도서』(The Practical Directory)에서 주의 날은 특별히 공적 예배를 드리는 날임을 명심하라고 했다. 또한, 초대 교회 때에는 성찬이 주일마다 행해졌음을 상기시키며 그날에 성찬에 참여함으로 그리스도를 묵상할 것을 강조했다.

그리고 어떠한 방해도 없이 설교 된 말씀을 듣고 기도하여야 한다고 했다. 심지어 신자들이 옷을 입는 시간도 묵상과 읽은 성경에 대한 개인적인 묵상의 시간이 되도록 하며 식사가 준비되는 시간 또한 개인적으로 은밀히 드리는 기도의 시간이 되도록 하라고 권면했다. 그 외에도 그는 설교 된 하나님의 말씀을 어떻게 들어야 하는지, 어떻게 성경을 읽을 것인지에 대해서도 자세히 설명했다.[127]

청교도들은 제4계명을 언약의 연속성의 맥락으로 이해했기에 특별히 '그리스도인의 안식일'(Christian Sabbath)이란 표현을 선호하여 강조했다. 또한, 그들은 제4계명을 신자들의 성화에 매우 밀접하게 관련이 있는 것으로 생각했다. 그것은 '제4계명을 지키는 것은 나머지 다른 계명을 지키는 데 최고의 도움이 되며 양심적으로 안식일을 지키는 것이 종교에 관한 모든 일의 어머니이며 교회의 좋은 훈련이다'는 베일리의 말속에 함축되어 있다고 할 수 있다.[128] 그러므로 그들은 제4계명을 준수하며 하나님

---

126 William Gouge, *The Sabbaths Sanctification* (London: Printed by G. M. Joshua Warren, at their shop in Pauls Church-yard at the white horse, 1641), 3-6.

127 Richard Baxter, *The Practical works of Richard Baxter in 4 Volumes*, vol. 1-2, (Ligonier: Solo Deo Gloria Publication), 470-478.

128 Lewis Bayly, *The Practice of Piety*, 170.

을 예배하고 긍휼의 실천을 하는 것은 언약 백성의 마땅한 실천이라고 확신했다.

17세기 청교도들에게 제4계명의 준수는 신자의 성화에 결정적으로 중요한 요소였다.

그들은 안식일-주일을 거룩하게 지킴으로 하나님이 그 언약 백성에 요구하시는 도덕법의 명령을 더욱 잘 지킬 수 있다고 생각했다. 또한, 그들은 그날을 거룩하게 지킴으로써 신자들이 더욱 거룩하게 된다고 믿었다. 이것은 신자들이 자신의 권리와 책임을 실행함으로 그리스도 안에서 성숙한 사람이 된다는 것을 의미했다.[129] '소교리문답'은 이러한 청교도들의 이해와 관점을 제4계명 해설에서 분명하게 표현했다. 이것은 특히, 제4장에서 보았듯이 웨스트민스터 신학자들이 성화를 성령의 주도적인 사역 때문에 이끌어지는 신자들 순종의 믿음이라는 언약적 삶의 전 과정으로 이해한 것을 보여 준다.

이것은 또한 안식일의 영속성에 대한 논쟁이 신적 제정과 의무의 질문으로 말미암아 서거나 무너진다고 주장한 존 머리(John Murrey)의 주장에서 그 중요성이 확인된다. 그는 또한 십계명의 제5계명과 제7계명이 신약에서 더욱 강화되고, 구약 시대보다 신약 시대의 신자들이 그 계명들을 더 잘 지킬 수 있는 것으로 이해한다면 제4계명에 대해서도 동일하게 그럴 것으로 생각하여야 한다고 했다.[130] '안식일의 준수는 하나님 전체의 경륜뿐 아니라 그리스도인의 헌신 전체와 관련되어 있다'라는 머리말은 '소교

---

[129] Roger T. Beckwith & Wilfrid Stott, *This is The Day*, 144.
[130] John Murrey, 'the Sabbath Institution' in *Collected Writings of John Murrey*, vol., one (Edinburgh: The Banner of Truth Trust, 1976), 205.

리문답'이 제4계명의 준수를 성화와 직접적이고도 밀접하게 관련지어 설명하는 것이 타당하고 적절하다는 것을 인정했다고 볼 수 있다.[131]

---

[131] John Murrey, 'The Relevance of the Sabbath' in *Collected Writings of John Murrey*, vol., one (Edinburgh: The Banner of Truth Trust, 1976), 226.

제6장

웨스트민스터 '소교리문답'의 십계명 제5계명 해설

　웨스트민스터 신학자들은 신자의 삶을 언약의 계명을 순종하는 가운데 더욱 거룩함에 이르는 과정으로 이해했다. 그러므로 그들은 '소교리문답'의 십계명을 해설함에서도 신학적인 설명으로 멈추지 않고 그들이 처한 시대적 상황을 반영하는 실제적인 면면들을 담았다.

　실로 '소교리문답'에서 성화는 앞의 제4계명 해설에서 살펴본 것처럼 하나님과 관련한 영적인 영역에서뿐 아니라 현실의 삶에서 신자의 시민적 관계와 책임과도 밀접하게 관련이 있는 것으로 설명되었다. 이러한 관점이 웨스트민스터 십계명의 두 번째 판인 제5계명에서 제10계명까지의 해설에 반영되어 있다.

　하지만 본 연구에서는 신자의 성화와 관련하여 제5계명 해설을 두 번째 대표적인 실례로 살펴보고자 한다. 그 이유는 '소교리문답'이 십계명의 제5계명을 그 이후의 계명들을 포괄하는 대표적인 계명으로 간주하여 설명하기 때문이다. 실제로 '소교리문답'의 제6계명부터 제10계명의 해설은 모두 3개의 질문과 대답으로 되어 있지만 제5계명 해설은 4개의 질문과 대답으로 되어 있으며, 그러한 구조는 '대교리문답'에서 더욱 두드러진다.

'대교리문답'의 제6계명부터 제10계명까지는 각각 3개의 질문과 대답으로 되어 있지만 제5계명에 대해서는 11개의 질문과 대답으로 되어 있다. 이것은 웨스트민스터 신학자들이 제5계명을 그 이후의 계명들보다 현실적으로 더 중요한 계명으로 생각했음을 보여 주는 것이라고 할 수 있다.

실제로 그 당시 청교도 신학자들은 제5계명을 십계명 두 돌 판에 모두 관계하는 것으로 보았다. 당대의 저명한 청교도 목회자였던 리처드 박스터는 1682년에 출간한 『가정에서의 교리 교육』(The Catechizing for Families)에서 제5계명을 십계명의 '돌쩌귀'(hinge)라고 지칭하였는데 이는 제5계명이 앞의 4계명과 뒤의 다섯 계명을 연결하는 계명이라는 의미에서 한 말이다.[1] 그보다 10년 뒤인 1692년에 '소교리문답'의 십계명 해설집으로 『십계명』(The Ten Commandments)을 출간한 토마스 왓슨(Thomas Watson, 1620-1686)도 비슷한 견해를 밝혔다. 그는 제5계명이 '야곱의 사다리'(Jacob's ladder)와 같다고 했다.

십계명의 첫 번째 돌 판이 하나님께로 향하는 사다리의 꼭대기에 해당하는 것처럼 두 번째 돌 판은 사람들을 향한 것으로 제5계명은 그 사다리의 맨 아래와 같다는 것이다.[2] 이러한 사실들은 '소교리문답'이 제5계명을 그 이후의 다섯 계명을 포괄하는 계명으로 이해하고 있음을 방증(傍證)한다.

웨스트민스터 신학자들은 신자의 삶을 자신의 지위와 위치에서 피차간에 순종함으로 자신들의 의무를 감당하는 질서 있는 선한 생활을 함으로

---

[1] Richard Baxter, *A Puritan Catechism of Families* (London: James Duncan, 1830, reprinted in Bellingham: Lexham Press, 2017), 243.

[2] Thomas Watson, *The Ten Commandments* (Edinburgh: The Banner of Truth Trust, 1995), 122.

써 복잡하고 혼란스러운 현실의 삶 속에서 언약 백성으로서의 거룩함을 이루어가는 것으로 보았다. 이러한 관점은 그들이 제5계명에서 명령하는, 순종의 대상인 부모를 혈육의 부모로만 한정하지 않고 교회와 국가의 권위자들(the authorities)로 확장하여 이해한 것에서 나타난다.

이러한 특징이 '소교리문답'의 제5계명 설명에서 현저하게 드러나며, 그것의 토대가 되는 '대교리문답'에서는 그러한 특성이 더욱 두드러진다. 그리고 그것은 '신앙고백' 23장 4항의 '국가 위정자에 대하여'에서 동일한 내용으로 설명한 바이기도 했다. 이러한 웨스트민스터 표준 문서들에서 웨스트민스터 신학자들이 제시하고자 한 핵심 내용은 언약 백성들은 각자의 위치에서 주어진 의무와 책임을 감당함으로써 질서 있고 평화로운 삶을 살아가도록 힘써야 한다는 것이었다.

그리고 그러한 삶이야말로 언약 백성으로서의 성화를 이루는 삶의 중요한 한 축이 됨을 강조하는 것이었다. 성화는 개인의 내면의 영적인 측면에만 관계된 것이 아니고 현실 세계에서 시민적인 삶에서 구체적으로 나타나야 하는 것이었다.

이러한 웨스트민스터 신학자들의 제5계명의 해설을 바로 이해하기 위하여서는 예비적으로 몇 가지를 살펴보는 것이 필요하다. 먼저는 17세기 전반까지의 영국의 사회적 상황을 살펴보는 것이다. 그 시대의 사회적 특성과 관계들이 정치적으로 어떻게 변화하며 작동하고 있었는지를 봄으로써 '소교리문답'에서 언급한 권위에 대한 순종과 의무의 이행에 대한 설명들을 이해하는 지평이 넓어질 것이기 때문이다.

다음으로는 웨스트민스터 총회에 파송된 스코틀랜드 대표단의 영향도 살펴보는 것이 필요하다. 이미 장로교회를 이룩하고 있던 17세기의 스코틀랜드인들은 언약신학을 깊이 이해하고 있었고 그것을 현실 정치에 속하는 국가와 시민의 관계에 직접 적용하고 있었다. 그래서 웨스트민스터 총회에 참석한 스코틀랜드 대표단은 웨스트민스터 총회를 통해 잉글랜드와 아일랜드에서도 스코틀랜드와 같이 장로회 교회가 수립되는 것을 기대하며 활동하였는데, 국가와 교회와의 관계에 대한 그들의 언약적 이해와 접근이 웨스트민스터 '신앙고백'과 '대교리문답'의 제5계명 해설에 적지 않은 영향을 끼친 것으로 보이기 때문이다.

그렇게 17세기 영국의 사회적, 신학적 배경을 살핀 다음에는 '소교리문답'의 제5계명에 대한 해설이 다른 개혁신학자들의 이해와 다르거나 유리된 것이 아니고 그들과 동일한 이해의 선상에 있음을 확증하기 위하여 16세기 개혁자들의 교리문답과 17세기 영국 신학자들의 교리문답들의 제5계명 해설을 살펴볼 것이다. 이러한 사전 작업을 거친 후에 마지막으로 웨스트민스터 '소교리문답'을 비롯하여 '대교리문답'의 제5계명 해설과 '신앙고백'의 관련 부분을 자세히 살펴보면서 그 특징들을 분석할 것이다. 무엇보다도 '소교리문답'에서는 순종의 의무를 일방적인 한편 아랫사람의 순종만을 강조하지 않고 윗사람의 아랫사람에 대한 책임을 강조하는 상호 순종을 강조한 의미를 살펴볼 것이다.

1. 17세기 영국의 사회적 상황

웨스트민스터 총회가 회집 된 1643년 당시의 영국은 내전이 격화되고 있었다.[3] 헨리 8세(Henry VIII, 1509-1547 재위)의 종교개혁 이후에 영국에서

---

3   1642-1649년 사이에 찰스1세를 따르는 왕당파와 의회파 간에 있었던 전쟁에 대해 학계에서는 다양한 이름으로 불리었다. 영국 사학계에서는 일반적으로 잉글리시 혁명

는 국가의 종교를 확립하는 데서 로마 가톨릭적인 요소를 강화하려는 국교회 세력과 개혁신앙을 확고히 하려는 청교도 세력 사이에 갈등과 반전이 계속되고 있었고 결국은 내전으로 치닫게 되었다. 내전이라는 극한 상황이 촉발된 데에는 정치적으로 민감한 사항인 세금징수와 관련된 측면이 있었다.

찰스 1세의 불법한 징세 시도와 같은 전횡과 그에 맞서는 의회 사이의 점증 되던 정치적 갈등이 급기야 전쟁의 양상으로 확대된 것이었기 때문이다. 내전으로 영국 사회의 지도자들은 정치적으로 양분되었고 의회도 찰스 왕을 따르는 세력과 반대하는 세력으로 양분되었다. 상원에서는 80명이 찰스 왕을 따랐고 30명이 의회파로 남았으며 20명 정도는 중립을 지켰다. 하원에서는 236명이 왕을 따랐고 302명이 왕에게 반대하여 런던에 남았다.[4]

사실상 전 영국이 전쟁 상황에 연루되어 있었다고 볼 수 있었다. 내전이 가장 고조되었던 1643-1644년경에 영국 성인 8명 중의 1명꼴인 15만 명이 무장한 병사로 복무하고 있었다는 기록이 이점을 증거한다.[5] 이러한 상

(The English Revolution), 대반란(The Great Rebellion), 시민전쟁(The Civil Wars), 공백기(Interregnum), 잉글랜드의 종교전쟁(England's War of Religion), 세 왕국의 전쟁(The war(s) of Three Kingdom) 그리고 청교도 혁명(Puritan Revolution)등으로 불렸는데 청교도 혁명이라는 이름은 특별히 1640-1646년 사이의 종교개혁을 위한 전쟁을 강조할 때 사용되었으나 1960년대 이후 그 이름은 그 과정을 설명하는 방식으로만 사용될 뿐 일반적으로 사용되지는 않고 있다. John Morrill, "The Puritan Revolution", in T*he Companion to Puritanism*, ed,. John Coffey and Paul C. H. Lim (Cambridge: Cambridge University Press, 2008), 67. 국내 역사학계에서는 대구대학교 김중락 교수의 제안이후 대체적으로 잉글랜드 시민전쟁(England Civil war) 또는 잉글랜드 내전으로 용어가 통일되어 사용되고 있음을 고려하여 본 연구에서는 내전으로 사용하기로 한다. 김중락, "영국 혁명, 국민계약 그리고 저항의 정당화", 「영국 연구」 2 (1998), 68-72.

4 나종일, 송규범, 『영국의 역사』 (파주: 한울아카데미, 2005), 367.
5 Kenneth O. Morgan(ed.), *The Oxford History of Britain*, 영국사학회 역, 『옥스퍼드 영국사』 (서울: 도서출판 한울, 1997), 349.

황은 그 당시의 내전 상황이 얼마나 심각하게 영국 사회를 불안과 무질서로 몰고 갔었는지를 보여 준다.

당시 영국이 근본적으로 신분제 계급사회였음을 이해하는 것이 웨스트민스터 신학자들의 제5계명 해설을 이해하는 중요한 단서가 된다. 그 가운데 특별히 젠트리(gentry) 계급에 대한 이해가 매우 중요하다. 그들은 근 100여 년에 걸쳐 영국 사회의 중요한 변수로 부상한 신흥계급의 사람들이었다. 17세기 초엽의 잉글랜드의 인구는 대략 400만 정도였다가 중엽에는 530만으로 늘었으며 스코틀랜드와 웨일스 그리고 아일랜드를 포함한 전체 영국의 인구는 600만에서 770만이었다.[6] 이러한 가운데 당시 영국 사회는 대략 다섯 개의 계급으로 구분되어 있었다.

가장 상위계층인 귀족(nobleman)은 그 수가 많지 않았다. 엘리자베스 1세(Elizabeth I, 1558-1603 재위) 시절의 귀족은 전체 60명이 채 안 되었지만 1640년경에는 그 수가 급격하게 늘어서 120명 정도가 되었다.[7]

귀족 밑으로 귀족과 더불어 사회의 상층부를 이루고 있던 계층이 바로 젠트리(gentry)였다. 그들의 숫자는 16세기 초기에는 약 6,000명 남짓이었던 것이 1640년경에는 20,000명 정도로 늘었다.[8] 당시의 영국인들의 젠트리는 다시 세 계층으로 구분되었는데 전체의 1/10이 채 안 되는 기사(knight)와 인구수에서 기사보다 두 배 많은 에스콰이어(esquire) 그리고 소지주들로 구성된 젠틀맨(gentleman)이 그것이었다.

---

6   Kenneth O. Morgan(ed.), 『옥스퍼드 영국사』, 337.
7   이는 당시 영국 인구의 수와 비교했을 때 성인 남자 20명 중의 한 명꼴이었다. Kenneth O. Morgan(ed.), 『옥스퍼드 영국사』, 346.
8   나종일, 송규범, 『영국의 역사』, 346.

젠트리는 13-14세기 기사 계급의 후손들과 상승한 경제력으로 토지를 매입한 상인이나 법관 그리고 부유한 농민들로 구성되었는데 토지를 구입한 후 한 세대 정도가 지나면 젠트리로 인정되곤 하였다.

젠트리 밑으로는 요먼(yeomanry) 층이 있었다. 이들은 일반적으로 농부(husbandman)라 불리기도 했는데 대개 100-200에이커의 토지를 보유한 자영농으로써 자신들이 소유한 농경지와 목초지에 직접 농사를 짓거나 노동자들을 고용하기도 했다.

이들은 풍부한 경제력으로 젠트리 못지않은 넉넉한 생활을 영위했다. 이들 중에 상당수가 전쟁 중에 창병(spearman)과 궁병(archer)으로 활동했으며 상층과 하층의 중간에서 양 계층 간의 간극을 메우는 역할을 하기도 했다.

그 아래로는 토지보유농(tenant)이 있었다. 이들도 관습토지보유농(customary tenant)과 임의토지보유농(tenant at will)으로 대별되는데 토지보유에 관한 기록이 있는 등본(copy)과 같은 문서를 가지고 있는 이들의 지위가 더욱더 안정적이었다.

17세기 영국 사회계층의 가장 밑에는 농장노동자(cottager)와 임금노동자(wage earner)들이 있었다. 이들은 인구의 2/3를 차지하였으나 사회 경제적으로는 가장 고된 삶을 살아야 했다.[9] 이러한 복잡한 계급 구조 가운데 오직 귀족과 젠트리만이 사회적 신분으로 인정되었고 나머지는 주로 경제적 측면에서의 신분으로 구분될 뿐이었다.

---

9   나종일, 송규범, 『영국의 역사』, 259-261. 김호연은 16세기와 17세기 영국의 신분제에 대해 연구에서 당시의 영국의 신분제를 간단하게 설명하기는 어려움이 있음을 보여 주었는데 젠트리 계층의 변화와 사회적 역할의 상승이 그 중심을 이루고 있다고 주장하였다. 김호연, "16-17세기 영국인들의 신분의식", 「대구사학」 72 (2001), 311-348.

이러한 신분제 사회에서 젠트리는 17세기에 이르러 주목할 만한 세력으로 부상하여 중요한 역할을 했다. 젠트리는 16세기에 이르러 중세의 봉건제가 와해 되고 사적 소유제도가 정착되면서 급성장했다. 사적 소유가 강화된 동기는 중세 후반기부터 진행된 인클로저(encloser) 운동이었다.[10]

인클로저 운동의 영향으로 사적 소유가 강화됨으로 영국 농촌의 자본주의가 발전되었고 그 결과 영국의 농업이 발달하고 생산성이 증가하여 1560년 이후 150년 동안 생산력이 2배 늘었다. 인클로저 운동을 통해 경제력을 확보한 젠트리는 상업과 무역에도 눈을 돌려서 부를 축적했다. 그렇게 늘어난 경제력만큼 젠트리의 사회적 발언권도 강화되어서 17세기에 이르러서는 자신들의 지방에서의 관리직을 차지하여 지방의 통치자로 자리를 잡는 동시에 중앙의 의회에 진출하여 의원직을 획득하는 숫자가 늘었다.[11]

그런 가운데서도 그들은 국가의 질서와 사회의 안정에 대해 깊은 관심과 책임 의식을 가지고 있었다. 1625년의 불법적인 징세에 대해 불평하는 사람에게 한 젠트리가 했다는 말이 그것을 대변하는 것으로 보인다. '우리

---

[10] 인클로저(encloser) 운동이란 장원의 영주나 부유한 농민들이 자신의 경작지에 이웃한 땅을 사들여 그 둘레에 울타리를 치고 이 구획된 경지를 개방경지와는 별도로 경작하는 것을 의미하였다. 그 결과 농민들의 희생이 컸음으로 왕들은 인클로저를 제제하였지만 강력한 세력으로 성장한 젠트리들에 의하여 추진되는 것을 막을 수는 없었고 17세기 중엽에 이르러서는 더욱 강화되었다. 박지향, 『클래식 영국사』 (파주: 김영사, 2012), 206-209.

[11] 치안판사(justice of peace)란 당시 영국에서 왕이 임명하는 주지사(sheriff)와 함께 지방의 행정을 담당하는 직책이었는데 보수를 받지 않고 봉사하였다. 이들의 수는 1500년에는 평균10명 미만이었으나 엘리자베스1세 때에는 40-50명으로 증가하였고 1603년에는 약 90명에 이르렀다. Kenneth O. Morgan(ed.), 『옥스퍼드 영국사』, 321. 박지향, 『클래식 영국사』, 210. 조경래, 『영국절대왕정사연구』 (서울: 상명여자대학교 출판부, 1992), 173-174. 허진영, "16-17세기 영국의 지방사회와 지방통치", 『대구사학』 37 (1989), 124-125.

는 우리의 아랫사람들에게 불복종(不服從)의 실례를 보여서는 안 된다.' 17세기 초반의 대부분의 지방 통치자들은 반복되는 분규와 대립, 이해 상충에 관여하면서 질서와 안정의 중요성을 실감하였기에 그들 자신도 자신들에게 요구된 것들에 대하여도 의무를 다하고자 노력했다.[12]

그들은 또한 귀족들과 함께 자신들의 종들을 섬기거나 최소한 그들의 생활에 관심을 가져야 한다는 의식도 가지고 있었다.[13]

전통적으로 젠트리들은 왕들의 통치에 우호적이었으나 찰스 1세와 의회 사이의 갈등이 최고조로 표출된 1642년 무렵부터는 청교도 신앙에 동의한 젠트리들은 대부분 의회파에 가담하여 내전에 참여했다.[14]

1642년 3월 영국 의회는 시민군 소집령(Militia Ordinance)을 선포하여 영국의 각 주에서 새로운 부지사(deputy lieutenant)를 임명하여 의회를 위하여 활동하도록 하였고 그해 8월 초에는 200명의 부지사가 임명되었는데 그들 중의 대부분이 청교도에 우호적인 젠트리였다.[15]

물론 그들 중의 대부분은 부지사로 임명되는 것에 주저하기도 했고 일부는 자기들의 재산을 지키고 방어하기 위한 목적으로 활동하기도 했다.[16] 그리고 청교도들이 우세한 주에서는 이 소집령이 수월하게 집행되었지만

---

12 Kenneth O. Morgan(ed.), 『옥스퍼드 영국사』, 352.
13 John Trevor Cliffe, *Puritans in Conflict: The Puritan Gentry During and After Civil Wars* (London: Routledge, 1988), 51.
14 젠트리 출신으로 의회파에 가담하여 전쟁에 참여한 대표적인 인물이 올리버 크롬웰(Oliver Cromwell, 1599-1658)이다. 그는 런던 북동부의 헌팅던(Huntingdon)의 젠트리였다. 나종일, 송규범, 『영국의 역사』, 371. J. T. Cliffe는 시민전쟁 당시의 젠트리들의 활동에 대해 자세히 연구하였는데, 당시 영국에서는 35개 주(county)에서 126개의 젠트리 가문이 청교도신앙을 가지고 있었으며 그들은 의회파를 지지하였다고 주장하였다. John Trevor Cliffe, *Puritans in Conflict: The Puritan Gentry During and After Civil Wars*, 45.
15 John Trevor Cliffe, *Puritans in Conflict*, 15.
16 John Trevor Cliffe, *Puritans in Conflict*, 21.

다른 주들에서는 의회의 권위를 강력하게 집행하는 것이 쉽지 않았으며, 어떤 주의 청교도 젠트리들은 의회의 소집령이 전쟁을 억제하기보다 촉진하는 계기가 될 수 있음을 우려하기도 했다. 반면 왕의 세력이 강한 지역 내의 청교도들은 이로 인하여 고립되거나 버려졌다고 느끼기도 했다. 물론 청교도 젠트리들이 다 의회파에 가담한 것은 아니었다.[17]

하지만 8월 하순에 이르러 영국 내 주요한 젠트리들은 결정을 내려야 했다. 정규 군대의 책임자들의 대부분은 런던을 떠났지만, 의회의 명령으로 소집된 부지사들은 런던에 남아 의회에 충성을 나타냈는데 가장 기본적인 이유는 그들의 지역이 처한 환경에 대한 고려였다. 그런데도 그들의 대부분은 청교도의 열정적인 설교에 감화를 받은 사람들이었다.[18]

전쟁이 발발할 무렵인 1643년 초, 잉글랜드에는 1년에 1,000파운드 이상의 토지 수익을 올리는 700명 이상의 지주 젠트리(squire gentry)가 있었다. 이들 가운데 197 가문의 가장들이 의회 편에 섰는데 2년 후에 왕당파가 우세하자 그 수는 172 가문으로 줄어들었다. 이들 중의 유력한 젠트리들은 자신들을 청교도들과 동일시하였는데 그 수는 197 가문 중의 128 가문이었고, 172 가문 중의 126 가문이었다.[19]

17　John Trevor Cliffe, *Puritans in Conflict*, 25-27, 30, 43, 52. 이 전쟁에서 비교적 청교도들이 적었던 지역으로서 왕에게 충성을 한 지역은 Cornwall, Herefordshire, Shropshire, Worcestershire, Oxfordshire, Nottinghamshire, Derham 과 Northumberland 등 8개 주였고, 청교도 세력이 되었던 지역은 Devon, Buckinghamshire, Bedfordshire, Northamptonshire, Cambridgeshire, Suffolk 그리고 Essex 등 7개 주였다. 한편 어느 쪽에도 가담하지 않고 중립을 지킨 지역들도 상당했는데 약 22개의 주가 중립을 지키면서 양쪽의 협상을 시도하였다. 정영권, "잉글랜드 내전기 스티븐 마샬(Stephen Marshall)의 적(敵) 담론", 「영국 연구」 제29호(2013), 91.
18　John Trevor Cliffe, *Puritans in Conflict*, 33, 43.
19　John Trevor Cliffe, *Puritans in Conflict*, 45. 클라이프는 시민전쟁이 발발할 당시 청교도로 분류되어 의회를 지지하는 젠트리 가운데 연간 £1,000이상의 지대 수입을 올리는 134개의 가문과 £500의 지대수입을 올리는 35개 가문의 명단을 제시하였다(197-202).

물론 그들의 충성도는 서로 달랐다. 128 가문 중에서 매우 적극적으로 의회 편에서 전쟁에 참여한 사람들은 3분의 1 정도였으며, 나머지 3분의 2는 그들의 아들들이 전쟁에 가담하기는 하였어도 직접 전쟁에 가담하지는 않았다.

또한, 그들 중 어떤 이들은 여러 가지 이유로 유럽 대륙으로 피신하기도 하였고 어떤 이들은 전쟁을 끝내는 협상에 더 많은 관심을 보이기도 했다.[20] 이렇듯 젠트리들은 다양한 면모를 보이지만 청교도들의 개혁신앙에 영향을 받은 젠트리들은 대부분 의회 편에 섰으며 청교도들의 이상이 실현되기를 희망했다.

이러한 17세기 당시의 신분 사회적 특성과 형편에 비추어볼 때 웨스트민스터 신학자들이 제5계명의 해설에서 권위에 대한 순종과 함께 상호 순종을 강조한 것은 당대의 의회파의 필요에 부응하는 측면이 있지만, 이것은 매우 신선하고도 시대를 앞서는 윤리적 인식을 보여 준 것으로 볼 수 있다.[21]

---

20 John Trevor Cliffe, *Puritans in Conflict*, 65, 71-72.
21 17세기 영국의 시민전쟁을 집중적으로 연구한 크리스토퍼 힐(Christopher Hill)은 왕당파와의 전쟁에서 승리한 의회파를 이루고 있던 청교도들이 요구한 것이 종교적 개혁을 표면에 내세우고 경제적으로 결정된 정치적 변화라고 주장하면서 그들은 부르주아 혁명을 추구했음을 주장하면서 그 내전을 잉글랜드 혁명(England Revolution)으로 명명하였다. 그러나 이러한 주장은 그가 청교도 젠트리의 성향을 과도하게 사회의 변혁을 도모한 것으로 보고 있으며 그것은 그의 마르크스주의적 사관에 따른 것이라고 비판받고 있다. 김중락, "크리스토퍼 힐과 잉글랜드 혁명 그리고 시민혁명론", 「영국 연구」 10 (2003), 27-53.

2. 스코틀랜드 언약신학의 영향

스코틀랜드 교회는 1643년 잉글랜드 의회와 맺은 '엄숙동맹과 언약'(Solemn League and Covenant)에 따라 웨스트민스터 총회에 8명의 대표단을 파견했다.[22] 이들은 총회에 자문의 자격으로 참석하였지만, 총회의 신학적 토론에 적극적으로 참여하여 발언하면서 총회의 중요한 문서들을 완성하는 데 기여했다.

특별히 언약개념의 정치적, 시민적 적용에 있어서 이들의 영향이 컸는데 이는 스코틀랜드에서 이미 확립되고 실천되고 있던 개념이었다. 그들에게 있어서 언약은 하나님과 그 백성 사이의 수직적 관계에서만 맺어진 것이 아니었고 왕과 백성, 통치자와 시민 그리고 시민들 상호 간의 수평적 관계에서도 맺어지는 것이었다. 언약에 대한 이러한 스코틀랜드적인 이해가 웨스트민스터 '소교리문답'과 '대교리문답'의 제5계명 해설에 반영된 것은 분명해 보인다.

그러므로 스코틀랜드에서의 언약개념의 발전과 확장에 대해 살펴보는 것이 제5계명에 대한 '소교리문답'의 해설을 이해하는데 있어서 매우 필요하고도 유익한 일이라고 할 것이다.

스코틀랜드에서 언약신학은 존 녹스(John Knox, 1514-1572)에 의하여 본격적으로 발전되었다. 녹스는 스위스의 제네바에 피난하여 머물던 시기에 칼빈으로부터 개혁신학을 배웠다. 그리고 취리히의 불링거의 언약신학으

---

[22] 웨스트민스터 총회에 참석하도록 지명된 사람은 모두 8명으로 5명의 목사와 3명의 평신도로 구성되었다. 목사 명단은 다음과 같다. Alexander Henderson, George Gillespie, Samuel Rutherford, Robert Douglas, Robert Baillie. 그리고 3명의 평신도 명단은 다음과 같다. John Earl of Cassilis, John Lord Maitland, Archibald Johnston of Warriston. 그러나 이들 중에 Robert Douglas와 John Earl of Cassilis는 총회에 참석하지 않았다.

로부터 스코틀랜드의 교회 개혁을 위한 보다 많은 통찰을 얻었다.[23]

그 결과 불링거가 취리히를 새로운 이스라엘로 언약의 도시라고 생각한 것처럼 녹스는 스코틀랜드가 새로운 언약의 국가가 되어야 한다고 생각하게 되었다.[24]

그는 하나님께서 그 백성과 맺은 구원의 방편으로서의 언약개념을 현실의 삶에서 실제로 그리스도인들이 하나님 앞에서 다짐하는 신앙의 서원 혹은 맹세로 확장하여 이해하였다.[25] 이후 그는 비밀히 스코틀랜드에 귀국하여 개혁신학에 입각한 신앙을 설교하며 가르쳤고 그 결과 1557년에는 스코틀랜드에서 처음으로 진정한 교회의 개혁을 위하여 헌신하겠다고 다짐하는 귀족들의 언약(covenant)이 맺어졌다.[26]

1560년에 녹스는 다른 다섯 명의 목회자들과 함께 개혁신학의 색채가 뚜렷한 '스코틀랜드 신앙고백서'(the Confession of Faith of the Kirk of Scotland)를 작성했다.[27] 그는 이 신앙고백서를 토대로 하여 언약사상을 스코틀랜

---

[23] 불링거의 언약신학에는 정치적인 함의가 분명히 내포되어 있다. 그는 *De Testamento*에서 그리스도를 고백하는 모든 그리스도인에게 신앙이 이상의 것이 요구되는데 그리스도인은 올바른 생활로 언약을 지키도록 준비되어야 하기 때문이라고 하였다. 더구나 그는 언약의 조건 아래서 그리스도인은 분명한 규정들에 의하여 함께 묶여 있어서 각각의 단체들은 자신의 의무를 알아야 하고 다른 단체들을 향한 책임을 인식하고 있어야 하며 동일한 책임을 상대로부터 기대할 수 있어야 한다고 주장하였다. Heinlich Bullinger, "A Brief Exposition of the One and Eternal Testament or Covenant", in *Fountainhead of Federalism: Heinlich Bullinger and the Covenantal Tradition*, ed. Charles McCoy (Louisville: John Knox Press, 1991), 101-138.

[24] Kathleen Halecki, "Scottish Ministers, Covenant Theology, and the Idea of the Nation, 1560-1638" (Ph. D. dissertation, Union Institutes & University Cincinnati, Ohio, 2012), 39.

[25] 서요한, 『언약사상사』 (서울: CLC, 1994), 102-103.

[26] 김요섭, 『존 녹스: 하나님과 역사 앞에서 살았던 진리의 나팔수』 (서울: 익투스, 2019), 193, 214.

[27] 신앙고백서의 작성에 참여한 다섯 명의 목회자는 다음과 같다. John Willock, John Spottiswoode, John Row, John Douglas, John Winram.

드의 정치에 적극적으로 반영하여 확장했다.

그는 하나님과 그 백성 사이에 맺어진 언약적 관계가 왕과 신하, 귀족과 백성의 관계에도 적용되어야 한다고 주장했다. 또한, 사회 각 계층 간의 관계는 명령과 복종의 일방적 관계가 아니라 상호 확인하고 준수해야 할 약속에 따른 언약적 관계임을 분명히 했다. 그는 스코틀랜드 전체가 하나님의 언약 아래 놓여 있다고 믿었다.[28]

언약에 대한 이러한 녹스의 영향은 그가 죽은 후에도 계속되었고, 스코틀랜드의 교회 개혁의 과정에서 언약이라는 용어는 빈번하게 사용되었다. 1581년에는 스코틀랜드의 제임스 6세(James VI, 1567-1625)가 가톨릭 교의를 버리고 개혁신앙을 지지하겠다는 뜻을 밝힌 한 언약(covenant)을 선포했다.

또한, 1596년의 장로교 총회(General Assembly)에서는 총회에 참석한 사람들이 죄에 대한 엄숙한 고백과 언약의 갱신을 다짐하며, 하나님을 더 잘 섬기기 위하여 하나님과 새 언약을 맺으며 자신들의 사역을 충실히 이행할 것을 다짐했다.[29] 이러한 스코틀랜드의 언약개념은 스코틀랜드 국가와 교회가 하나님과 맺는 신적인 결속을 표현하는 개념으로 확장되었으며 정치적인 함의를 포함하게 되었다. 그들은 통치자와 백성들이 개혁신앙을 수호하기 위해 하나님과 언약을 맺었을 뿐 아니라 모두 다 같이 언약을 맺은 것으로 생각했다.

1638년에는 스코틀랜드에서의 언약사상에서 중요한 사건이 일어났다. 제임스 1세의 뒤를 이어 왕위에 오른 찰스 1세는 왕국 내의 예배와 종교의 통일성을 위한다는 목적으로 1637년에 윌리엄 로드에 의해 작성된 기

---

[28] 김요섭, 『존 녹스: 하나님과 역사 앞에서 살았던 진리의 나팔수』, 325-326, 337.
[29] 서요한, 『언약사상사』, 95-96.

도서(Prayer Book)를 스코틀랜드 전역에서 사용할 것을 명령하였다. 하지만 6월 셋째 주일에 에딘버러의 성 자일스교회(st. Giles church)에서 이 책의 내용에 따라 기도가 행해질 때 그곳에 참석한 사람들이 격렬하게 반대하였고 이어서 다른 지역들에서도 찰스 1세의 정책에 굴복하지 않고 개혁신앙 위에 수립된 장로교회를 지키려는 강력한 저항이 일어났다.[30]

그 결과 스코틀랜드의 교회의 자도자는 이듬해인 1638년 2월 28일 에딘버러의 올드그레이프라이어스교회(the church of Old Greyfriars)에 모여서 워리스톤(Warriston)과 아키발드 존스톤(Archibald Johnston, 1611-1663) 그리고 알렉산더 헨더슨(Alexander Henderson, 1583-1646)에 의해 작성된 '국민언약'(National Covenant)에 서명했다.

처음에는 스코틀랜드 귀족과 젠트리 등이 '국민언약'에 서명하였는데 이후 알렉산더 헨더슨과 로버트 베일리(Robert Bailie, 1602-1662)를 비롯한 설교자들에 의하여 여름까지 스코틀랜드 전역에 설교 되고 전파되어 스코틀랜드 각 지역의 모든 계층의 사람들, 목사들과 귀족들과 신사들, 자유민들과 평민이 참여하여 서명했다.[31] 이에 왕은 '국민언약'에 서명하고 자신의 계획을 철회하지 않을 수 없었다. 국민언약의 내용은 세 부분으로 되어 있는데, 1581년 제임스 6세의 신앙고백을 재천명하는 내용과 교황제도를 정죄하는 의회의 법령들 그리고 왕에 의하여 상징되는 모든 오류에 대해 저항

30　김중락, 『스코틀랜드 종교개혁사 존 녹스에서 웨스트민스터 총회까지』(안산: 흑곰북스, 2107), 228-232. 김중락은 성 자일스 교회에서의 반대가 우발적으로 일어난 것이 아니고 그 교회뿐 아니라 그곳에서 5분 거리에 있는 그레이프라이어스 교회에서도 일어났으며, 그 사건은 알렉산더 헨더슨과 데이비드 딕슨(David Dikson) 그리고 앤드류 캔트(Andrew Cant) 등에 의해 사전에 잘 계획된 것이었음을 밝혔다.

31　Kathleen Halecki, "Scottish Ministers, Covenant Theology, and the Idea of the Nation, 1560-1638", 106-136. 서요한, 『언약사상사』, 160.

할 것을 선언하는 내용으로 되어 있다.³²

이 문서는 스코틀랜드가 하나님과 언약을 맺은 나라임을 확증하는 문서로 간주 되어 서명되었는데 이로써 스코틀랜드에서의 언약적 이해가 종교적 측면과 정치적 측면들이 융합된 특징이 문서로 완성된 것으로 볼 수 있다.

1643년의 잉글랜드 의회와 스코틀랜드 의회가 맺은 '엄숙동맹과 언약'(Solemn League and Covenant)은 언약의 이해를 시민적 영역에서 국가 간의 약정에도 적용하는 사례가 되었다. 잉글랜드 의회는 찰스 1세에 대항하기 위하여 스코틀랜드의 도움을 요청하는 대표단을 파견했다. 8월 7일 대표단이 스코틀랜드에 도착하자 스코틀랜드는 대표자 회의(the Convention of Estates)와 교회의 총회(Assembly)를 열어서 잉글랜드를 돕기로 하고 대표단을 파견하기로 했다.

이때 잉글랜드 대표단은 스코틀랜드와 '시민적 동맹'(a civil league)을 맺기를 원했지만, 스코틀랜드 대표단과 총회는 종교의 자유를 방어하기 위한 '종교적인 언약'(religious covenant)을 맺기를 원했다. 결국, 두 제안이 결합 된 방식으로 결론이 나서 '엄숙동맹과 언약'(Solemn League and Covenant)의 이름의 문서가 작성되었다.³³

이 문서는 스코틀랜드 교회 총회의 의장(moderator)인 알렉산더 헨더슨(Alexander Henderson)이 작성하였는데 8월 17일에 총회에서 만장일치로 승인되었고 그날 오후에는 대표자 회의에서 동일하게 만장일치로 승인되었

32　William Hetherington, *The Confession of Faith, cf the Kirk of Scotland: or, The national covenant* (unknown, 1855), 348-353.

33　William M. Hetherington, *History of the Westminster Assembly* (Edinburgh: John Johnstone, 1843), 124.

다. 그리고 그 사본이 잉글랜드 의회에 보내졌고 의회는 이를 심의하도록 웨스트민스터 총회에 보냈다. 그때 스코틀랜드 교회는 웨스트민스터 총회에 참석할 대표단으로 알렉산더 헨더슨을 비롯한 6명을 보냈는데 그들은 9월 15일 런던에 도착하여 총회에 참석하여 열렬한 환영을 받았다. 그리고 총회는 '엄숙동맹과 언약'을 한 구절 한 구절씩 읽으면서 의심스러운 부분은 설명을 요구하기도 했다. 여러 날에 걸쳐서 심의한 후에 9월 25일에 웨스트민스터 총회와 잉글랜드 의회 하원은 그 문서 전체를 승인하였고 상원에서는 10월 15일에 승인되었다.

그리고 1644년 2월에는 의회에 의하여 이 '언약'이 잉글랜드 전역에서 18세 이상 된 모든 사람에 의하여 받아들여져야 한다고 반포되었다. 스코틀랜드에서도 대표자회의위원회(committee of Estates)가 법령으로 이 언약이 모든 신분과 계층의 사람들에게 서명되어야 함을 반포했다.[34]

'엄숙동맹과 언약'은 모두 6개의 조항으로 되어 있다.

첫째, 조항은 스코틀랜드와 잉글랜드와 아일랜드에서의 교리와 예배, 권징과 교회 제도에 관한 개혁을 하나님의 말씀과 최선의 개혁 교회 모범에 따라 시행할 것이다.

둘째, 조항은 교황제와 고위 성직제도(Prelacy)를 일소할 것에 관한 내용이다.

셋째, 조항은 의회의 권리와 권한들과 왕국 내의 시민의 자유의 중요성 그리고 왕의 권위 그리고 왕국 내에서의 참된 종교와 자유를 보존할 것에 관한 내용으로 되어 있다.

---

34 William M. Hetherington, *History of the Westminster Assembly*, 128.

넷째, 조항은 종교개혁을 방해하고 왕과 그 백성을 갈라놓는 선동자들과 악인들과 사악한 방편들이 발견되고 심판되어야 한다는 것이다.

다섯째, 조항은 앞의 조항들에 따른 확고한 평화와 연합이 지속하도록 힘쓰리라는 것이고

여섯째, 조항은 이 동맹과 언약에 의한 왕국의 종교와 자유와 평화가 유지되도록 하나님 앞에서 힘쓸 것이라는 내용이다.[35]

'엄숙동맹과 언약'은 교회 개혁을 위한 신학적인 문서이지만 동시에 잉글랜드와 스코틀랜드 양국의 의회가 반포한 법령이기도 하다.

그리고 이미 보았듯이, 이 문서는 목사인 알렉산더 헨더슨에 의하여 작성되고 웨스트민스터 총회에서 심의되었는데 그 제목에 언약이라는 명칭이 사용된 것에 대해 아무런 이의가 없었다. 이것은 이미 그들에게 그 용어가 국가와 시민사회 사이의 서약과 협정에도 적용될 수 있는 것임을 인식하고 있었음을 보여 주는 것이라고 할 수 있다.[36]

국가 혹은 시민사회에 적용된 이러한 언약의 개념은 스코틀랜드 대표단의 일원으로 웨스트민스터 총회에 참석한 사무엘 러더퍼드가 런던에서 1644년 출판한 책 『법과 왕』(*Lex, Rex*)에서도 드러난다. 러더퍼드는 이 책에서 왕권이 하나님으로부터 비롯된 것일지라도 그것은 백성들에게도 인정을 받아야 하므로 왕은 하나님과 맺은 언약을 지키고 또한 백성과 맺은

---

[35] William M. Hetherington, *History of the Westminster Assembly*, 130-131.
[36] '엄숙동맹과 언약'이 큰 어려움이 없이 잉글랜드에서 승인될 수 있었던 것은 국가언약이라는 용어가 그들에게도 익숙한 용어였기 때문이다. 비록 스코틀랜드의 국민언약의 영향을 받은 것이 분명하지만 잉글랜드 의회는 1641년 5월 12일 가톨릭적인 예배의식과 조직을 비판하는 내용으로 채택한 「항의」(*The Protestation*)를 국가언약의 형식으로 이해하고 채택한 바 있기 때문이다. 김중락, "퓨리턴의 꿈과 언약국가", 「영국 연구」 23 (2010), 66-69.

언약을 이행해야 한다고 주장했다.

그러므로 언약을 배반하고 참된 신앙을 억압하는 잉글랜드의 왕의 폭압으로부터 잉글랜드의 신앙인들을 돕기 위하여 스코틀랜드가 나서는 것은 성경적으로나 이성적으로나 이치에 합당하다고 주장했다.

그는 이 책의 15장에서 왕은 백성과 언약 관계에 있음을 주장하면서 사무엘하 5:3과 역대상 11:3 그리고 역대하 23:2-3 등의 구약의 실례들을 제시했다. 그리고 그러한 언약 관계가 현재에도 동일하다고 했다.[37] 러더퍼드는 하나님과 백성들 사이에서 모두 언약의 관계 안에 왕이 있으므로 왕에게는 하나님의 말씀에 따라 백성들을 다스려야 하는 책임이 있고 그러한 조건에서만 왕의 보좌와 권위가 인정된다고 주장했다.[38] 비록 명확한 문서로 이루어진 언약이 없더라도 하나님의 말씀과 자연법에 따라 왕은 자연히 백성의 아버지요 부양자이며 또한 치료자와 보호자가 되는 것이고 그것이 왕의 의무라고 했다.[39]

러더퍼드의 전체적인 주장은 찰스 1세의 절대 왕권에 대항하는 것의 정당성을 언약의 맥락으로 주장하는 것이었다. 하지만, 그가 왕과 신하, 시민들과의 관계를 언약을 통해 설명한 것은 언약의 개념을 현실 국가 안에서 시민 생활의 영역 속에서의 적용을 시도한 실제적인 예로 볼 수 있다.

이렇듯, 스코틀랜드 교회는 언약을 구체적인 현실 사회의 삶과 관련지어서 설명하는 전통을 발전시켰고 그러한 이해는 웨스트민스터 신학자들에게도 타당한 적용으로 받아들여졌으며, 웨스트민스터 '소교리문답'의

---

[37] Samuel Rutherford, *Lex, Rex, or The Law and the Prince: A dispute for the Just Prerogative of King and People* (Harrisonburg Virginia: Springkle Publications, 1980), 54
[38] Samuel Rutherford, *Lex, Rex*, 57.
[39] Samuel Rutherford, *Lex, Rex*, 60.

제5계명 해설의 중요한 토대가 되었다. 그 결과 웨스트민스터 신학자들은 '소교리문답'의 제5계명 해설에서 순종의 의무가 아랫사람들에게만 있는 것이 아니라 윗사람들에게도 해당하는, 상호복종의 의무가 있는 것으로 설명했다. 이러한 이해와 설명은 역사적으로 1688년의 영국의 명예혁명(Glorious Revolution) 등에 영향을 주었다고 볼 수 있다.

3. 종교개혁 이후의 교리문답들의 영향

웨스트민스터 신학자들이 제5계명의 순종의 대상을 자연적인 부모들만이 아니라 교회의 목회자들과 국가의 공직자들을 포함한 윗사람들에 대한 순종으로 확대하여 해석한 것은 전례가 없던 일이 아니었다. 루터나 칼빈 같은 개혁자들은 자신들이 저술한 교리문답서에서 동일한 맥락의 내용을 언급하였으며 이후 16세기와 17세기 전반까지의 영국에서 출간된 교리문답서에서 같은 내용으로 되어 있음이 상당수 발견된다.

제5계명에 대한 이와 같은 해석의 배경에는 이 계명이 제유법(提喩法)적으로 되어 있기 때문에 그렇게 해석해야 한다는 신학적 원칙과 더불어 16, 17세기 당시의 교회가 직면한 정치적 상황과 관련된 이해가 있었다.[40] 즉, 종교개혁 시대와 그 이후의 개신교 존립과 성공이 시 의회나 국가 권세(왕이나 의회)의 지지와 협조에 밀접하게 연결되어 있다는 정치적 상황과 관련이 있었다.

---

40 Ian Green, *Christian's ABC*, 452.

이러한 인식이 종교개혁자들의 교리문답서와 『하이델베르크 교리문답』 그리고 몇몇 16, 17세기에 발간된 잉글랜드와 스코틀랜드의 교리문답들에서 나타나는 것을 확인할 수 있으며 웨스트민스터 '소교리문답'의 제5계명 설명도 그 연장선에 있다.

마틴 루터(Martin Luther, 1483-1546)는 1529년 『소교리문답』(Der Kleine Katechismus)을 저술하였는데 십계명 해설을 가장 앞에 두었다. 그는 네 부모를 공경하라는 제5계명을 해설하면서 그 뜻은 '하나님을 두려워하고 사랑하는 뜻'이라고 하면서 '우리는 부모와 윗사람을 멸시하거나 화나게 하지 말고, 대신 공경하고 섬기며 존중하고 사랑하는 마음으로 대해야 한다'고 했다.[41] 그러나 한 해 전에 저술한 『대교리문답』의 제5계명 해설 부분에서 루터는 부모의 역할을 감당하는 이들을 셋으로 설명하는데, 육체의 부모와 정치 공동체의 부모인 영주나 왕 그리고 영적 공동체에서의 목회자를 언급하면서 설명한다.[42]

존 칼빈은 1545년 발표한 『제네바 교리 교육서』(Le catecisme de l'eglise de Genève)의 십계명 해설에서 제5계명을 동일한 관점에서 해설한다. 칼빈은 제5계명의 일차적인 의미가 육신의 부모들을 공경하는 것임을 먼저 9개의 질문과 답(185-193번)을 통해 설명한다. 그리고는 이어서 이 계명이 뜻하는 바는 그것이 전부가 아니고 상전들을 포함하고 있는 것으로 이해해야 한다고 해설하는데, 그것은 부모들에게 해당되는 이치가 상전들에게도 적용되기 때문이라고 한다(194번). 그 이치란 바로 하나님이 그들에게 권

---

[41] Martin Luther, *Der Kleine Katechismus*, 최주훈 역, 『소교리문답 해설』(서울: 복있는 사람, 2018), 41. 루터는 십계명의 제2계명을 제1계명에 속하는 것으로 보고 이웃의 아내를 탐내지 말라는 내용을 제10계명으로 보는데 가톨릭적 관습의 영향인 것으로 보인다.

[42] Martin Luther, 『소교리문답 해설』, 123.

위를 부여하신 것인데 부모와 군주 그리고 다른 상전들의 권위는 하나님께서 세우신 것이라는 것이다(195번).[43]

1563년 독일의 개혁 교회들을 위하여 신성로마제국의 프리드리히 3세의 지시로 자카리우스 우르시누스와 캐스퍼 올레비아누스에 의해 작성된 『하이델베르크 교리문답』(Heidelberg Catechism, 1563) 또한 제5계명에서 하나님께서 요구하시는 것은 '부모와 함께 권위를 가지고 있는 모든 사람에 대해 존경과 사랑과 충성을 보여 줄 것과 그들의 주의 깊은 모든 가르침과 교훈을 따라 바르게 할 것과 그들의 연약함과 실수에 대해서는 인내로 참아야 할 것을 요구한다'고 가르친다.[44]

16, 17세기 영국에서 출간된 교리문답들의 상당수가 위에서 살펴본 유럽 대륙의 교리문답들과 같은 관점으로 제5계명을 해설했다. 에드워드 6세(Edward VI, 1538-1553) 치하에서 잉글랜드의 교회 개혁을 위하여 활동했던 토머스 크랜머(Thomas Cranmer, 1489-1556)가 작성한 『앵글리칸 교리문답』(Anglican Catechism, 1549)은 십계명을 전체적으로 나열한 후, 그 계명들은 하나님과 이웃들에 대한 의무들이 있음을 알게 한다고 설명했다. 이어서 이웃들에 대한 의무를 설명하는 부분에서 존경하고 순종해야 할 대상으로서 부모와 왕과 그의 대신들, 정부 관리자와 교사 그리고 영적인 목자들과 주인들을 함께 언급했다.[45]

---

43 John Calvin, "Catechism of the Church of Geneva" in James T. Dennison Jr,. (complied). *Reformed Confession of the 16th and 17th centuries in the English Translation Vol 1(1525-1552)* (Grand Rapids: Reformation Heritage Books, 2008, 492-494.

44 *Heidelberg Catechism*, in James T. Dennison Jr,. (complied). *Reformed Confession of the 16th and 17th centuries in the English Translation Vol 2 1552-1566* (Grand Rapids: Reformation Heritage Books, 2010), 794.

45 "Anglican Catechism", in James T. Dennison Jr,. (complied). *Reformed Confession of the 16th and 17th centuries in the English Translation Vol. 1 1523-1552* (Grand Rapids: Reformation Heritage Books, 2008), 549.

잉글랜드에서 최초의 장로교도라고 불리는 토마스 카트라이트(Thomas Cartwright, 1535-1603)는 『소교리문답』(*A Methodical short catechism containing briefly all the princpall grounds of Christian religion*)에서 제5계명은 '아버지와 어머니와 그 외의'(Father and Mother, & c.) 사람들을 공경하는 것이라고 말하며 그 핵심은 이웃들에 대한 의무를 다하는 것이라고 함으로서 제5계명이 혈육의 부모에 대한 것만이 아님을 암시했다.[46]

17세기 초까지 영국에서 널리 알려진 교리문답을 쓴 존 볼(John Ball, 1585-1640)도 동일한 견해를 제시했다. 그는 8개의 질문과 대답으로 제5계명을 해설하였는데 그 첫 번째 해설은 카트라이트의 설명과 동일하게 '너의 아버지와 어머니와 다른 사람들을(Father and thy Mother, &c) 공경하라'고 했다. 이어서 아버지와 어머니는 자연적 부모만이 아니라 직임과 나이와 은사에서의 윗사람들을 의미하는 것이라고 했다. 그러면서 그는 아랫사람만이 아니라 윗사람과 동등한 사람들도 의무가 있다고 주장하면서 아랫사람의 의무에 대해 설명한 후 윗사람과 동동한 사람들의 의무에 대해서도 자세히 설명했다.[47]

1644년 스코틀랜드 교회에서 발간한 『새 교리문답』(*The New Catechism*)에서도 제5계명은 '자연적인 부모(natural Parents)와 통치자들(Rulers), 주인들(Masters), 목사들(Ministers), 교사들(Teachers) 그리고 모든 윗사람(all Superiors)을 공경하고 순종하라'라고 해설했다.[48] 스코틀랜드 대표로 웨스트민스터 총회에

---

[46] Thomas Cartwright, *A Methodical short catechism containing briefly all the principall grounds of Christian religion* (London: Printed by B(ernard) A[lsop] for Thomas Man, 1623), 14.

[47] John Ball, *A Shorter Catechism. containing the Principle of Religion* (London: Printed for Edward Brewster, 1645), 33-34.

[48] "A New Catechism according to the Forme of the Kirk of Scotland" in Alexander F. Mitchell, *Catechisms of the Second Reformation* (London, James Nisbet & Co., 1886), 287.

참석했던 사무엘 러더퍼드도 자신의 『교리문답』(*A Catechism Containing The Sum of Christian Religion*) 제5계명의 해설에서 '우리는 우리와 동등한 사람들에게 공정하게 대하여야 하고, 주님 안에서 우리의 주인들에게 사랑하고 존경하며 순종하여야 하고 그들도 우리에게 자신들의 의무를 행해야 한다'고 했다.

그다음에 그는 더욱 세부적으로 나누어서 설명하는데 왕(king)과 관리들(magistrates), 신민들(subjects), 목사들(ministers)과 양 떼(flocks), 남편과 아내, 아버지와 자녀들과 젊은이들 그리고 주인(masters)과 종(servants), 학자(the learned)와 교사(schoolmaster), 젊은이(young ones)와 노인(the aged), 부자(the rich man)와 가난한 사람(the poor man) 그리고 마지막으로 대등한 사람들(equals) 사이의 의무에 대하여도 간략하게 설명했다.**49**

이제까지 살펴본 것은 16, 17세기에 쏟아져 나온 교리문답들 가운데 개혁신앙을 표명하는 교리문답들 가운데서도 소수의 실례일 뿐이다. 하지만 제5계명의 해석과 적용에 있어서 자연적인 부모들뿐 아니라 국가와 사회의 여러 계층의 사람들과 교회의 목회자들에게까지 확대하며 그들의 권위에 순종할 것을 강조하는 것은 당시에 일반적인 경향이었음을 확인하는 데는 충분하다.

4. 웨스트민스터 '소교리문답'의 십계명 제5계명 해설

웨스트민스터 '소교리문답'의 십계명에 대한 설명에서 제5계명은 63번에서 66번까지 4개의 질문과 대답으로 되어 있다. 63번에서는 제5계명

---

49 Samuel Rutherford, *A Catechism Containing The Sum of Christian Religion* (Edinburgh: Blue Banner Productions, 1998), 90-93.

이 무엇인가를 묻고 "제5계명은 너의 아버지와 어머니를 공경하라. 그리하면 너의 하나님 나 여호와가 네게 준 땅에서 네 생명이 길리라"고 대답한다.[50]

64번과 65번에서는 제5계명에서 요구되는 것과 금지되는 것에 관하여 묻고 대답한다. 즉, 제5계명에서 요구되는 것은 '윗사람과 아랫사람 또는 동등한 사람들과 같은, 자기들 각각의 지위와 관계에 있는 각 사람에 속하는 명예를 보존하고 의무들을 행할 것이고',[51] 금지되는 것은 '각 사람이 자신들 각각의 지위와 관계에 속한 명예와 의무들을 무시하거나 그것들에 반대되는 어떤 행위들을 하는 것'이라는 것이다.[52]

마지막 66번에서는 제5계명에 '덧붙여진 이유'(the reason annexed)가 무엇인가를 묻고는, '이 계명을 지키는 모든 사람에게 하나님의 영광과 자신들의 선함을 위하여 봉사하게 하는 장수와 번영을 약속한 것이다'라고 대답한다.[53]

---

50 Q: Which is fifth commandment?
    A: The fifth commandment is Honour thy father thy mother; that thy days may be long upon the land which the Lord thy God giveth thee. WSC.64.
51 Q: What is required in the fifth commandment?
    A: The fifth commandment requireth the preserving the honour, and performing the duties, belong to every one in their several places and relations, as superiors, inferiors, or equals. WSC.64.
52 Q: What is forbidden in th fifth commandment?
    A: The fifth commandment forbiddeth the neglecting of, or doing any thing against, the honour and duty which belongth to every one in their several places and relations. WSC. 65.
53 Q: What is the reason annexed to the fifth commandment?
    A: The reason annexed to the fifth commandment, is a promise of long life and prosperity (as far as it shall serve for God's glory and their own good) to all such as keep this commandment. WSC.66.

하지만 '소교리문답'의 간략한 설명의 의미들을 온전히 이해하려면 '대교리문답'의 제5계명에 대한 설명 부분을 보아야 하는데 '소교리문답'의 내용은 '대교리문답'의 내용을 축약한 것이기 때문이다. 즉, '소교리문답'의 제5계명에 대한 4개의 질문과 대답은 11개의 질문과 대답으로 되어 있는 '대교리문답' 123-133번의 요약이라는 것이다. 그중에 9개가 '소교리문답'의 64, 65번으로 축약된 내용이다.[54] 그러므로 '소교리문답'의 64, 65번의 설명은 '대교리문답'의 124-132번의 설명을 통해서 보아야 그 전체적인 의미와 특징을 확인할 수 있다.

먼저 '대교리문답' 124번은 제5계명의 아버지와 어머니는 누구를 뜻하느냐고 묻고는 그것은 '자연적인 부모뿐 아니라 나이와 은사에 있어서 그리고 하나님의 규례에 의하여 가정과 교회, 국가를 막론하고 권위의 자리에서 우리 위에 있는 사람들을 의미한다고 설명한다.[55] 그리고 이어지는 125번에서는 왜 윗사람들이 아버지와 어머니로 칭해지는지를 묻고는 다음과 같이 대답한다.

---

[54] 제5장 각주 71에서 설명하였듯이 웨스트민스터 총회는 1647년 7월 23일(608회) 전체회의에서 십계명 해설을 위한 소위원회를 구성했는데 제5계명은 호일 박사(Dr. Hoyle)와 그린(Mr. Greene)을 책임자로 지명하였다. 그리고 그로부터 약 한달 뒤인 1647년 8월 18일(902회)에 소위원회가 작성한 초고를 스탠튼 박사(Dr. Stanton)가 전체회의에 보고하였고 본회의는 그날과 다음날인 8월 19일(903회) 이틀간 토론한 후 5계명에 관한 내용을 승인하였다. MPWA IV.608, 681. 그런데 5계명의 해설이 십계명 해설 중 가장 많은 11개의 질문과 대답으로 되어 있음에도 두 번의 토론으로 승인되었다는 것은 그 내용이 웨스트민스터 신학자들에게 공감되고 동의 되고 있었다는 것을 암시한다. John R. Bower, *The Larger Catechism*, 33.

[55] Q: Who are meant by father and mother in the fifth commandment?
A: By father and mother, in the fifth commandment, are meant, not only natural parents, but all superiors in age and gifts; and especially such as, by God's ordinance, are over us in [lace of authority, whether in family, church, or commonwealth. WLC.124.

윗사람들이 아버지와 어머니로 칭해지는 것은, 자연적 부모들과 같이, 그들이 아랫사람들에게 모든 의무를 가르치며 그들의 여러 관계에 따라 그들에게 사랑과 유연함을 나타내기 때문이다. 그리고 마치 부모에게 하듯이, 그들이 윗사람에게 대한 의무를 행함에 있어서 보다 큰 자발성과 기쁨으로 하도록 하기 위함이다.[56]

웨스트민스터 신학자들이 제5계명의 공경과 순종의 의무를 단지 부모에 한정하지 않은 것은 이 계명을 권위에 대한 보편적인 명령으로 이해하였기 때문이다. 그리고 앞에서 보았듯이 그러한 해석은 종교개혁 시대 이후 정당한 해석으로 받아들여져 왔다. 그러나 '대교리문답'은 순종의 의무를 아랫사람들만의 것으로 이해하지 않았다. 왜냐하면, 126번에서 제5계명의 일반적 범위에 대해 설명하면서 그 의무들은 여러 계층의 사람들 사이의 관계에서 '우리가 상호 지고 있는 의무'(we mutually owe in)라고 설명하기 때문이다.[57]

비록 존 볼(John Ball)의 『교리문답』에 이미 동일한 내용이 있었다고 해도, 그 시대가 17세기 중엽의 신분제 사회였음을 고려할 때 그리고 당시의 의회파의 정치적 입장을 반영하는 측면이 있을지라도 웨스트민스터 신학자들이 전체회의에서 그러한 내용을 승인한 것은 그들의 도덕적 감각이

---

[56] Q: Why are superiors styled Father and Mother?
A: Superiors are styled Father and mother, both to teach them in all duties toward their inferiors, like natural parents, to express love and tenderness to them, according to their several relations; and to work inferiors to a greater willingness and cheerfulness in performing their duties to their superiors, as to their parents. WLC.125.

[57] Q: What is the general scope of the fifth commandment?
A: The general scope of the fifth commandment is, performance of those duties which we mutually owe in our several relations, as inferiors, superiors, or equals. WLC.126.

그 시대를 앞서가는 것이었음을 보여 주는 것이라고 할 수 있다. 그러한 이해는 단지 정치적인 문제만이 아니었기 때문임을 그들은 인식하고 있었기 때문이다.

'대교리문답'의 이어지는 부분들은 각각의 지위의 사람들이 감당해야 할 의무들과 죄들에 대해 자세히 설명한다. 127번에서는 아랫사람들이 윗사람들에게 보여야 할 경의에 대해 말하면서 '마음과 말 행위에 있어서 윗사람들을 존경하고 감사하고, 그들의 합법적인 명령과 권고를 즐겁게 순종하고 그들의 교정에 복종할 것과 그들의 연약함에 대해서도 사랑으로 덮어줄 것'을 가르친다.[58]

여기에도 주목할 부분이 있는데, 아랫사람의 순종이 무조건적인 것이 아니고 '합법적인 명령과 지도에 순종하는' 것으로 명시한 점이다.[59]

이러한 표현은 순종의 기준으로서 '하나님의 율법'(the law of God)을 따른 것이어야 함을 의미하며, 의무의 한계를 그렇게 정하는 것은 단순히 도덕적인 삶을 강조하는 것을 넘어서 하나님의 언약 백성으로서의 성화와 관련짓고 있는 것으로 보았음을 증거한다.[60]

'대교리문답' 128번은 아랫사람들이 윗사람들에 대해 짓는 죄들에 대해 다음과 같이 설명한다.

---

[58] Q: What is the honour that inferiors owe to their superior?
A: The honour which inferiors owe to their superiors is, all reverence in heart, word, and behaviour; prayer and thanksgiving for them; imitation of their virtues and graces; willing obedience to their lawful commands and councils; due submission to their corrections; fidelity to, defence, and maintenance of their persons and authority, according to their several ranks, and nature of their places; bearing with their infirmities, and covering them in love, that so they may be an honour to them and to their government. WLC.127.

[59] obedience to their lawful commands and councils.

[60] Johannes G. Vos, *The Westminster Larger Catechism A Commentary*, 346.

아랫사람들이 그들의 윗사람들에 대항하여 짓는 죄들은 그들에게 요구된 의무들을 게을리하는 것과 그들의 인물과 지위들에 대항하여 시기하거나 경멸하거나 반역하는 것과 그들의 합법적인 지도와 명령과 교정에 대해 저주하고 모욕하는 것 그리고 그들의 다스림에 수치와 불명예로 입증되는 모든 완고하고 추한 행동 등이다.[61]

이것은 권위를 가진 사람들의 합법적인 행사를 거역하지 말 것을 강조하는 것이다. 그러나 '대교리문답'은 윗사람의 권위에 대한 순종만을 일방적으로 강조하지 않고 바로 이어지는 129번에서 아랫사람들에 대해 윗사람들에게 요구되는 것에 대해 분명하게 말한다. 그런데 그 내용이 128번에서의 아랫사람의 윗사람에 대한 의무에 대한 설명보다 거의 배나 될 정도로 길고 자세하다. 즉, 원문에서 128번은 54개의 단어(word)와 11개의 증명 성구(scripture proofs)로 되어 있고 129번은 90개의 단어(word)와 24개의 증명 성구로 되어 있다.

그들이 하나님으로부터 받은 능력과 그들이 서 있는 관계에 따라 윗사람들에게 요구되는 것은 아랫사람들을 사랑하고 기도하고 축복하는 것이고 그들을 지도하며 권면하고 훈계하며 격려하고 칭찬하며 잘한 일들에는 상을 베풀며 잘못한 일들에 대해서는 인정하지 않고 책망하고 벌을 주며 그들을 보호하며 영혼과 신체에 필요한 모든 것을 공급하며 정중하고 지혜롭고 거룩하고 모범적인 행동으로 하나님의 영광을 도모하며 자신들에

---

[61] A: The sins of inferiors against their superiors are, all neglect of the duties required toward them; envy at, contempt of, and rebellion against, their persons and places, in their lawful councils, and corrections; cursing, mocking, and all such refractory and scandalous carriage, as proves a shame and dishonour to them and their government. WLC.128.

게는 영예로우며 하나님께서 그들에게 두신 권위를 보존하도록 하는 것이다.⁶²

더 나아가 130번은 윗사람들의 죄에 대하여도 자세하게 나열하는데 그 내용이 129번의 설명보다도 길다. 즉, 원문의 단어(word) 수는 92개이고 증명 성구(scripture proofs)는 27개이다.

윗사람의 죄들은 그들에게 요구된 의무들을 무시하는 것 외에 그들 자신의 영광, 편안함, 이익, 쾌락을 지나치게 추구하는 것이다. 또한, 불법적이거나 아랫사람이 하기에 힘에 닿지 않는 일을 하라고 명령하는 것과 악한 일에 그들을 권하고 격려하며 호의를 보이는 것과 옳은 일에 반대하여 단념시키고 낙담시키며 반대하는 것이며 지나치게 징계하며 잘못이나 유혹이나 위험에 부주의하게 노출시키거나 내버려 두거나 분노를 야기하거나 어떤 일로든 그들 자신을 불명예스럽게 하며 불공정하고 무분별하고 가혹하며 성의 없는 행동으로 말미암아 자신들의 권위를 약화하는 것이다.⁶³

62　A: It is required of superiors, according to that power they receive from God, and that relation wherein they stand, to love, pray for, and bless their inferiors' to instruct, council, and admonish them; and rewarding such do well; and discountenancing, protecting, and providing for them all things necessary for soul and body: and by grave, wise, holy, and exemplary carriage, to procure glory to God, honour th themselves, and to preserve that authority which God hath put upon them. WLC.129.

63　A: The sins of superiors are, besides the neglect of the duties required of them, an inordinate seeking of themselves, their own glory, ease, profit, of pleasure; commanding things unlawful, or not in the power of inferiors to perform; counselling, encouraging, or favouring them in that which is evil; dissuading, discouraging, or discountenancing them in that which is good; correcting them unduly; careless exposing, or leaving them to wrong, temptation, and danger; provoking them to wrath; or any way dishonouring themselves, or lessening their authority, by an unjust, indiscreet, rigorous, or remiss behaviour. WLC.130.

이렇게 자세하고 구체적으로 윗사람들의 죄를 나열하는 진술 상의 특징은 평등사회를 이루고 있는 현대의 관점에서는 신분 제도를 인정하고 고착화하는 것으로 보일 수 있다. 그러나 17세기 영국의 상황에서는 의회파가 직면했던 정치적 상황을 반영한 것이라고 말할 수도 있다.

하지만 윗사람이 아랫사람에 대해 행하는 부정한 행위들은 사회 어느 곳에나 있어 온 것이기에 아랫사람에 대해 도덕적으로 합당한 것들만을 지시하고 명령함으로써 그들을 존중하라고 한 5계명의 해설은 앞의 제4장에서 설명하였듯이 '소교리문답'의 성화의 이해에 따라 하나님 앞에서 신분 고하를 막론한 모든 신자의 신앙적인 도덕의 실천을 강조한 신학적 이해이기도 하다. 이것은 신자들이 사회의 시민 생활의 다양한 상황에서도 신분과 지위를 구분하지 않고 자신들이 하나님 앞에서의 언약 백성임을 기억하며 성화의 삶을 살아가야 함을 강조한 것으로 보아야 하며 이는 개혁신학의 적용과 실천에 있어서 진일보한 해설로 평가할 수 있다.

'대교리문답' 131번과 132번은 동등한 사람들 사이의 의무와 죄에 대해 설명한다. 동등한 사람들의 의무는 '서로의 존엄함과 가치를 존중하고 다른 사람들 앞에서 영예를 돌리며 그들 각자가 가지 은사와 승진에 대해 자신의 경우인 것처럼 기뻐하는 것이다'라고 설명한다.[64]

또한, 그들의 죄는 '그들에게 요구된 의무들에 대한 태만 외에 상대의 가치를 낮게 평가하고 은사들을 시기하며 다른 사람의 승진과 번영에 근심하고 다른 사람 위에 뛰어나려고 횡포를 부리는 것'이라고 경고한다.[65]

---

[64] A: The duties of equals are, to regard the dignity and worth of each other, in giving honour to go one before another; and to rejoice in each other gifts and advancement, as their own. WLC.131.

[65] A: The sins of equals are, besides the neglect of the duties required, the undervaluing of the worth, envying the gifts, grieving at the advancement or prosperity one of another; and

'소교리문답'의 제5계명 해설 역시 그리스도 안에 있는 신자들이 자신들의 사회적 지위와 신분에 따라 적극적으로 행하여야 하거나 금하여야 할 사회적 책임과 의무가 있음을 매우 강조하고 있다. 이러한 이해는 앞의 제3장 "웨스트민스터 총회에서의 율법폐기론에 대한 논의"에서 설명한 것처럼 율법폐기론을 명백하게 반대하여, 십계명으로 요약되는 도덕법이 은혜언약 아래에서 하나님의 백성을 위한 생활의 법칙으로 주어졌다는 일관된 진술에 부합하는 설명이라고 할 수 있다.

이것은 다른 한편으로는 사회계급에 대한 존경과 교회의 안수받은 목회자 직을 부정하는 급진적인 주장들에 대해 분명한 반대를 표명하는 것이었다.[66]

이러한 관점은 이미 '신앙고백' 23장의 '시민 행정관에 대하여'(Of the Civil Magistrate)의 4항에서 백성들의 의무로서 설명된 바 있다.

> 위정자들을 위하여 기도하고 그들의 인격을 존경하며 세금과 다른 의무들을 다하고 양심을 위하여 그들의 합법적인 명령들에 순종하고 그들의 권세에 복종해야 한다. 불신앙이나 종교의 차이들이 행정관의 정당하고 법적인 권위를 무효로 하거나 그들에 대한 자신들의 의무로부터 자유롭게 되게 해서는 안 된다. 성직자들이라도 이 의무에서 예외가 되는 것은 아니다.[67]

---

    usurping preeminence one over another. WLC. 132.
[66] Whitney G. Gamble, *Christ and the Law*, 154. John Morrill, *The Puritan Revolution*, 79.
[67] It is the duty of people to pray for magistrates, to honour their person, to pay them tribute and other dues, to obey their lawful commands, and to be subject to their authority, for conscience' sake. Infidelity, or difference on religion, does not make void the magistrates' just and legal authority, nor free the people from their due obedience to them: from which ecclesiastical persons are not exempted. WCF.XXIII.IV.

'신앙고백'의 이러한 설명은 시민들의 국가 관리들의 권위를 인정하고 그들에 대한 책임과 의무를 수행하는 것이 정당한 것임을 확언하는 것이다. 그것은 시민적 의무들의 준수가 그리스도 안에서 맺은 언약적인 삶의 실천으로 마땅한 도리이며, 그러한 현실의 실제적인 삶을 통하여서도 신자들이 점점 더 성화되어 가는 것으로 이해하고 있기 때문이다.

'소교리문답'의 5계명 해설은 '네 부모를 공경하라'는 명령을 혈육의 부모만이 아니라 가정과 국가 그리고 교회의 권위자들에 대한 순종의 의무로 해설하는 측면에서 볼 때 그때까지의 개혁신학 내의 제5계명 해설과 연속성을 지니고 있다. 그러나 한편 신분제 계급사회였던 17세기 영국의 상황을 고려할 때 단지 윗사람에 대한 아랫사람의 의무만을 강조하지 않고 아랫사람에 대한 윗사람의 의무를 더욱 강조한 것은 그 시대적인 상황과 문화를 넘어서는 성경적 도덕의 이해에 한 걸음 진일보한 것으로 평가할 수 있다. 그것은 점차 영국 사회 안에 평등에 대한 의식이 점증하는 하나의 원인이 되기도 하였다.[68]

'소교리문답'이 나온 지 35년 뒤인 1682년에 나온 리처드 박스터의 교리문답서인 『가정에서의 교리 교육』(*The Catechising of the Families*)도 이러한 부분을 동일하게 강조했다. 박스터는 웨스트민스터 '소교리문답'을 잘 알고 있었을 뿐 아니라 최고의 교리문답으로 평가한 사람이었다.[69] 그는 자

---

68 Leland Ryken, *Worldly Saints*, 김성웅 역, 『청교도-이 세상의 성자들』 (서울: 생명의말씀사, 1995), 361-366.
69 Baxter는 '소교리문답'에 대해 "만일 웨스트민스터 총회가 다만 '소교리문답'의 작성 외에 아무 일도 하지 않았다고 할지라도 그들은 기독교회로부터 영원한 감사를 받을 만하였을 것이다"라고 말하면서 '소교리문답'은 "성경 다음의 책으로, 아마도 세상에서 최고의 책이었다"라고 평가했다. John F Canon, "The influence exerted by The Westminster Symbols upon the individual, the family and society", in *Memorial Volume of The Westminster Assembly. 1647-1897*, eds,. Francis R. Beattie (Richmond: The Presbyterian Committee of Publication, 1897, reprinted by Bibliolife), 258에서 재인용.

신의 교리문답의 제5계명 해설에서 '소교리문답'이 설명한 내용들과 동일한 관점을 보여 주고 있는데 특별히 주인의 종에 대한 의무를 설명하는 제5계명의 해설 35번은 '소교리문답'의 내용과 거의 동일하다.[70]

또한, 그가 순종의 의무를 하나님의 율법에 대한 순종의 차원으로 설명하는 제5계명의 해설 5, 8, 10, 11, 16, 17, 24번은 그가 '소교리문답'의 토대가 바로 언약에 기초한 하나님의 율법이었음을 분명하게 인식하고 있었다는 증거이다.[71] 더욱이 박스터는 이 책 제5계명의 해설 37번에서 당시에는 보편적으로 인정되고 있던 노예매매에 대해 논한다. 그는 노예들의 영혼을 구원하기 위한 측면에서라면 이 행태가 합법적일 수 있다고 인정하면서도 이 관행에 대해 죄라고 분명하게 말한다.[72] 이것은 '소교리문답'의 해설이 제시하는 새로운 사회질서에 대한 전망이 실제로 진일보한 결과라고 볼 수 있다.

웨스트민스터 신학자들이 제5계명을 해설하면서 **'상호 순종의 의무'**를 강조한 것은 그것이 단순히 시민사회에서의 질서 있는 삶을 위한 차원을 넘어서서 하나님의 언약 백성으로서의 성화의 삶을 궁극적인 목표로 삼았기 때문이다.

그들은 신자의 현세에서의 삶이 비록 계층의 구별이 엄격한 신분 사회에서의 삶이고, 내전에 휩싸여 있는 불안정한 삶일지라도 언제나 하나님의 율법에 부응하는 정직하고 성실한 생활함으로써 신자들이 점점 더 하나님 앞에서 거룩함을 이루어가고 있음을 강조했다.

70　Richard Baxter, *A Puritan Catechism of Families*, 257.
71　Richard Baxter, *A Puritan Catechism of Families*, 243-247, 249-250, 252.
72　Richard Baxter, *A Puritan Catechism of Families*, 257.

비록 함축적으로 요약된 것임에도 불구하고 '소교리문답'의 제5계명 해설은 신자들이 자신의 신분과 위치에서 하나님의 율법 요구에 따라 피차 순종하는 삶을 살아감으로써 점점 더 성화되어야 한다는 교훈을 명확하게 강조하고 있다.

제5계명 해설에 나타난 이와 같은 특징은 성령의 주도하시는 사역으로 말미암아 모든 신자가 반응해야 할 신실한 순종을 강조한 것으로서, 앞의 제2장의 언약신학적 토대와 그에 대한 웨스트민스터 신학자들의 설명 그리고 제4장에서 강조한 신자의 성화에 관한 구체적인 적용사례로 평가할 수 있다.

제7장

결론

  이제까지의 연구는 웨스트민스터 '소교리문답'이 개혁주의 신앙의 내용을 가르치는 일반적인 목적을 넘어서서 언약의 백성으로서의 거룩한 생활을 통해 성화를 이루어가는 것을 강조하고 촉진하기 위한 구체적인 목적을 염두에 두고 작성되었음을 밝히는 것이었다.

  즉, '소교리문답' 제1번의 '하나님을 영화롭게 하고 영원토록 그를 즐거워하는 것'은 성령의 내주하심으로 말미암아 하나님의 율법을 순종하는 생활을 함으로써 하나님의 형상을 닮아가는 성화의 삶 가운데서 실현하며 경험하게 된다는 것이다. 이러한 본 연구의 논지는 '소교리문답' 3번의 '하나님이 인간에게 요구하시는 의무'(duty God requires of man)라는 표현으로 제시된 주제가 '소교리문답' 전체를 아우르는 통전적 형식으로 구성되어 있음을 논증함으로써 증명된다.

  제2장에서 살펴본 바와 같이 일반적으로 동의하고 있는 언약신학을 개괄적으로 살펴본 후에 16세기 개혁자들의 언약신학과 더욱 발전된 17세기 개혁신학자들의 언약신학을 검토하였다. 그들은 성경을 꿰뚫는 구속을 이해하는 방편으로 언약을 강조하였다.

  이러한 언약신학의 체계는 그리스도 안에 있는 구속의 은혜와 신자의 삶을 위한 견고한 토대로 확립되었고 이러한 언약신학의 이해는 '소교리문답'를 구성하는 전체적인 토대가 되었기 때문에 '소교리문답'의 전체적인 구조와 강조점을 바르게 이해하기 위해서는 언약신학의 필수적인 조건이 되고 있음을 확증하는 의의가 있다고 할 것이다.

제3장에서는 웨스트민스터 표준 문서에 나타난 언약신학을 17세기 초반에 영국 교회를 위협하였던 아르미니안주의와 율법폐기론과 관련하여 다루었다. 17세기 초반의 영국 교회는 아르미니안주의자들의 입지가 확고했고 그들은 신자들이 구원에서 떨어져 타락할 수도 있다고 가르쳤다. 이에 대한 반발로 일어난 율법폐기론자들은 칭의는 결코 약화되거나 무효화될 수 없음을 주장하였지만, 그들은 칭의가 신자들을 완전하게 하여 신자들은 더 이상 율법의 의무에 예속되지 않는다고 주장하였다.

웨스트민스터 총회에 소집된 신학자들은 이 두 주장의 위험성을 분명히 인식하고 있었다. 그들은 공통적으로 언약의 연속성을 강조함으로써 율법폐기론의 오류를 반박하였으며 또한 도덕법의 영속성을 강조하면서 십계명으로 요약되는 율법에 대한 순종이 은혜를 더하게 하는 방편이요 수단이 되는 것을 주장하였다. 거듭난 신자에게 율법은 성화의 능력이 되어 죄를 억제하고 계명들 때문에 은혜가 더욱 강화된다고 그들은 주장하였다.

'신앙고백'과 '대교리문답' 그리고 '소교리문답'과 같은 웨스트민스터의 표준 문서들에서는 언약의 일방성과 쌍방성이 조화롭게 설명되었고, 행위언약과 은혜언약, 구약과 신약의 연속성, 도덕법의 영속성 그리고 율법의 제3용도 등이 적절하고도 균형 있게 진술되었다. 특별히 '소교리문답'이 십계명 해설에 40퍼센트가 되는 39개 문답을 배정하여 설명한 것은 율법에 대한 현실 생활에서의 순종이 신자의 거룩한 삶을 위한 실질적인 수단과 방편이 되고 있음을 보여 준 것이다.

계명들의 실제적 적용과 실천의 면모를 강조함으로써 언약신학의 진일보한 면모를 보여 주었다고 평가할 수 있다. 이로써 '소교리문답'은 은혜언약의 토대 위에서 도덕법의 순종을 신자의 성화를 위한 중요한 동기와 촉진의 방편으로 설명하고 있다는 본 연구의 논지에 대한 구조적인 이해의 정당성이 확립되었다.

제4장에서는 '소교리문답'의 성화에 대한 이해와 율법에 대한 순종이 성화의 중요한 내용임을 논증하였다. 먼저 '소교리문답'은 그 구조가 하나님이 성경을 통해 주신 유일한 법칙에 대한 믿음과 하나님의 요구하시는 의무에 대한 것임을 밝히면서 율법이 그 핵심적인 부분을 이루고 있음을 밝혔다.

십계명은 사람의 마음에 심어진 하나님의 법으로서의 도덕법의 구체적인 요약인 까닭에 십계명의 순종은 언약 백성의 삶에서 실제적인 측면에서 매우 중요하다. 율법에 대한 순종이 성화와 밀접하게 연결된 것은 '소교리문답'이 믿음과 생명을 얻게 하는 회개를 십계명의 해설 뒤로 위치시킨 것에서도 확인된다. 그것은 누구도 완전히 계명을 지킬 수 없음과 그로 인하여 하나님의 진노와 저주에 처하게 된 신자들이 예수 그리스도를 믿는 믿음과 회개와 함께 외적인 은혜의 수단을 활용함으로써 새롭게 순종하게 되는 것으로 설명되었다.

'소교리문답'에서 죄란 하나님의 율법에 대한 순종의 결여나 범죄이고 구속은 그리스도 안에서 은혜언약으로 들어가는 것으로 설명되었다. 그러므로 은혜언약 안에 있는 신자는 이제 성령의 역사로 인하여 전인적으로 새로워지는데, 성령의 은혜 주입으로 말미암아[1] 신자는 죄에 대해서는 '점

---

1 WLC.76.

점 더 죽게 되고'(are enabled more and more to) 의에 대해서는 점점 더 살게 된다.[2] 즉, 신자는 성령의 역사로 말미암아 새로운 생명에 대해 살게 되어 옳게 행하게 되는데 그것은 하나님의 율법을 새롭게 순종하는 삶을 사는 것이다. '소교리문답'은 '신앙고백'이나 '대교리문답'보다 성화에 있어서 성령의 주도적인 사역을 강조한다. 이와 관련하여 '소교리문답' 30번은 언약신학에서 매우 중요한 진전을 보인 것으로 평가할 수 있다.

그러나 한편 신자들이 율법의 순종에 실패할 때는 믿음과 회개를 통해 새로운 순종에 전적으로 힘쓰게 된다고 설명함으로써 신자의 능동적인 측면도 강조한다. 신자는 믿음과 회개로 마음이 새롭게 되어 율법의 순종하는 삶으로 나아가게 된다는 것이다. 그럼으로써 이 땅에서는 결코 완전해지지 못할지라도 신자는 점점 더 성화되어 하나님의 형상을 닮아가고 거룩한 삶을 살게 된다.

이렇게 볼 때 '소교리문답'에서 성화는 율법에 대한 순종과 긴밀하게 연결되어 있고, 율법의 순종은 성화의 동기이며 성화를 촉진하는 것으로 이해하는 것은 매우 타당하다. 이러한 본 연구의 관점과 이해는 율법과 성화 그리고 외적인 은혜 수단의 상호 유기적인 관계를 분명하게 보지 못하고 각각을 단편적으로 설명해온 기존 연구자들의 시각과 전망을 교정하는 측면에서 매우 의의가 크다고 할 것이다.

제5장에서는 율법의 순종이 신자들의 성화에 중요한 부분을 이루고 있다는 제4장의 논지를 입증하고 강화하고자 '소교리문답'의 십계명 해설의 제4계명을 검토, 분석했다. '소교리문답'의 제4계명 해설은 헨리 8세 이후 영국에서 지속적으로 토론되어 왔던 '주일-안식일'논쟁에 대한 청

---

[2] WSC.35.

교도들의 주장을 명료하게 표명한 것이었다. 즉, 제4계명은 창조의 규례로서 '그리스도인의 안식일'(Christian Sabbath)로 불리는 것이 타당하다는 것이다.

즉, 그리스도인은 일요일을 주일이라는 이름과 안식일이라는 이름이 가지는 의미를 모두 견지하여야 한다는 것이다. 그날의 제정(institution) 관점에서는 주일로, 준수(observation)의 관점에서는 안식일로 보는 것이 타당한데 두 개념 모두를 포괄하는 의미에서 '그리스도인의 안식일'로 부르는 것이 적절하다는 것이다. 그런데 '소교리문답'의 십계명 해설에서 제4계명의 준수를 강조한 것은 그렇게 하는 것이 신자들이 성화를 이룸에 있어 크게 유익할 것으로 생각하였기 때문이었다.

즉, 안식일을 거룩하게 함으로써 신자들이 더욱 거룩해지는 것으로 이해하였다는 것이다. 이것은 '소교리문답'이 십계명을 해설한 뒤에 누구라도 계명을 온전히 지킬 수 없다고 단언한 다음 그로 인한 하나님의 진노와 저주에서 피하고자 하나님께서 제공하시는 은혜의 수단을 설명하는 '소교리문답'의 구조를 통해서도 설명이 된다. 그런데 은혜의 수단을 가장 잘 활용하는 방편이 바로 안식일 계명을 잘 지키는 것이었다. 이것은 신자의 성화를 향한 여정이 마치 나선형으로 확장되어 뻗어가는 궤적과 같다고 할 수 있다.

신자들은 성령의 은혜 안에서 율법을 순종하는 삶을 살아가지만, 종종 불순종에 떨어지기도 한다. 그러나 은혜의 방편 사용으로 회복되어 다시 새롭게 율법을 순종하는 힘을 얻고 그에 합당한 삶을 살아가는 패턴으로 나타나기 때문이다. 여기에 안식일의 준수가 매우 중요한 역할을 한다. 그러므로 신자들이 제4계명의 명령에 따라 안식일을 온전히 준수하면 그들은 더욱더 거룩한 삶을 살아갈 힘을 얻게 되는 것으로, 이것은 매우 자연스러운 논리적 귀결이라고 할 수 있다.

따라서 '소교리문답'의 성화에 대한 이러한 패턴을 이해하는 것은 '소교리문답'의 구조와 핵심을 이해하는 가장 중요한 단서라고 할 수 있다.

제6장에서도 율법의 순종이 성화의 삶에 직접 관련이 있음을 설명하는 방편으로 '소교리문답'의 십계명 해설 중 제5계명을 분석, 평가하였다. 17세기 당시 영국은 신분제 계급사회였으며, 웨스트민스터 총회가 소집되어 활동하게 된 1643년부터는 거의 전국적인 내전이 전개되고 있었던 시점이었다. 그런 상황에서 웨스트민스터 신학자들은 스코틀랜드 대표자들의 조언을 받으면서 표준 문서들을 작성했다. 그들은 두 개의 교리문답서에서 십계명을 해설하면서 언약 백성의 삶이라는 관점을 잃지 않았고 제5계명의 해설에서는 그 관점을 구체적인 시민사회에서의 삶이라는 정황 속에서 적용하려고 시도하였다.

즉, 그리스도 안에서 하나님과 언약을 맺은 신자들은 현실적인 시민으로 사는 생활에서도 하나님의 언약에 합당한 생활을 하여야 한다는 것이었다. 그들은 신자들이 맺은 하나님과의 수직적 언약이 그들의 시민적인 삶에서 수평적인 언약으로 적용되어야 하는 것으로 이해하였다. '소교리문답'에서 4개의 질문과 대답으로 압축적으로 설명된 제5계명의 해설은 '대교리문답'에서는 모두 11개의 질문과 대답으로 확장되어 설명되었는데, 그 핵심은 상호순종의 의무에 있었다.

더구나 아랫사람의 윗사람에 대한 의무에 대한 설명보다 윗사람의 아랫사람에 대한 의무에 대한 설명이 더 자세하고 길게 진술되어 있음은 주목할 만한 사항이다. 또한, 순종의 의무의 기준으로 '합법적 명령과 지도'가 제시되었는데 여기서 의미하는 바는 실정법이 아니라 하나님의 법, 곧 율법임이 분명하다. 이러한 제5계명에 대한 설명은 17세기 당시의 문화와 관행을 뛰어넘는 것으로 성경적인 삶을 추구하는 것으로 평가될 수 있다.

웨스트민스터 신학자들이 제5계명의 해설에서 이러한 혁신적인 해설을 시도할 수 있었던 것은 그들이 신자들의 삶을 언약 백성으로 사는 삶으로 이해하고 있었기 때문이고, 영적인 측면뿐 아니라 삶의 실제적인 관계에서도 그것이 드러나야 하는 것으로 생각하였기 때문이다.

신자의 거룩한 삶은 신분과 계급으로 묶여 있고 전쟁으로 불안한 가운데서도 거룩함을 추구하는 성화를 위한 삶이어야 함을 그들은 분명히 이해하고 있었다. 이렇듯 율법의 구체적인 명령들에 대한 이해와 순종이 신자의 성화에 영향을 미치고 있음을 그들은 분명히 이해하고 있었다. 이러한 '소교리문답'의 제5계명 해설은 언약신학의 실천적인 생명력을 강조하는 것으로서 큰 의의가 있다.

이와 같은 검토를 통해 볼 때, '소교리문답'은 단순히 신앙의 도리와 적용에 대한 이론적인 설명을 위한 것이 아니고 하나님이 요구하시는 의무들을 순종함으로써 하나님을 영화롭게 하고 즐거워하는 삶을 살아가도록 신자들을 인도하고자 하는 목적으로 작성되었음이 분명하다.

'소교리문답'은 신자들이 하나님의 법인 율법을 순종함으로써 거룩함을 추구하고 그럼으로써 신자는 점점 더 성화되어간다는 것을 전체적인 체계 안에서 보여 준다. 이러한 관점에 따르면, '소교리문답'의 2/3가 성화와 관련된 것이다. '소교리문답'에서 첫 세 질문(1-3번)과 하나님에 대해 믿어야 할 것을 다루는 내용 중에 성화에 관련한 부분(35-37번) 그리고 하나님이 사람에게 요구하시는 의무에 대한 부분(39-107)을 포함하면 전체의 67.2퍼센트가 성화에 관련된 것으로 볼 수 있기 때문이다. 그렇게 볼 때 '소교리문답'은 '신자의 성화를 위한 지도서'(A directory for sanctification of the believers)로 이해하는 것은 타당하다.

이렇게 '소교리문답'을 하나님의 율법 순종을 통한 성화를 이루는 삶을 강조하는 것으로 이해한 이제까지의 연구의 결과에 따라 그 실제적인 활용을 위한 몇 가지 제안을 할 수 있다.

첫째, '소교리문답'은 언약신학의 틀 안에서 작성되었기 때문에 그 각각의 내용으로 들어가기 전에 언약신학의 전반적인 이해가 선행되어야 한다. 특별히 행위언약과 은혜언약을 모두 포괄하는, 사람의 마음에 새겨진 영속적인 하나님의 법으로서의 도덕법에 대한 이해는 '소교리문답'의 전반적인 이해에 있어서 핵심적이고 필수적이므로 이에 대한 깊은 이해가 있어야 한다.

그렇게 될 때 '소교리문답'의 전체적인 구조를 바르게 파악하게 될 뿐 아니라 그 유기적인 관련성을 이해할 수 있기 때문이다. 언약에 대해 바르게 이해했을 때에 신자들은 '소교리문답'을 통해 하나님이 언약 안에서 이루신 일들과 신자들에게 요구하시는 의무를 적절하게 이해하게 될 것이다.

이러한 언약신학적 이해가 이루어질 때 그간에 '소교리문답'의 교육 방식으로 행해졌던 각각의 부분에 대한 교리적인 해설에서 멈추는 한계를 넘어서서 '소교리문답'의 생명력을 회복하게 될 것이다. '소교리문답'의 교육은 철저하게 언약신학을 이해한 바탕 위에서 이루어져야 한다.[3]

둘째, 하나님의 율법에 대한 바른 이해가 필요하고 강조되어야 한다. 이것은 언약신학에 대한 바른 이해가 진행되면 자연스럽게 도출되는 귀결이며, 율법은 '소교리문답'의 근간을 이루고 있다. 하지만 복음과 율법을 서

---

3 Donald Van Dyke, *Rediscovering Catechism* (New Jersey: P&R Publishing, 2000), 55.

로 상충하는 것으로 보거나, 복음이 율법을 대체하는 것으로 보는 식의 잘못된 이해가 만연한 현대 교회의 상황을 볼 때 이러한 이해의 필요성은 매우 중요한 부분이라고 할 수 있다. 실로 율법은 사랑, 믿음, 성령 그리고 은혜와 상반되지 않고 서로 조화된다.[4] '소교리문답'을 통해 율법에 대한 성경적인 바른 이해와 실천이 있게 될 때 신자의 믿음과 삶은 견고한 균형을 이루게 될 것이다.

셋째, 성경적인 성화에 대한 바른 이해는 초자연적이고 신비한 방식으로 이루어지는 것이 아니라 실생활에서 하나님의 율법 계명들, 십계명을 준수하는 것을 통해서 이루어지는 것임이 강조되어야 한다. 그것은 신자의 마음에 은혜를 주입하시는 성령의 사역으로 인한 것임을 설명해야 한다. 그럼으로써 신자는 마음에 하나님의 율법을 지키고자 하는 새로운 순종의 마음을 갖게 된다. 그리하여 십계명은 처음 주어졌을 때뿐 아니라 현대의 신자들에게도 동일한 순종의 법칙임을 바르게 이해하고 실천하도록 하는 것이 중요하다.

그리고 그것이 지속해서 이루어지기 위해서 외적인 은혜의 수단으로서 말씀, 성례, 기도가 주어졌음을 인식하고 그것들을 적극적으로 활용하도록 하여야 한다. 이것은 우리의 신앙의 능력이 개인의 주관적 체험에 달린 것이 아니고 성경의 가르침에 순종함에 있다는 개혁주의 신앙의 이해를 분명하게 천명하고 실천하는 일이기도 하다. 하나님을 영화롭게 하고 즐거워하는 것은 어떤 특별한 방식으로 되는 것이 아니라 하나님의 요구하시는 의무들을 기쁘게 순종하는 삶을 통해 이루어지는 것을 가르쳐야 한다. 그리고 계명을 순종하는 것이 하나님에게만 영광이 될 뿐 아니라 순종하는 신자의 마음에

---

[4] Terry L. Johnson, *Catechizing our Children* (Edinburgh: The Banner of Truth Trust, 2016), 40-42.

도 진정한 기쁨과 즐거움이 되는 것을 강조하여야 한다.

왜냐하면, 계명의 순종은 의를 얻기 위한 것이 아니고 의롭게 된 신자 안에 성령께서 내주하시며 베풀어주시는 은혜로 인하여 마음의 변화로 시작된 것이기 때문이다. 십계명의 순종으로 드러나는 신자의 언약적 삶은 은혜에 따른 자발적이고도 합당한 반응임을 분명하게 강조하여야 한다.

넷째, '소교리문답'을 실제적인 신자의 거룩한 삶을 위한 지침서로 정확히 인식하고 이 문서를 교회에서 체계적으로 가르쳐야 할 것이다. '소교리문답'은 신자의 구원을 일생 지속하는 과정으로 설명하면서 성화를 중심에 놓고 강조한다. 그러므로 '소교리문답'을 더 이상 어린이들이나 세례 대상자들을 위한 기독교 신앙의 입문용 교재만으로 간주할 것이 아니고 신자의 성화의 삶을 위한 거울과 나침반으로 활용하도록 해야 할 것이다.

실로 '소교리문답'은 자신의 믿음과 삶을 점검하고 실천하는 '신자의 성화를 위한 지도서'(A Directory for sanctification of the believers)로 불릴 만하기 때문이다.

주께서 내 마음을 넓히시면 내가 주의 계명의 길로 달려가리이다.

(I will run in the way of your commandments when you enlarge my heart!)

-시편 119:32-

참고 문헌

웨스트민스터 표준 문서

'A Directory for the Publique Worship (1648)' in *The Westminster Standards An Original Facsimile*. New Jersey: Old Path Publication, 1997.

The Westminster Standards An Original Facsimle, printed by A. M., 1648, reprinted New Jersey: Old Path Publications, 1997.

'Westminster Confession of Faith', in *Reformed Confession of The 16th and 17th Centuries in the English Translation*. Vol. 4. ed. Dennison, James T. Jr. Grand Rapids: Reformation Heritage Books, 2014.

'Westminster Larger Catechism', in *Reformed Confession of The 16th and 17th Centuries in the English Translation*. Vol. 4. ed. Dennison, James T. Jr. Grand Rapids: Reformation Heritage Books, 2014.

'Westminster Shorter Catechism', in *Reformed Confession of The 16th and 17th Centuries in the English Translatio*n. Vol. 4. ed. Dennison, James T. Jr. Grand Rapids: Reformation Heritage Books, 2014.

2차 자료

권경철. 『뿌리내리는 정통주의 신학』. 군포: 도서출판다함, 2018.
김요섭. 『존 녹스: 하나님과 역사 앞에서 살았던 진리의 나팔수』. 서울: 익투스, 2019.
김중락. 『스코틀랜드 종교개혁사 존 녹스에서 웨스트민스터 총회까지』. 안산: 흑곰북스, 2107.

나종일. 송규범, 『영국의 역사』. 파주: 한울아카데미, 2005.

박지향. 『클래식 영국사』. 파주: 김영사, 2012.

서요한. 『언약사상사』. 서울: CLC, 1994.

안상혁. 『언약신학 쟁점으로 읽는다』. 서울: 영음사, 2016.

양낙흥. 『주일 성수』. 서울: 생명의말씀사, 2004.

원광연 역. 『하이델베르그 요리문답 해설』. 고양: CH북스, 2016.

원종천. 『청교도 언약사상 : 개혁운동의 힘』. 서울: 대한기독교서회, 1998.

조경래. 『영국절대왕정사 연구』. 서울: 상명여자대학교 출판부, 1992.

Alberigo, G. eds. *Conciliorum oecumenicorum Decrata III*, 김영국 외 역. 『보편공의회 문헌집 제3권』. 서울: 가톨릭출판사, 2013.

Ball, John. *A Shorter Catechism, containing the Principle of Religion*. London: Printed for Edward Brewster, 1645.

Bownd, Nicholas. *SABBATUMVETIRIS ET VOVI TESTANENTI; or The True Doctrine of the Sabbath*. Grand Rapids: Reformation HeritageBooks, 2015.

Bavinck, Herman. *Gereforemeerde Dogmatic*, 박태현 역, 『개혁교의학 2, 3』. 서울: 부흥과개혁사, 2011.

Baxter, Richard. *The Practical works of Richard Baxter in four Volumes*. vol. 1-2. Ligonier: Soli Deo Gloria Publication, n.d.

_____. *A Puritan Catechism of Families*. London: James Duncan, 1830, reprinted in Bellingham: Lexham Press, 2017.

Bayly, Lewis. *The Practice of Piety*. London: Hamilton, Adams, and Co., 1842. reprinted by Soli Deo Gloria Publications, n.d.

Beattie, Francis R. (ed.) *Memorial Volume of the Westminster Assembly, 1647-1897*. Richmond: The Presbyterian Committee of Publication, 1897.

Beckwith, Roger T. and Stott, Wilfrid. *This the Day; The Biblical Doctrine of the Christian Sunday in its Jewish and Early Church Setting*. London: Butler & Tanner Ltd, 1978.

Beeke, Joel and Johns Mark. *A Puritan Theology*. 김귀탁 역 『청교도 신학의 모든 것』. 서울: 부흥과개혁사, 2015.

_____, and Pederson, Randall J. *Meet the Puritans: With A Guide Modern Reprints*. Grand Rapids: Reformation Heritage, 2006.

_____ & Ferguson B. Sinclair. eds. *Reformed Confessions Harmonized*. Grand Rapids: Baker Books, 1999.

Berkhorf, Louis. *Systematic Theology*. Edinburgh: The Banner Truth Trust, 1968, reprinted 1998.

Bierma, Lyle D. *The Covenant Theology of Casper Olevianus*. Grand Rapids: Reformation Heritage Books, 2005.

_____. *An Introduction to The Heidelberg Catechism*. Grand Rapids: Baker Academic, 2005.

Boer, William Den. *God's Twofold Love: The Theology of JacobArminus(1559-1609)*. Göttingen: Vandenhoeck & Ruprecht, 2010.

Boston, Thomas. "An Illustration of the Doctrines of The Christian Religion", in *Complete Works of Thomas Boston*. Vol. I. Wheaton, Illinios: Richard Owen Roberts, Publishers, 1980.

Bower, John R. *The Larger Catechism A Critical Text and Introduction*. Grand Rapids: Reformation Heritage Books, 2010.

Brook, Benjamin. *The Lives of The Puritans*. vol. III. London: James Black,1813, reprint PA: Soli Deo Gloria Publications, 1994.

Bulkeley, Peter. *The Gospel-Covenant; or the Covenant of Grace Opened*. London: Matthew Simmons, 1651.

Bullinger, Heinlich. *A Brief Exposition of the One and Eternal Testament or Covenant of God (1534)*. ed. and Trans. Charles S. McCoy Charlesand Wayne Baker, in *Fountainhead of Federalism*. Louisville: Westminster/John Knox, 1991.

Burgess, Anthony. *Vindicae Legis: or A vindication of the MoralLaw and Covenants, From the Errors of Papists, Arminians, Socinians, and More Especially Antinomians*. London: James Young, 1646.

Calvin, John. *Institutes of Christian Religion*. trans. Ford LewisBattles. ed. John T. McNiell. Louisville: Westminster John Knox Press, 2011.

_____. "Catechism of the Church of Geneva" in James T. Dennison Jr,. (complied). *Reformed Confession of the 16th and 17th centuries inthe English Translation Vol 1(1525-1552)*. Grand Rapids:Reformation Heritage Books, 2008.

Carson, D. A. ed. *From Sabbath to Lord's Day; A Biblical, historical, and theological investigation*. Grand Rapids: Zondervan PublishingHouse, 1982.

Carson, John L. and Hall, David W. eds,. *To Glorify and Enjoy God*. Edinburgh: The Banner of Truth Trust, 1994.

Caseli, Stephen J. *Divine Rule Maintained: Anthony Burgess, CovenantTheology, and the Place of the law in Reformed Scholasticism*. Grand Papids: Reformation Heritage Books, 2017.

_____. *Anthony Burgess' Vindicae Legis and the "Fable of Unprofitable Scholasticism"a Case Study in the Reappraisal of Seventeenth Century Reformed Scholasticism*. Philadelphia: Westminster Theological Seminary, 2007.

Cartwright, Thomas. *A Methodical short catechism containing briefly all the principal grounds of Christian religion*. London: Printed byB(renard) A[lsop] for Thomas Man, 1623.

Cawdrey, Daniel & Palmer, Herbert. *Sabbaticum Redivivum or The Christian Sabbath Vindicated*. Grand Rapids: ReformationHeritage Books, 2011.

Charnock, Stephen. *The Works of Stephen Charnock*. vol.3. Edinburgh: The Banner of Truth Trust, 1986, reprinted 2010.

Cho, Youngchun. *Anthony Tuckey(1599-1670) Theologian of the WestminsterAssembly*. Grand Rapids: Reformation Heritage Books, 2017.

Cliffe, John Trevor. *Puritans in Conflict: The Puritan Gentry During and After Civil Wars*. London: Routledge, 1988.

Coffey, John and Lim, Paul C. H. (eds,.) *The Companion to Puritanism*. Cambridge: Cambridge University Press, 2008.

Crisp, Tobias. *Christ alone Exalted in the Perfection and Encouragement ofthe Saints, Notwithstanding Sins and Trialls*. London: M. S. forHenry Overton, 1646.

Dennison, James T. Jr. *Reformed Confession of The 16th and 17th Centuriesin the English Translation*. Vol. 4. Grand Rapids: ReformationHeritage Books, 2014.

_____. *The Market Day of the Soul; The Puritan Doctrine of the Sabbath in England, 1532-1700*. PA: Soli Deo Gloria Publications, 2001.

Dixhoorn, Chad Van. *The Minutes of Paper of the Westminster Assembly 1643-1652*. Oxford: Oxford University Press, 2012.

_____. *God's Ambassadors: The Westminster Assembly and the Reformation of the English Pulpit 1643-1653*. Grand Rapids:Reformation Heritage Books, 2017.

Duncan, Ligon. *Westminster Confession into the 21st Century*. vol.1-3. Ross-shire: Mentor, 2003-2009.

Dyken, Donald Van. *Rediscovering Catechism*. New jersey: P&R Publishing, 2000.

Eaton, John. *The Honey-Comb of Free Justification by Christ Alone*. London: Charge of Robert Lancaster, 1642.

Ellis, John. *A Defence of the Thirty Nine Articles of the Church of Englandto Which Are Added the Lambeth Articles*. London, 1700.

Fairbairn, Donald and Reeves, Ryan M. *The Story of Creeds and Confessions*. Grand Rapids: Baker Academic, 2019.

Fesko, John Valero. *The Theology of the Westminster Standards*. 신윤수 역.『역사적, 신학적 맥락으로 읽는 웨스트민스터 신앙고백서』. 서울: 부흥과개혁사, 2018.

Flavel, John. "An Exposition of the Assembly's Shorter Catechism, 1688", in *The Works of John Flavel*. vol. VI, Crawley, Sussex: Banner of Truth Trust, 1968.

Frame, John M. *Systematic Theology*. 김진운 역,『존 프레임의 조직신학』. 서울:부흥과개혁사, 2017.

Gaffin Jr,. Richard B. *Calvin and the Sabbath*. Ross-shire: Mentor, 1998.

Gamble, Whitney G. *Christ and The Law*. Grand Rapids: Reformation Heritage Books, 2018.

Gataker, Thomas. *God's Eye on his Israel or a Passage of Ballam, out of Num 23, 21, containing Matter Very Seasonable to the Times; Expounded and Cleared from Antinomian Abuse*. London, 1644.

Gee, Henry and Hardy, William John. ed. *Documents Illustrative of the History of the English Church*. London: Macmillan and Co. Limited, 1914.

Gentry, Peter J. & Willem, Stephen J. *Kingdom through Covenant*. 김귀탁 역,『언약과 하나님 나라』. 서울: 새물결플러스, 2017.

Golding, Peter. *Covenant Theology*. Ross-Shire: Mentor, 2004.

Goodwin, Thomas. *The Works of Thomas Goodwin*. vol. 6. Edinburgh: JamesNichol, 1861-1866, reprinted by Tanski Publication in California, 1996.

Gouge, William. *God's Three Arrows: Plague, Famine, Sword*. London: Printed by George Miller for Edward Brewster, and are to be sold at his shop at Fleet-Bridge at the Signe of the Bible, 1636.

_____. *A Guide to goe the God: or, an Explanation of the Perfect Patterne of Prayer, The Lord's Prayer*. London: Printed by G. M[iller] for Edward Brewster, and are to be sold at his shop at Fleet Bridge, at the signe of the Bible, 1636.

_____. *The Sabbaths Sanctification*. London: Printed by G. M. Joshua Warren, at their shop in Pauls Chuch-yard ant the white horse, 1641.

Green, Ian. *The Christian's ABC Catechisms and Catechizing in England c.1530-1740*. Oxford: Clarendon Press, 1996.

Hall, David W. *Windows on Westminster*. Norcross: Great Commission Publications, 1993.

Hetherington, William M. *History of the Westminster Assembly of Divines*. Edmonton: Still Waters Revival Books, 1856, reprinted in 1991.

_____. *The Confession of Faith, cf the kirk of Scotland: or The national covenant*. unknown, 1885.

Heidelberg Catechism, in James T. Dennison Jr,. (complied). *Reformed Confession of the 16th and 17th centuries in the English Translation Vol 2 1552-1566*. Grand Rapids: Reformation HeritageBooks, 2010.

Hodge, Archibald A. *The Confession of Faith*. 김종흡 역, 『웨스트민스터 신앙고백 해설』. 고양: CH북스, 2005.

Hodge, Charles. *Systematic Theology*. ed. Edward N. Gross (Phillipsburg, New Jersey: P&R Publishing, 1992.

Holmes, Rolston III. *John Calvin versus The Westminster Confession*. Richmond Virginia: John Knox Press, 1972.

Horton, Micheal. *God of Promise*. 백금산 역 『언약신학』. 서울: 부흥과개혁사, 2009.

Jones, David Clyde. "the Law and the Spirit of Christ", in *A Theological Guide to Calvin's Institutes*. eds., David W. Hall & Peter A Lillback, 나용화 외 역 『칼빈의 기독교 강요 신학』. 서울: CLC, 2009.

_____. "The Westminster Standards and the Structure of Christian Ethics", in *The Westminster Confession into the 21st Century*. vol.3. ed. Ligan Duncan, Ross-shire: Montor, 2009.

Johnson, Terry L. *Catechizing our Children*. Edinburgh: The Banner of Truth Trust, 2016.

Karberg, Mark W. *Covenant Theology in Reformed Perspective*. Eugine OR:Wipf and Stock Publisher, 2009.

Kendall, R. T. *Calvin and English Calvinism to 1649*. Oxford: OxfordUniversity Press, 1979.

Kevan Ernest F. *The Grace of Law*. London: Caray Kingsgate Press Limited, 1965, re-printed by Soli Deo Gloria Publications, 1999.

Kline, Meredith G. *Image of the Spirit*. 이용중 역 『언약과 성령』. 서울: 부흥과개혁사, 2014.

Kwon, Kyeongcheol. *Christ and the Old Covenant*. Göttingen: Vandenhoeck & Ruprecht Verlage, 2019.

Letham, Robert. *The Westminster Assembly*. New Jersey: P&R Publishing, 2009.

Lightfoot, John. *The Journal of the Proceedings of the Assembly of Divines, From January 1, 1643 to December 31, 1644*. London: printed by J. F. Dove, 1824, reprinted London: Forgotten Books, 2015.

Lillback, Peter A. *The Binding of God*. 원종천 역 『칼빈의 언약사상』. 서울: CLC, 2009.

Luther, Martin. *Der kleine Katechismus*. 최주훈 역 『소교리문답 해설』. 서울: 복있는사람, 2018.

McCoy Charles S. and Baker, Wayne. *Fountainhead of Federalism*. Louisville: Westminster/John Knox, 1991.

McGrath, Alister E. *Christian Theology: Introduction*. 김기철 역 『신학이란 무엇인가?』. 서울: 복있는사람, 2017.

Mitchell, Alexander. F. *Minutes of the Sessions of the Westminster Assembly of Divines*. Edmonton: Still Waters Revival Books, 1991.

_____. *The Westminster Assembly: Its History and Standards, Being TheBaird Lecture for 1882*. Philadelphia: Presbyterian Board ofPublication and Sabbath-School Work, 1897.

_____. *Catechisms of the Second Reformation*. London: James Nisbet &Co,. 1886.

Morgan, Kenneth O. ed. *The Oxford History of Britain*. 영국 사학회 역 『옥 스퍼드 영국사』. 서울: 도서출판 한울, 1997.

Muller, Richard. *Unaccommodated Calvin*. 이은선 역 『진정한 칼빈신학』. 성남: 나눔과섬김, 2003.

_____. *Scripture and Worship*. 곽계일 역 『웨스트민스터 총회의 실천』. 서울:P&R, 2014.

_____. *Dictionary of Latin and Greek Theological Terms*. Grand Rapids:Baker Academic, 2017.

_____. *After Calvin: Studies in the Development of a Theological Tradition*. 한병수 역 『칼빈 이후 개혁신학』. 서울: 부흥과개혁사, 2014.

_____. *God, Creation, and Providence in the thought of Jacob Arminius*. Grand Rapids: Baker Book House, 1991.

Murrey, John. Collected Writings of JohnMurray. vol. one. Edinburgh: The Banner of Truth Trust, 1976.

Nevin, John W. '*Introduction*' in Zacharius Ursinus, *Commentary on the Heidelberg Catechism*. 원광연 역 『하이델베르크 요리문답 해설』. 파주:CH북스, 2016.

Owen, John. *The Works of John Owen*. vol. 3. William H. Goold, Edinburgh:The Banner of Truth Trust, 1965, reprinted 1994.

Parker, Kenneth L. *The English Sabbath; A Study of Doctrine and Discipline from the Reformation to the Civil War*. Cambridge: Cambridge University Press, 1988.

Paul, Robert S. *The Assembly of The Lord*. Edinburgh: T. & T. Clark, 1985.

Pearson, A. F. Scott. *Church & State*. London: CambridgeUniversity Press, 1928.

Perkins, William. *A Golden Chain or The Description of Theology*. vol. I. printed by Legate, reprinted by Puritan Reprint, 2010.

Primus, John. *Holy Time*. Georgia: Mercer University Press. 1989.

Ridgeley, Thomas. *Commentary on the Larger Catechism*. Edmonton: StillWaters Revival Books, 1855.

Rivera, Eric. *Christ is Yours*. Bellingham, WA: Lexam Press, 2019.

Robertson, O. Palmer. *The Christ of the Covenant*. 김의원 역, 『계약신학과 그리스도』. 서울: CLC, 1999.

Ross, Mark E. "Improving the means of Grace: The Larger Catechism on Spiritual Growth". in *The Westminster Confession into 21st Century*. Ed, Ligan Duncan, Ross-Shire: Mentor, 2009.

Rutherford, Samuel. *A Survey of the Spiritual Antichrist*. London: 1648.

_____. *Lex, Rex, or The Law and The Prince: A dispute for the Just Prerogative of King and People*. Harrisonburg, Virginia: Springkle Publications, 1980.

_____. *A Catechism Containing The Sum of Christian Religion*. Edinburgh:Blue Banner Productions, 1998.

Ryken, Leland. *Worldly Saints*. 김성웅 역 『청교도-이 세상의 성자들』. 서울: 생명의말씀사, 1995.

Schaff, Philip. *The Creeds of Christendom*. Vol. I. III. Grand Rapids: Baker Books, 1983.

Selvaggio, Anthony T. ed. *The Faith Once Delivered*. 김은득 역 『웨스트민스터 총회의 유산: 단번에 주신 믿음』. 서울: P&R, 2014.

Shaw, Robert. *The Reformed Faith Exposition of The Westminster Confession of Faith*. Ross-shire: Christian Focus Publication, 2008.

Sibbes, Richard. *Works of Richard Sibbes*. vol. four, ed. Alexander B. Grosart, Edinburgh: The Banner of Truth Trust, 1862, reprinted 2001.

Smith, Morton H. *Harmony of the Westminster Confession and Catechisms*. Greenville: Green Ville Seminary Press, 1990.

_____. "Theology of Larger Catechism". in *the Westminster Confession into the 21st Century*. Vol. 1. ed. Ligan Duncan. Ross-shire: Mentor, 2004.

Spear, Wayne R. *Covenanted Uniformity in Religion: The Influence of theScottish Commissioners on the Ecclesiolgy of the Westminster Assembly*. Grand Rapids: Reformation Heritage Books, 2013.

Sproul, R. C. *Truth We Confess*. vol. 2. New Jersey: P&R Publishing, 2007.

_____. *The Promises of God*, 김태곤 역, 『철회할 수 없는 하나님의 은혜 언약』. 서울: 생명의말씀사, 2013.

Strong, William. *A Discourse of The Two Covenants: Wherin the nature, difference, and effects of the covenant of works and of grace are distinctly, rationally, spiritually and practically discussed; togetherwith a considerable quantity of practical cases dependent *therin*. London: printed By J. M. For Francis Tyton at the Three Daggers in Fleet-street, and for Thomas Parkhurst at the Bible and Three Crowns at the lower end of Cheapside near Mercers Chapel, 1678, reprinted Grand Rapids: Reformation Heritage Books, 2011.

Toon, Peter. *Puritan and Calvinism*. 양낙홍 역 『청교도와 칼빈주의』. 서울: CLC, 2009.

Turrenin, Francis. *Institutes of Elenctic Theology*. vol. 1-2, trans. George Musgrave Giger, Phillipsburg: Presbyterian and Reformed Publishing Company, 1992.

Ursinus, Zacharius. *The Commentary of Dr. Zacharius Ursinus on theHeidelberg Catechism*. Philipsberg, N. J.: Presbyterian andReformed Publishing Co., 1852, 원광연 역 『하이델베르크 요리문답해설』. 파주: CH북스, 2016.

_____. trans, Lyle D. Bierma, "Lager Catechism", in Lile D. Bierma, *An Introduction to the Heidelberg Catechism*. Grand Rapids: Baker Academic, 2005.

Van Asselt, Willem. J. *The Federal Theology of Johannes Cocceius(1603-1669)*. trans,. Raymond A Blacketer, Leiden: BRILL, 2001.

Van Dyke, Donald. *Rediscovering Catechism*. New Jersey: P&R Publishing, 2000.

Vincent, Thomas. *The Shorter Catechism Explained from Scripture*. 1674, reprinted Edinburgh: Banner of Truth Trust, 1980.

Vos, Geerhardus. *Reformed Dogmatics*. Vol. 2 Bellingham, WA: LexhamPress, 2014.

Vos, Johannes G. *The Westminster larger Catechism A Commentary*. ed. G. I. Williamson, New Jersey: P&R Publishing, 2002.

Wainwright, Robert J. D. *Early Reformation Covenant Theology: EnglishReception of Swiss Reformed Thoughts, 1520-1555*. New Jersey: P&R Publishing, 2020.

Warfield, Benjamin B. *The Westminster Assembly and its Work*. New York: Oxford University Press, 1931, reprinted Grand Rapids: BakerBook House Company, 1991.

Watson, Thomas. *The Ten Commandments*. Edinburgh: The Banner of Truth Trust, 1995.

_____. *A Body of Divinity*. 1692, reprinted Edinburgh: The Banner of Truth Trust, 1997.

_____. *Westminster Assembly*. Edinburgh: The Banner of Truth trust, 1994.

Whyte, Alexander. *An Exposition on the Shorter Catechism*. T&T Clark,1883, reprinted ross-Shier: Christian Focus Publication, 2004.

Williamson, G. I. *The Shorter Catechism for Study classes. vol.1*. Phillipsburg: Presbyterian and Reformed Publishing Co,1970.
Woolsy, Andrew A. *Unity and Continuity on Covenantal Thoughts; A Study in the Reformed Tradition to the Westminster Assembly*. GrandRapids: Reformation Heritage Books, 2012.

학위 논문

Dixhoorn, Chad Van. "Reforming the Reformation: Theological Debate at theWestminster Assembly 1643-1652". Ph. D. Dissertation, Cambridge University, 2004, 1-440.
Halecki, kathleen. "Scottish Ministers, Covenant Theology, and the idea of the Nation, 1560-1638". Ph. D. Dissertation Union Institutes&University Cincinati, Ohio, 2012.
Smith P. J. "The Debates on church government at the WestminsterAssembly". Ph. D. Dissertation, Boston University, 1975.

학술 논문

권경철. "칼빈이 본 율법의 제3용법: 멜랑흐톤과의 공통점이자 차이점". 「역사신학논총」 31 (2017), 100-121.
김재성. "하이델베르크 요리문답과 웨스트민스터 고백서의 언약사상". 「한국개혁신학」 40 (2013), 40-82.
김중락. "영국 혁명, 국민계약 그리고 저항의 정당화". 「영국 연구」 2 (1998), 48-72.
_____. "크리스토퍼 힐과 잉글랜드 혁명 그리고 시민혁명론". 「영국 연구」 10 (2003), 27-53.
_____. "퓨리턴의 꿈과 언약국가". 「영국 연구」 23 (2010), 59-89.

김호연. "16-17세기 영국인들의 신분의식". 「대구사학」 72 (2001), 311-348. 27-53.
김홍만. "하이델베르크 요리문답서와 웨스트민스터 소요리문답서의 비교: 회심과 성화용어를 중심으로". 「한국 개혁신학」 40 (2013), 8-39.
문병호. "언약의 실체 그리스도(Christus Substantia Foederis): 프란시스 뚤레틴의은혜 언약의 일체성 이해". 「개혁논총」 9 (2008), 1-19.
서요한. "웨스트민스터 새/소요리문답소고: 성경과 신조의 관계, 웨스트민스터 대소요리문답 제1문을 중심으로". 「신학지남」 83-2 (2016), 213-224.
양낙홍. "칼빈의 신앙론 분석: 웨스트민스터 신앙고백과의 비교"(An Analysis of Calvin's view of Saving Faith). 「성경과 신학」 53 (2009), 109-136.
오덕교. "웨스트민스터 총회에서의 안소니 터크니의 역할과 대 소요리문답 작성에 미친 그의 영향". 「신학정론」 5/2 (1987), 350-361.
우병훈. "도르트 회의와 아우구스티누스: 파레우스의 '조사'와 영국 특사들의 '의견서'를 중심으로". 「한국 개혁신학」 59 (2018), 133-174.
이윤석. "웨스트민스터 표준 문서에 담긴 성화의 의에 대한 고찰". 「한국 조직신학 논총」 45 (2016) :47-83.
이은선. "신앙고백서의 구원론-구원의 서정을 중심으로". 「한국 개혁신학」 40 (2013),113-143.
이진락. "웨스트민스터 신앙고백서와 구원의 확신". 「개혁논총」 14 (2004), 167-193.
정영권. "잉글랜드 내전기 스티븐 마샬(Stephaen Marshall)의 적(敵) 담론". 「영국연 구」 29 (2013), 69-99.
"퓨리턴의 꿈과 언약국가". 「영국 연구」 23 (2010), 60-87.
허진영. "16-17세기 영국의 지방사회와 지방통치". 「대구사학」 37 (1989), 121-141.
홍인택·김요섭. "신앙의 확신에 대한 칼빈과 웨스트민스터 표준 문서들의 일관성 연구", 「신학지남」 340 (2019), 195-226.
Beeke, Joel R. "Does assurance belong to the essence of faith? Calvin and the Calvinist". *The Master's Seminary Journal* 5/1 (1994): 43-71.
Beeke, Joel R. and Smally, Paul. "Assurance of Salvation: The Insight of Anthony Burgess". *Puritan Reformed Journal* 6 (2014): 171-184.
Bower, John & Dixhoorn, Chad Van. 'series Preface Westminster Assembly Facsimilies' in William Strong, *A Discourse of the Two Covenant*. Grand Rapids: Reformation Heritage Books, 2011.

Calhoun, David B. "Loving The Westminster Confession and Catechisms". *Presbyterian* 32 (2006): 65-72.

Cunningham, Ralph. "Definitive sanctification: a response th John Fesko". in *Evangelical Quarterly* (2012): 234-252

Dixhoorn, Chad Van. "The Making of the Westminster Larger Catechism". *Reformation & Revival* 10 (2001): 97-113.

Fesko, John V. "Sanctification and union with Christ: a Reformed perspective". in *Evangelical Quarterly* (2010): 197-214.

Hall, Joseph H. "Catechisms of the Reformed Reformation". *Presbyterian* 5/2 (1978): 87-98.

Jan, Van Vliet. "Experiencing Our Only Comfort: A Post-Reformation Refocus in The Heidelberg Catechism". *Puritan Reformed Journal* 6 (2014): 149-170.

Stanton, Allen. "Seeds of truth planted on the field of memory: How to Utilize the Shorter Catechism". *Puritan Reformed Journal* 6 (2014): 270-283.

Tipton, Lane G. "Inaugural Lecture, Biblical Theology and the Westminster Standards Revisited: Union with Christ and Justification Sola fide". *The Westminster Theological Journal* 75/1 (2013): 1-12.

Thorson, Stephen. "Tensions in Calvin's view of faith: Unexamined Assumptions in R. T. Kendall's Calvin and English Calvinismto 1649". *Journal of The Evangelical Theological Society* 37/3 (1994): 413-426.

Vlastuin, Van. "Personal Renewal Between Heidelberg and Westminster". *Journal of Reformed Theology* (2011): 49-67.

Willem, Van Vlastuin. "Personal Renewal between Heidelberg andWestminster". *Journal of Reformed Theology* 5 (2011): 49-67.

Vliet, Van. "Experiencing Our Only Comfort: A Post-Reformation Refocus in the Heidelberg Catechism". in *Puritan Reformed Journal* (2014):149-170.